INDEX.

	Pages.
Observation (en note) sur l'orthographe des noms *Zeugis* et *Byzacium*.	1
Impressions et souvenir à travers les ruines.	3
Aspect des ruines phéniciennes	6
Aspect des ruines romaines	7
Aspect actuel des terres du Zeugis et du Byzacium sous l'occupation arabe.	13
Répartition comparative des populations pendant la période romaine.	20
Digression à propos des traces attribuées à une invasion celtique.	27
Classement des ruines diverses en Tunisie	38
Constructions phéniciennes.	39
Édicule d'origine inconnue.	45
Constructions romaines.	49
Découvertes récentes à Carthage.	54
Robinets en pierre.	57
Citernes phéniciennes et citernes romaines.	59
Réservoirs ruraux phéniciens et romains	67
Châteaux romains et forteresses phéniciennes.	74
Nécropoles.	76
Constructions byzantines.	82
Forteresses-monastères.	88
Constructions sarrasines.	96
Palais tunisiens.	104
Résumé.	109
Étude sur Utique.	113
Manière d'opérer les fouilles, et comparaison entre la bâtisse phénicienne et la bâtisse romaine.	116
Palais Amiral.	125
Recherches sur le cours du Bagrada.	126
Ruines de Cigisa.	130
Atterrissement du golfe d'Utique.	134
Population à Utique et à Carthage.	137
Viabilité dans les villes antiques.	139

INDEX.

	Pages.
Fondation d'Utique	146
Grands édifices publics. — Port de guerre	160
Môle de Thapsus	169
Ancre trouvée à Utique	172
Discussion sur les ports d'Utique et de Carthage	176
Discussion sur les murs de la Byrsa de Carthage	190
Comparaison balistique	194
Palais Amiral à Utique	196
Forteresse	219
Théâtre	224
Édifice (supposé sémaphore)	230
Amphithéâtre	235
Cirque	237
Nécropole romaine	239
Nécropole phénicienne	241
Portes de ville	243
Grandes citernes	245
Aqueduc	249
Grandes murailles et fortifications	252
Île d'Utique	259
Observations générales	266
Note A (sur les matériaux de construction)	273
Note B (fortifications de Thapsus)	277
Note C (Carthage à Bougie)	278
Note D (tir des machines)	280
Note E (télégraphie chez les anciens)	281
Note F (races atlantes, berbères), renvoi de la page 11	290
Note G (navigation dans les anciens âges)	298
Note H (renvoi de la page 36 à propos de l'épaisseur des murs de Carthage)	299
Note I (renvoi de la page 188, ligne 3ᵉ)	300
Index des planches	303
Additions et changements	307

RECHERCHES SUR L'ORIGINE

ET L'EMPLACEMENT

DES EMPORIA PHÉNICIENS

DANS

LE ZEUGIS ET LE BYZACIUM

(AFRIQUE SEPTENTRIONALE),

FAITES PAR ORDRE DE L'EMPEREUR,

PAR A. DAUX,

INGÉNIEUR CIVIL (MINES), ANCIEN ÉLÈVE DE L'ÉCOLE IMPÉRIALE DES MINES,
EX-INGÉNIEUR DE LA RÉGENCE DE TUNIS.

PARIS.

IMPRIMÉ PAR ORDRE DE L'EMPEREUR

A L'IMPRIMERIE IMPÉRIALE.

—

MDCCCLXIX.

RECHERCHES SUR L'ORIGINE

ET L'EMPLACEMENT

DES EMPORIA PHÉNICIENS

DANS

LE ZEUGIS ET LE BYZACIUM.

RECHERCHES

SUR

LES EMPORIA PHÉNICIENS

DU ZEUGIS ET DU BYZACIUM.

ÉTUDE

SUR L'ASPECT GÉNÉRAL DES RUINES

DU ZEUGIS ET DU BYZACIUM[1].

Certains noms de peuples antiques, comme aussi celui de quelques grandes cités symbolisant, dans notre pensée, leurs races éteintes, ont conservé le privilége d'exciter puissamment la curiosité et l'intérêt sympathique des générations modernes.

[1] Presque tous les géographes de l'antiquité, Pline, Honorius, P. Orose, Rufin, etc. se servent de la dénomination de *Zeugis* ou *Zeugès* en parlant de la partie du territoire phénicien en Libye appartenant en propre à Carthage; comme aussi de celle de *Byzacium* ou *Byzantium* en parlant du territoire des Libo-Phéniciens compris entre le Zeugis au nord et le lac Triton ou mer de Pallas au sud.

Les auteurs latins disaient, il est vrai, Zeugitana et Byzacena, dont nous avons fait Zeugitane et Byzacène; mais alors il était sous-entendu *provincia*.

Évoquer le souvenir de ces noms célèbres, annoncer que l'on va parler d'Utique, de Carthage, c'est donc assurément attirer l'attention; mais en même temps c'est aussi s'exposer à un danger : beaucoup d'auteurs ont déjà publié des écrits sur ces peuples, ces cités; il faut nécessairement, sous certains rapports, éviter de tomber dans des répétitions, et cependant, d'autre part, donner une satisfaction suffisante à la curiosité publique que l'on vient éveiller.

Sans nous dissimuler que nous n'éviterons peut-être pas complétement l'un ou l'autre de ces deux écueils, nous pouvons néanmoins espérer un peu d'indulgence, car nous apportons aux lecteurs quelques nouveautés archéologiques : d'abord un aperçu général, par classification, de l'ensemble des nombreuses ruines de tous âges qui couvrent le sol des deux antiques provinces, ensemble et détails très-peu connus; ensuite une étude complétement neuve de la ville d'Utique, et une autre des divers périmètres de Carthage; enfin des relevés de géodésie, de topographie, et des fouilles semblables à celles qui se font à Pompéi, en Italie.

Nous devons ces résultats à l'initiative généreuse de l'Empereur. C'est par son ordre, et sur ses instructions détaillées, que j'ai levé, à de grandes échelles, des cartes partielles du Zeugis et du Byzacium, contrées que la race phénicienne illustra dans des temps bien reculés, en y apportant d'Asie ses arts, ses sciences, une civilisation fort avancée, enfin tout son génie commercial, agricole et militaire.

Partout, après le levé des cartes du pays, travail préliminaire long, mais indispensable, j'ai fouillé le sol; j'ai retrouvé l'emplacement primitif de certains grands cours d'eau, déplacés aujourd'hui; déterminé avec patience quelques contours de la mer, dont plusieurs causes physiques ont, à la longue, dénaturé les formes et changé les emplacements; dressé, après de nombreuses fouilles, le plan de plusieurs villes antiques, disparues depuis longtemps, mais fréquemment citées par les anciens auteurs. J'ai pu fixer les positions géographiques, ainsi que les distances respectives.

Bien certainement, à la suite de ces premiers efforts, il reste encore beaucoup à faire, à écrire, sur ces mêmes terres classiques, et tout ce que j'ai pu trouver n'est, à bien dire, que l'ébauche d'un long et difficile travail à continuer sur ce vaste champ de recherches. Néanmoins, si peu que ce soit relativement, j'éprouve la satisfaction d'avoir, un des premiers, tracé un pénible mais utile sillon sur cet aride terrain, resté trop peu connu jusqu'à présent. Mes cartes seront comme un premier jalon qui servira de guide aux explorateurs futurs; je puis enfin espérer offrir un sujet neuf aux méditations des savants.

Pour l'historien, pour l'archéologue, c'est un bonheur que de visiter et parcourir le sol de l'antique Libye; que de voir l'une après l'autre toutes ces localités illustrées par tant et de si grands faits. De vives sensations surgissent brusquement à la pensée en présence de ces ruines célèbres. On se rappelle les belles pages de Virgile, de Velleius Paterculus, de Lucain et autres. Sans doute, au milieu des ruines et sur le sol même qui ont inspiré ces auteurs anciens, le voyageur moderne se sent impuissant à dire aussi bien qu'eux; mais ses impressions ne sont pas moins profondes.

Le souvenir de tant de grandeurs et de tant de revers, de ces gloires comme de ces chutes, non moins éclatantes les unes que les autres; le nom et la mémoire de tant d'hommes qui ont illustré ce sol en s'illustrant eux-mêmes, tout cet ensemble d'émouvants souvenirs vient d'abord assaillir l'esprit du visiteur.

Les premiers moments sont tout entiers au pêle-mêle de ces grandes évocations du passé.

Puis, peu à peu, une émotion indicible s'empare de lui, une vive réaction s'opère, et il est conduit à des pensées pleines de tristesse, à l'aspect désolant que présentent ces mêmes localités qu'il s'attendait à trouver couvertes d'une riche végétation, d'immenses troupeaux, de haras nombreux; à voir semées de fermes, d'habitations de plaisance, de vastes forêts ombreuses; telles enfin que les ont décrites des témoins oculaires qui les virent ainsi, il y a deux mille deux cent cinquante ans [1]. Les orages politiques, pensait l'archéologue traversant la mer et aux approches des rives africaines, les longues guerres, les révolutions de toute nature, auront bien pu démanteler, détruire même les villes antiques, les monuments, les forteresses célèbres ; mais tous ces éléments de destruction n'ont pu emporter le sol, ni tarir sa fécondité, si justement vantée par les anciens. Les races d'hommes conquérants ont pu succéder à d'autres races, les effacer même ; mais la végétation a dû succéder aux végétations passées, car le sol produit toujours ; et la race actuelle a besoin de ses produits, absolument autant que les races passées. Cette réflexion si simple, cette conclusion si naturelle du voyageur, n'est cependant qu'une illusion qui tombe dès qu'il a mis le pied sur le sol de la Régence tunisienne. Cette fécondité si vantée, l'une des sources probablement de ses grandeurs passées et peut-être aussi de ses vicissitudes, a disparu dans les mêmes proportions que les édifices, les villes et les civilisations. Plus de forêts, plus de routes ; on passe à travers les terres stériles ; plus rien enfin que d'arides solitudes semées à profusion de ruines étrangement mutilées et habitées par les bêtes fauves.

[1] Diodore de Sicile, *Guerre d'Agathoclès*, liv. XX.

Qu'est-ce, en effet, comparativement aux splendides souvenirs du passé, que le petit nombre de villes arabes actuelles et la maigre surface du sol cultivé ?

Telles sont les premières impressions du voyageur dans l'intérieur des terres.

Peu à peu les sensations changent.

A l'aspect de ces énormes massifs de maçonnerie, debout, couchés, ou infléchis sur leurs bases; des grandes voûtes béantes, effondrées et par séries, des vastes réservoirs; de ces pans de murailles de fortifications gigantesques, de ces môles surprenants de hardiesse, on passe d'une triste préoccupation à l'étonnement. On sent graduellement naître en soi une haute admiration en face de ces restes d'un grand peuple, car ce sont là les témoins de l'antique civilisation phénicienne. Ces singuliers vestiges d'une architecture qui ne visait, paraît-il, qu'à l'indestructibilité, dédaigneuse de tout décor et de toute élégance, ou ne soupçonnant pas encore sa grâce et ses beautés, produisent à la vue un effet saisissant.

Leur étrangeté, de prime abord, leur donne une certaine analogie avec ces non moins étranges squelettes antédiluviens que la science a récemment découverts et classés. On est tenté de croire qu'on a sous les yeux, pour ainsi dire, un colossal fossile en pierres, quelques-uns de ces restes de main d'homme taillés jadis dans les fabuleuses dimensions des générations qui précédèrent les dernières convulsions physiques de notre globe. On pense involontairement à la race des hommes qui osèrent entreprendre, au dire de la Genèse, la construction d'une tour qui devait monter jusqu'au ciel.

A côté, pêle-mêle avec ces vestiges de constructions cyclopéennes, se dessinent d'autres restes d'époques postérieures : ce sont des arcs de triomphe, des ponts aux courbures saillantes, d'élégantes portes de villes, des palais à la riche ornementation, des temples à colonnes dont les fragments sont encore imposants. Ailleurs, on chemine sur des restes d'antiques chaussées rappelant le magnifique réseau des voies anciennes; plus loin, on s'abrite un instant à l'ombre des hauts murs encore crénelés d'un oppidum, de l'un de ces forts sans nombre préposés à la sécurité des routes sur tous les points, ou bien sous la voûte fraîche d'un hypogée au parquetage en fine mosaïque.

Et puis partout, à chaque pas, des fûts de colonnes brisées, des chapiteaux de tous ordres, des fragments innombrables de toute espèce de marbres, d'antiques monnaies, des statues mutilées, des débris de poteries élégantes, etc. en un mot tout ce qui peut caractériser et rappeler la splendeur de Rome impériale, puis la décadence graduelle de l'empire byzantin.

Après avoir parcouru l'ensemble de toutes ces intéressantes ruines, de ces restes palpables du passage de
plusieurs grandes races sur la terre africaine, et à la
vue du contraste si tranché des solitudes et du néant
remplaçant tant de siècles de splendeur et de vie,
l'étonnement, l'admiration font à leur tour place à un
nouveau sentiment dans l'esprit de l'explorateur, celui
d'une vive curiosité. Il se sent pris d'un violent désir de
savoir complétement ce passé, d'interroger la poussière
des générations endormies, de demander à ces ruines
le récit exact des faits dont elles ont été témoins, d'apprendre enfin sur quelles institutions ont été basées ces
grandeurs éteintes, ainsi que les faiblesses, les fautes,
qui ont été punies par de si terribles désastres. Il voudrait, à quelque prix que ce fût, pouvoir rendre tout à
coup la vie à ce grand et mystérieux passé, le voir se
dérouler à ses yeux siècle par siècle, assister à l'origine
des races africaines, les suivre dans leurs migrations par
masses, observer le développement de leur civilisation,
leurs fusions partielles, ou bien les chocs terribles entre
les émigrants conduits par Bacchus ou Hercule et les
occupants ; classer par dates ces invasions, ainsi que
l'âge de la fondation des villes.

Il voudrait suivre des yeux les lentes agonies de la
décadence, voir tomber une à une les cités, disparaître
les civilisations ; aux tumultes, à la vie, au mouvement,

voir succéder peu à peu.les dégradations, le silence et les ruines, jusqu'au néant actuel.

Il se souhaite passionnément le pouvoir de créer comme un immense effet stéréoscopique qui rendrait devant lui, momentanément, l'espace, la profondeur et la lumière, à cet obscur passé de l'Afrique d'un si haut intérêt.

Sans doute, dans l'antique Libye, cette longue suite de races diverses a dressé, chacune en son temps et à sa façon, une sorte de chronologie, inscrite soit sur des pierres, soit sur des manuscrits. Les grandes bibliothèques d'Alexandrie, de Carthage et autres villes, contenaient tous ces faits traduits ou copiés.

Malheureusement les convulsions politiques ont brisé les pierres et brûlé les manuscrits.

Tous ces documents ont disparu à ce point qu'on est tenté de penser que chaque race, arrivée à son tour de domination, a voulu effacer toute trace des races et des dominations précédentes pour ne laisser que la sienne aux générations futures.

Il a bien échappé quelques rares épaves de ce grand naufrage de l'histoire : nous avons, par exemple, les récits de quelques historiens des périodes romaine et grecque, héritiers ou copistes d'originaux primitifs, plus quelques légendes des temps les plus antiques. On retrouve aussi parfois, grâce à d'heureux hasards, des inscriptions sur pierre en langues disparues depuis nombre de siècles. Mais les écrits des auteurs originaux ont été souvent altérés par les copistes; et, quant aux inscriptions sur pierre, elles ont peu appris, jusqu'à présent, relativement à la longue période phénicienne en Libye, et absolument rien pour ce qui regarde les périodes antérieures, berbère ou autres.

Cette pensée, celle de l'absence des documents, de l'impénétrabilité des ombres dans lesquelles tout ce passé reste enseveli, est celle qui préoccupe au plus haut point et par-dessus tout l'explorateur en Tunisie, et le pousse sans cesse à faire des efforts pour chercher à combler cette lacune, dont le vide, déjà regrettable par lui-même, se fait d'autant plus vivement sentir en face de ces ruines d'un intérêt si puissant.

Une foule de problèmes, sans solution jusqu'à ce jour, obsèdent son esprit sans qu'il les puisse écarter.

Quelle fut, d'abord, l'antique et primitive race qui habita le nord de l'Afrique?

Cette race fut-elle blanche ou cuivrée, comme nous semblons l'admettre?

Ou bien fut-elle noire, comme sur tout le reste du vaste continent africain?

Si elle était noire, et quand on parle du sol d'Afrique rien ne semble repousser absolument cette hypothèse, les premiers envahisseurs blancs vinrent-ils des hauts plateaux de l'Asie centrale, ainsi que l'admettent quelques penseurs modernes?

Ou bien, remontant plus haut encore vers des âges d'un éloignement séculaire tel que l'imagination s'y perd, ces premiers habitants furent-ils le fractionnement d'une grande race antédiluvienne ayant habité des continents submergés entre l'Afrique et l'Amérique méridionale par les dernières convulsions de notre globe?

D'où provenaient enfin ces peuples primitifs que d'innombrables hordes envahissantes refoulèrent et anéantirent par de si effroyables massacres, que, d'après les récits historiques des âges les plus reculés[1], il n'en resta guère que des femmes qui se firent guerrières par instinct de conservation, ces mystérieuses et célèbres amazones de Libye, campées autour de la mer dite *de Pallas*, du lac Triton, que personnifia la Minerve des Grecs, et dont la race s'éteignit bon nombre de siècles avant la guerre de Troie?

Devons-nous toujours repousser absolument comme fables les récits légendaires des plus anciens auteurs, d'Hérodote, de Strabon, de Diodore de Sicile, qui ont certainement puisé à d'antiques sources disparues, et nous disent que ces premières hordes vinrent, à des époques très-reculées, de l'Inde, d'où elles apportèrent avec elles la mythologie, l'agriculture, toute une civi-

---

[1] Dionysius de Mitylène, cité par Diodore de Sicile, liv. III, § xxvii.

lisation enfin, qui, plus tard, désertant les conflagra-
tions de races, permanentes en Afrique, se réfugia en
Grèce?

L'étude de ces problèmes élevés, pourra-t-on objec-
ter, ne serait pas à sa place ici, dans un ouvrage purement archéologique; aussi n'est-ce nullement notre intention de chercher à les résoudre dans ce livre. Mais
il est fort difficile de détacher sèchement les recherches
archéologiques en Afrique des aperçus physiologiques
qui s'y rattachent si naturellement. Certes, je le répète,
nous ne chercherons pas à résoudre ces problèmes;
mais ils se présentent d'eux-mêmes et avec ténacité à
l'esprit du voyageur parcourant ces terres historiques
si peu connues; or ce sont précisément ces impressions
du voyageur que nous traduisons ici.

En résumé, toutes ces questions d'un si haut intérêt
sont restées et restent malheureusement encore pendantes, quelle que puisse être l'énergie de volonté mise
à la recherche de leurs solutions. Peut-être, et nous
devons l'espérer, l'étude lente et minutieuse du peu de
documents restés à notre portée, la comparaison plus
attentive des vieux récits entre eux, jointes à des découvertes archéologiques que le temps amènera sans
doute, jetteront-elles quelque lumière dans cette nuit
profonde.

Déjà, depuis notre conquête algérienne, des hommes

de science, courageusement voués à l'étude de ces arides problèmes, ont fait quelques pas vers une solution, bien incertaine encore il est vrai; mais, si légers que soient les progrès accomplis, ils ont une importance en ce qu'ils confirment l'espoir que la lumière sera possible un jour ou l'autre.

Ces réflexions n'étaient pas les seules qui surgissaient à ma pensée pendant que j'étais campé sur ces ruines, au milieu de ces solitudes. Je songeais aussi aux vices d'organisation des races sarrasine et maure, qui, après avoir, lors de la conquête, dépeuplé cette malheureuse terre, étaient restées impuissantes à la repeupler, malgré onze siècles et plus de possession. Cette terre, Zeugis et Byzacium, jointe à la portion de l'ancien royaume de Numidie que colonisa l'occupation romaine, avait non-seulement nourri quinze à seize millions d'habitants, mais avait été de plus le grenier pourvoyeur des vivres de Rome pendant bon nombre de siècles. Ce même territoire, aujourd'hui, nourrit avec peine moins de deux millions de musulmans, tout compris.

On s'explique, par ce seul fait, les solitudes et l'abandon du sol.

Ce n'est pas seulement le sol, ses richesses minéralogiques, ses exploitations de marbres, et toute l'abondance végétale de ses produits, que la race arabe a abandonnés; à peine a-t-elle su se créer, apathi-

quement et avec nonchalance, quelques misérables
centres de population. J'ai visité plus de trois cents
ruines importantes, le long des itinéraires que j'ai suivis, ruines de villes, de ports de mer et de châteaux.
Parmi elles se trouvent des villes encore debout, presque entières, avec leurs édifices, des portes de ville,
des arcs de triomphe, etc. Ce nombre, et ce n'est pas
tout, tant s'en faut, n'est encore rien comparativement
au passé; car Diodore nous apprend, dans le récit de la
guerre d'Agathoclès en Afrique, il y a à présent vingt-
trois siècles, au temps de la puissance des Phéniciens,
que ce chef sicilien prit «plus de deux cents villes et
«châteaux forts [1]» dans une partie seulement du Byzacium, entre Hadrumète, Thysdrus et les Macomadès,
le long des Syrtes.

Aujourd'hui, ce même territoire tout entier, c'est-à-
dire Zeugis et Byzacium réunis, la régence de Tunis, en
un mot, comprend environ vingt-cinq villes arabes et
une trentaine de bourgs et villages; le reste de la population vit sous la tente ou dans des huttes.

Parmi ces villes arabes, Tunis, la capitale, a, en
moyenne, 72 à 75,000 habitants; Kaïrowan, seconde
ville de la Régence, 9 à 10,000; Sousa, 5,500 à
6,000; les autres villes et gros bourgs ont une population flottante entre 250 et 3,000 habitants.

[1] Diodore de Sicile, liv. XX.

Ces villes, ces bourgades arabes, sans défense, ou n'ayant que des simulacres de fortifications, sont généralement dans un état de délabrement et de ruine qui égale presque celui des antiques cités qui les avoisinent. Ces dernières ont au moins pour elles la majesté des souvenirs historiques; elles nous représentent aussi les divers types des beaux-arts chez les anciens, types tellement remarquables, selon les époques, que jusqu'à présent nous n'avons rien fait de mieux.

Ce qui est plus désolant encore, c'est que ces villes insignifiantes, ces maigres bourgades arabes, ont été construites avec les magnifiques matériaux arrachés pierre par pierre à un très-grand nombre des villes antiques les plus proches. La construction de quelques misérables bicoques, de maisons chétives et sans solidité même, a été le gouffre dans lequel, depuis plusieurs siècles, ont disparu peu à peu de splendides édifices anciens et de nombreuses et intéressantes inscriptions. Les Vandales n'ont laissé d'eux, sur cette terre qu'ils ont occupée, que leur terrible génie de destruction.

Je me rappelais, en parcourant de mornes solitudes, en des endroits cependant bien évidemment susceptibles de fertilité, avoir lu dans un auteur arabe [1], historien qui écrivait cinq siècles et demi environ après l'installation des émirs sarrasins, « que cette contrée

[1] Le scheick El-Tidjany, d'après Ibn-Schèbâath (trad. par Alp. Rousseau).

« avait été couverte peu auparavant par mille cités
« obéissant aux Patrices byzantins, cités fournissant cha-
« cune un écu d'or et un homme d'armes par jour au
« Patrice ; que cette terre avait été tellement couverte de
« belles forêts et de haute végétation, que les premières
« armées musulmanes purent, pour ainsi dire, marcher à
« l'ombre depuis les Syrthes jusqu'aux confins occiden-
« taux de la Mauritanie; mais que, déjà de son temps,
« toute cette belle contrée était déboisée, que les sources
« d'eau étaient taries, et que les villes avaient été dé-
« truites et incendiées........ »

Il est vrai qu'en bon musulman il ajoute que ce sont
les chrétiens eux-mêmes qui ont fait tout le mal, qu'il
rejette sur la célèbre Kahêna, leur chef, etc.

Si le hasard des recherches m'amenait à camper près
des côtes, je me rappelais ces flottes phéniciennes,
flottes de guerre et de commerce, revenant, après avoir
fait le tour de l'Afrique par le cap de Bonne-Espérance, sur ces mêmes côtes, sillonnées par les vaisseaux
de toutes les nations d'alors, qui donnèrent pendant
tant de siècles une physionomie si animée, un mouvement vital si puissant, à tous ces ports aujourd'hui
comblés, à ces rivages déserts, où apparaît seule, de
temps en temps, la voile d'un timide bateau de pêche,
et où, une fois ou deux par an, aux époques de récolte,
quelques navires marchands européens viennent y jeter

l'ancre pour emporter le peu d'huile et de céréales que produisent les campagnes.

Il paraît être, me disais-je à ce dernier sujet, dans la destinée de ce pays de donner la subsistance à d'autres en s'en privant lui-même; Rome exportait autrefois les blés d'Afrique; les Africains à présent les vendent au premier offrant. Aucune des bases ordinaires du commerce et de l'industrie ne manque cependant à ce pays : le sol pourrait donner les plus riches produits, et l'on y rencontre les seuls beaux ports, les seuls baies propices à la navigation, sur toute la longue suite des côtes nord d'Afrique comprises entre le détroit de Gibraltar et l'Égypte. Les grands lacs de Tunis et de Byzerte, en communication directe avec la mer, pourraient, en d'autres mains, contenir plusieurs milliers de nos plus grands navires actuels; le port de Sousa (Hadrumète) et plusieurs autres ports pourraient être déblayés et rendus à la navigation.

De pensées en pensées j'arrivais à cette conclusion : qu'il était fâcheux, dans l'intérêt seul de la science bien entendu, que le coup de chasse-mouche donné à Alger par Husceïn-Pacha, un peu avant 1830, ne l'eût pas été par le Bey de Tunis régnant alors. La science et l'histoire eussent réalisé bien d'autres progrès en Tunisie qu'en Algérie.

Ce que j'avance n'a rien de hasardé. Notre Algérie

représente une partie de l'ancien royaume de Numidie, ainsi que des deux Mauritanies tingitane et césarienne. Voilà pour la période romaine; car l'empire phénicien, ou la période carthaginoise, n'eut jamais d'extension territoriale sur ces vastes contrées, qui appartinrent en propre, selon ce que nous pouvons en savoir, aux races indigènes, numides, maures ou berbères.

Les Phéniciens n'eurent que des comptoirs maritimes échelonnés le long des côtes mauritaniennes, depuis Utique jusqu'au détroit de Gadès (Cadix), avec un petit territoire entourant chaque comptoir. Ces emporia, ou comptoirs maritimes, leur étaient indispensables, comme escales, pour échelonner leurs courses nautiques, par la raison que la forme des vaisseaux et la simplicité des gréements ne leur permettaient guère sans danger la navigation en haute mer.

On peut donc retrouver quelques traces peu nombreuses de l'époque romaine dans l'intérieur des terres de l'Algérie, et des vestiges plus rares encore des emporia phéniciens le long des côtes. Mais les ruines romaines sont bien autrement nombreuses dans les anciennes provinces d'Afrique proprement dite, dans la régence actuelle de Tunis. Ici, les ruines se trouvent à chaque pas, pour ainsi dire, parce qu'ici étaient les séjours préférés par la colonisation latine. De plus, c'est ici seulement qu'on retrouve et qu'on peut étudier ce qui

reste de la période qui a précédé l'occupation romaine,
les traces de l'empire phénicien, dont le territoire propre
se composait du Zeugis et du Byzacium, c'est-à-dire tel
que l'indiqua le fossé, la délimitation tracée par les Romains après la prise de Carthage, depuis Thabraka, au
nord-ouest, jusqu'à Thenæ, près du lac Triton, au sud.

La régence barbaresque de Tunis se compose précisément de ces deux pays et de la partie orientale de la
Numidie, à peu près dans les proportions tracées par la
colonisation romaine à partir d'Auguste.

C'est là partie du territoire de Libye dont l'histoire
nous est la moins inconnue, grâce à ce qui reste des
récits des anciens auteurs ; et, si nous consultons les
géographes de l'antiquité, c'est là aussi qu'en effet nous
trouvons l'énumération la plus considérable de villes et
de forteresses.

Au sujet de cette énumération, il est une remarque
à faire : en lisant ces noms de villes de l'intérieur et
de ports de mer, on est frappé de leur étrangeté. Évidemment la majeure partie dérive de langues étrangères aux langues latine et grecque. Les savants modernes y reconnaissent des dérivés phéniciens ; ce qui
est très-probable, en effet, pour la plupart. Mais il est
également probable que dans le nombre il s'en trouve
d'ethnique berbère, et c'est ce que le temps seul pourra
nous apprendre.

On y trouve aussi des noms grecs et des noms latins, mais c'est le très-petit nombre.

De ce que disent les anciens auteurs, en parlant des villes africaines, nous pouvons inférer que, même pendant le cours de la longue occupation romaine, les populations conquises, berbère, phénicienne et libo-phénicienne, constituaient en réalité la portion la plus considérable, de beaucoup, dans l'ensemble des populations. C'est aussi ce qu'il est le plus rationnel d'admettre. Or cette population indigène continua à habiter les villes fondées par ses devanciers; et les colons romains, ce que confirment du reste les assertions de Pline, paraissent n'avoir habité, conjointement avec les indigènes, que quelques villes seulement.

Voici le passage de Pline :

« Depuis le fleuve Ampsaga jusqu'à cet endroit (le lac « Pallas), on compte vingt-six[1] peuples différents dans « l'Afrique, qui tous obéissent aux Romains.

« On y trouve six colonies, sans parler d'Uthina et « de Tuburbo, dont il a été déjà fait mention.

---

[1] Le chiffre de *vingt-six* (*xxvi*) *peuples,* donné ici, se trouve dans une édition de Pline, *Paris, 1685.* L'édition Panckoucke, *Paris, 1828,* porte *cinq cent seize* (*dxvi*) *peuples.*

De quel côté est l'erreur?

De l'Ampsaga flumen, au nord, au promontoire Borion, au sud, près la Cyrénaïque, espace du terrain désigné par Pline, il y a cinq degrés de longitude et quatre de latitude, soit douze mille cinq cents lieues carrées environ.

Il paraît peu présumable qu'à l'époque de Trajan, où Pline écrivait, il se

« Les citoyens romains y occupent quinze villes, dont
« voici celles qui sont situées au milieu du pays : Azu-
« rita, Albutuca, Aborium, Canops ou Canopis, Chil-
« mana, Simittua (Symitha, Ptolémée), Thunu, Tubur-
« nis, Tynidrumum, Tibigum, grande et petite Uzita,
« Vaga.

« Il n'y a qu'une seule ville de citoyens latins, nom-
« mée Uzalita ; et une autre, appelée Castra-Cornelia,
« paye tribut.

« De plus, on y trouve trente villes libres ; de ce
« nombre sont : Acolis ou Acholis (Achola, Ptolémée),
« Acharis, Avidus ou Avibus, Abzirita, Canopissæ ou
« Canops, Melzita, Matera, Salaphis, Tusdrita (Thys-
« drus, Ptolémée), Thiphis, Tuniza (Thinissa, Ptolé-
« mée), Teudè (Theudalè, Ptolémée), Tagastum, Tigis,
« Ulusubrita, une autre Vaga, Vicus, Zahmah ; toutes
« situées en terre ferme.

« Les autres villes sont si peuplées, que non-seule-
« ment elles méritent d'être appelées de ce nom, mais
« qu'on peut même avec justice regarder les habitants
« de la plupart comme autant de différents peuples[1]. . . . »

soit trouvé *cinq cent seize peuples différents, obéissant tous aux Romains,* sur
une superficie de terrain aussi peu considérable.

Le calcul donnerait un terrain de moins de cinq lieues de long sur cinq
lieues de large par peuple ou race.

Le chiffre de vingt-six peuples, donné par l'édition de 1685, semble plus
rationnel, surtout à propos de populations en majeure partie nomades.

[1] « Ad hunc finem Africa a fluvio Ampsaga populos xxvi habet, qui Romano

Il est donc établi, par le géographe romain, que, très-peu après l'époque d'Auguste, c'est-à-dire deux cent trente-sept ans après la conquête, les Romains n'habitaient que dans une quinzaine de villes africaines, et n'en avaient construit ou n'en peuplaient qu'une seule qui fût entièrement latine.

Quant à l'orthographe des noms donnés par Pline, il ne faut pas la regarder comme exacte, car nous savons que les Latins, comme les Grecs, avaient l'habitude d'altérer la prononciation et les finales des mots étrangers qui leur paraissaient durs ou difficiles à prononcer.

C'est ainsi que de Kèrth-Hadèscht (orthographe selon M. Renan) les Latins avaient fait Karthago; les Grecs[1] Karkêdôn, et nous Carthage; que de Thaps les Latins ont fait Thapsus; de Thusdru, Thysdrus; de Thunès,

« parent imperio. In his colonias vi præter jam supra dictas, Uthinam, Tu-
« burbin.

« Oppida civium Romanorum xv, ex quibus in mediterraneo dicenda Azu-
« ritanum, Abutucense, Aboriense, Canopicum, Chilmanense, Simittuense,
« Thunusidense, Tuburnicense, Tynidrumense, Tibigense, Ucitana duo, ma-
« jus et minus; Vagense.

« Oppidum latinum unum, Usalitanum.

« Oppidum stipendiarium unum, Castris Corneliis.

« Oppida libera triginta, ex quibus dicenda intus Acolitanum, Acharitanum,
« Avidense, Abziritanum, Canopitanum, Melzitanum, Materense, Salaphita-
« num, Tusdritanum, Thiphicense, Tunicense, Theudense, Tagestense, Ti-
« gense, Ulusubritanum, Vagense aliud, Vicense, Zamense. Ex reliquo nu-
« mero non civitates tantum, sed pleræque etiam nationes jure dici possunt,
« ut..... etc. » (Pline, liv. V, chap. iv.)

[1] Καρχηδών, auteurs grecs. קרתא הדתא, selon Bochart.

Tunisa, et nous Tunis; de Kèrth, Cirtha (Constantine), etc.

Ce passage de Pline établit donc sans contestation possible ce que je viens de dire, que la grande masse des cités et de la population était restée, même sous les Romains, phénicienne et berbère par les coutumes, par les mœurs et par le langage.

Cette physionomie générale de l'Afrique resta empreinte encore pendant un long temps, puisque saint Augustin s'en plaint vivement et dit que tout était encore phénicien de son temps, en dépit des édits romains.

Or Pline, Tertullien et saint Augustin, dans leurs appréciations, ne parlent que des choses qui se passent dans les deux provinces romaines, c'est-à-dire dans le territoire actuel de Tunis.

Il découle de ces diverses considérations que l'opinion émise par moi, que « les lumières qui pourront se faire un jour au sujet du passé de l'antique Libye naîtront probablement en Tunisie, » n'est nullement une hypothèse risquée.

Il est, sur ces matières délicates et pleines d'intérêt, une opinion admise aujourd'hui par quelques savants : cette opinion condamne la pensée qu'il puisse exister encore en Afrique des restes des périodes berbère et phénicienne. La longue occupation romaine, disent ces savants, a complétement effacé toute trace d'un passé qui lui est antérieur, et tous les hommes compétents qui se sont occupés d'archéologie en Afrique n'ont pu parvenir, après de nombreuses recherches, à rien découvrir qui ne fût d'origine romaine, soit d'une époque, soit d'une autre.

Je ne partage pas cette opinion, et j'ai de puissants motifs, que je développerai dans le cours de cette publication, pour être convaincu du contraire.

Je rends, comme tout le monde, hommage à l'érudition et aux lumières de ces personnes éminentes dans le domaine des sciences; mais, quelque témérité qu'il puisse y avoir de ma part, je me permettrai cependant de faire observer que leur sagacité habituelle a pu, une fois par hasard, être mise en défaut.

La seule partie de l'antique Libye qui jusqu'à ce jour ait été étudiée, et même est-on loin de la connaître tout entière, est l'Algérie, c'est-à-dire une partie de l'ancien royaume de Numidie et des deux Mauritanies : là, on n'a pu encore trouver, paraît-il, que des vestiges exclusivement romains.

Je n'en suis pas surpris, je le répète; mais il reste à explorer la partie incontestablement la plus riche en documents archéologiques et la moins connue, le territoire particulier à l'empire phénicien, la Tunisie.

Il est matériellement impossible que de grandes civilisations qui ont eu une durée si vitale, si tenace, une durée de plus de vingt siècles, et je dis vingt siècles par la raison que les fondations des comptoirs phéniciens remontent à quinze ou seize siècles avant notre ère, il est impossible, dis-je, qu'un passé énergiquement empreint dans le sol même ait pu en être radicalement arraché sans qu'il en reste trace.

Les occupations romaine, byzantine, vandale et arabe, ont pu détruire successivement les choses les plus saillantes au-dessus du sol, telles que murs, fortifications, villes, ports, forteresses, etc. d'origine phénicienne ou berbère; on a pu, à différentes époques, et forcé par les nécessités de vétusté, les remanier, les restaurer, en dénaturer en partie la destination originaire; le temps a pu combler les ports de guerre, les ports marchands; tout cela est admissible et a eu lieu en effet, en grande partie du moins; mais cependant tout n'a pas pu disparaître. Les destructions, quels que soient leurs causes et leurs effets, s'arrêtent presque toujours au ras du sol; et, si le dessus a été jeté au vent par la main des hommes, la terre a mieux gardé ce qui lui a été confié : on retrouve au moins les fondations, en mettant les choses au pis.

Il reste donc, comme dernière ressource en cas de doute, à interroger le sol lui-même; c'est ce que j'ai fait sur un grand nombre de points en Tunisie : et non-seulement le sol m'a révélé ce que je cherchais, mais il m'a même donné les moyens pratiques de reconnaître avec certitude, au-dessus, sur terre, d'autres vestiges encore debout de cette grande époque contestée.

C'est ici, sous la terre tunisienne, que très-probablement, avec le temps, au moyen de fouilles persévérantes, d'études attentives, et le hasard aidant aussi, nous aurons la révélation d'au moins une partie des documents qui nous manquent. Le peu de voyageurs qui y ont fait quelques explorations ont tous trouvé des inscriptions latines, grecques, puniques ou berbères, soit dans les ruines, soit au milieu des innombrables débris épars sur le sol. Combien d'autres n'est-il pas permis d'espérer encore sous le sol que couvrirent plusieurs centaines de villes fondées par les races berbère et phénicienne !

Ce qui est regrettable, c'est que cet intéressant et vaste champ d'études archéologiques nous soit, par diverses causes, interdit, ou à peu près, jusqu'à présent. On peut avancer hardiment que la Tunisie est, à propos des temps reculés, un immense musée, une grande bibliothèque qui n'est pas encore à notre usage.

Je crois devoir revenir une fois de plus sur la singulière négation des ruines berbères et phéniciennes en Afrique, à propos d'une pensée que me suggère ce sujet.

N'a-t-on pas trouvé là des dolmen, des menhir, des armes en silex, toutes traces du passage ou d'une occupation par la race dite celtique, à une époque restée inconnue? Pourquoi donc l'occupation de la race punique, postérieure de beaucoup, serait-elle restée exceptionnellement sans aucun témoignage?

Puisque nous abordons ce sujet des races celtiques en Afrique, je me permettrai quelques réflexions à leur égard.

Déjà plusieurs preuves que je viens de citer, dolmen, armes en silex, etc. démontrent qu'à certaines époques les tribus celtes ou celtibères ont occupé les forêts et les vallées du nord de l'Afrique. Telle est du moins la conséquence qui en résulte aux yeux de quelques auteurs modernes, qui, s'armant de ces témoignages, ont imaginé l'hypothèse du passage de ces races du nord de l'Europe en Libye, par le détroit de Gibraltar, ou par la pointe de la Sicile, l'antique Trinacrie.

Ces données nouvelles, qu'aucune découverte n'est venue appuyer, me paraissent en dehors des probabilités.

Cette hypothèse, d'une ou plusieurs émigrations par masses, entraîne nécessairement avec elle la conclusion que les races celtiques d'Europe, les seules, selon cette donnée, qui auraient créé ou adopté exclusivement l'usage des dolmen et des armes et instruments en pierre, auront inévitablement dû franchir la mer pour passer en Afrique, où leur séjour serait marqué par ces attestations de leurs coutumes.

Cette idée de faire passer la mer à d'immenses hordes d'hommes, de femmes et d'enfants, me semble à peu près inadmissible. Examinons d'abord la valeur de l'hypothèse qui tend à faire admettre que l'âge de pierre soit tout particulier aux races celtiques de l'Europe.

Ce que l'on est convenu tout récemment d'appeler l'âge de pierre est cet état de sociabilité rudimentaire où les habitations pour la famille, pour la tribu, furent les cavernes naturelles, ou bien l'amas de huttes élevées sur pilotis au-dessus des cours d'eau et des lacs; où tous les instruments de pêche, de chasse, de défense et d'attaque, de fabrication quelconque, étaient de pierres dures et tranchantes, d'os, de fortes arêtes de poissons, etc. faute de métaux, dont on ne soupçonnait ni l'usage ni même l'existence.

Rien ne démontre que cet état primitif des sociétés, que cet âge de pierre, comme nous l'entendons, soit né et soit resté exclusivement en usage parmi les Celtes d'Europe.

Il me semble tout naturel d'admettre que cet âge de pierre, s'il était général sur le continent européen, et n'oublions pas qu'il s'agit d'âges prodigieusement éloignés du nôtre, devait l'être également partout ailleurs, et qu'à ces mêmes âges relatifs les races habitant le nord de l'Afrique, comme celles qui peuplaient l'Asie, devaient se trouver, un peu plus tôt ou un peu plus tard, à peu près dans les mêmes conditions que les races celtiques habitant les forêts européennes.

Cet âge de pierre a dû se maintenir pendant un nombre de siècles incalculable.

Nous en avons tous, récemment, examiné avec un vif intérêt les nombreux vestiges retrouvés depuis peu, soit dans des cavernes, soit au fond des eaux à la surface desquelles ont existé les agglomérations d'hommes, les villages lacustres. On en découvre journellement d'autres, un peu partout.

Nous avons vu avec surprise que certains de ces instruments de pierre étaient, relativement bien entendu, d'une singulière habileté de travail.

Or il résulte de l'examen attentif de tous ces objets qu'il a dû inévitablement s'écouler un très-grand nombre de siècles entre la fabrication très-grossière des uns et l'état de perfection relative des autres.

Aujourd'hui, nous possédons un assez grand nombre de ces spécimens authentiques, dans divers musées, pour pouvoir établir avec certitude la naissance et la progression lente, mais graduelle, de l'industrie native des plus antiques races humaines.

Voici en peu de mots cette progression que les faits

désignent exactement dans le même ordre du reste que
la logique les eût supposés.

C'est d'abord le bâton noueux et la pierre informe
que l'homme arrache ou ramasse au hasard pour se défendre, pour se battre, ou tuer le gibier.

Ensuite, le bâton est choisi fort et noueux, massue
d'Hercule que la tradition nous a conservée; l'homme et
la femme sont couverts de peaux de bêtes.

Puis vient l'arc, qui lance au loin une branche mince
au bout de laquelle est une forte arête de poisson, ou
bien une esquille d'os pointue. C'est la flèche, arme
d'attaque et de chasse.

Armé de la même façon, le bâton devient une lance.

Telles furent les premières armes entre toutes, et elles
durent rester telles pendant bien des siècles; on a de cette
époque, outre les armes, des pelles et des pioches faites
de larges cornes d'animaux. Le manche et l'outil étaient
solidement assemblés au moyen de lanières de peaux.

Plus tard, à l'esquille d'os, à l'arête de poisson, on
substitua des pointes bien plus dures, des pointes à la
fois aiguës et coupantes, en silex.

Là fut le premier progrès réel dû à l'intelligence de
l'homme. Dès que ce pas fut franchi, dès que l'on con-
nut la possibilité de tailler les pierres en les frappant
adroitement l'une par l'autre, le nombre des objets nécessaires à la vie s'accrut considérablement.

Puis on remplaça la pierre informe lancée à la main par la fronde, alors que l'on commença à deviner l'art de préparer les peaux, c'est-à-dire dès que l'on eut les premiers outils de pierre, tranchants, pour pouvoir les amincir et les gratter. La fronde envoyait bien plus loin que le bras une pierre aiguë ou coupante.

Dès lors aussi on eut des peaux préparées et souples pour vêtements plus ajustés et de plus longue durée. C'est à cette période de l'industrie qu'il faut rapporter l'usage des vêtements de peaux pour les femmes, en Afrique, selon Hérodote et Diodore, ainsi que l'*égide* des amazones qui habitaient les contours de la mer de Pallas; Minerve, selon la tradition mythologique, née près de cette mer, a conservé parmi ses attributs le spécimen de cette égide.

Avec le temps on inventa l'arme la plus meurtrière et à la fois l'outil de la plus haute utilité, la hache de pierre, au tranchant inégal d'abord, comme nous l'avons vu, et grossièrement emmanchée dans un bois pesant; puis le tranchant devint peu à peu plus régulier.

On se procura ensuite des pierres plus dures encore que le silex, le jade, l'obsidienne, de provenances étrangères à l'Europe. L'emmanchement devint plus léger, l'arme plus maniable. Enfin on arriva non-seulement à lui donner un tranchant régulier, plus assuré contre le choc, mais encore on parvint à percer, dans ces substances si dures, un œil, un trou rond, dans lequel on fixa solidement un manche plus long, pouvant atteindre plus loin.

Puis on fabriqua des lames de couteau de formes diverses, des outils tranchants, des scies, le tout toujours en pierre, qui permirent la naissance ou le développement d'un grand nombre d'industries.

Rappelons que, pour forer un trou dans des pierres aussi dures, les hommes d'alors n'avaient aucun des métaux pour s'aider, ni l'acier ou le fer trempés et durcis, ni l'émeril qui rode ; on ne pouvait forer ces trous qu'avec un morceau de bois formant tube, comme le sureau par exemple, et un sable quelconque fin et résistant, et enfin de l'eau, en tournant constamment, soit à la main, soit au moyen d'un archet. Le temps était l'aide principale pour arriver au résultat.

Mais quel temps fallait-il ! bien des années, la vie d'un homme peut-être pour percer un seul trou.

Et quel prix devait avoir une arme pareille !

Et cependant on parvint à fabriquer par ces procédés non-seulement des haches et des instruments tranchants, mais encore des marteaux de pierre de toutes formes et de toutes grosseurs.

Ces variétés bien calculées dans la forme et le poids des marteaux attestent que les industries pour lesquelles on les fabriquait étaient déjà nombreuses.

Nous avons vu tous ces objets dans les collections exposées, nous n'avons donc pas à nous tromper sur les moyens en usage pendant la durée de l'âge de pierre.

Nous y avons également vu des étoffes en laine, tissées assez régulièrement et même avec des dessins naïfs; presque tout ce qui peut servir à l'attirail de toilette des femmes; puis aussi des colliers, des bracelets, des pendants d'oreilles en coquillages ou autres substances; des poteries, vases, ustensiles de cuisine, etc.

A la fin de cet âge de pierre, il existait donc une certaine civilisation, puisque nous reconnaissons que l'état de l'industrie chez les peuples est en quelque sorte leur miroir.

Dans tout ce qui précède sur cet âge et les développements lents et progressifs depuis l'origine des industries humaines, nous n'invoquons nullement le secours d'une hypothèse; nous en appelons au témoignage des séries d'objets retrouvés en grand nombre, existant dans divers musées et dans ces collections merveilleuses des âges primitifs que tout le monde a pu voir à la dernière Exposition universelle.

Mais quelles longues séries de siècles ont dû s'écouler entre la première période, celle de la pierre informe ramassée comme arme, du bâton arraché à un arbre, et la dernière, où les hommes étaient arrivés au point de pouvoir satisfaire à tous leurs besoins au moyen

d'armes et d'instruments de toute sorte habilement fa-
çonnés en pierre, où ils connaissaient l'art de tisser des
étoffes, de préparer les peaux, de manufacturer les poteries, les bois, l'ivoire, etc. etc.! Si toute espèce de progrès est lent encore aujourd'hui même, où cependant
nous avons à notre disposition tant de moyens perfectionnés et puissants, tels que la vapeur, grand nombre
de métaux, l'hydraulique, etc. combien plus lent encore
devait être le plus petit, le plus insignifiant progrès,
alors que les hommes n'avaient absolument, pour toute
ressource, que leurs dix doigts, et une imagination d'autant plus bornée que tout point de comparaison leur
manquait, absolument aussi, en toutes choses!

N'est-il pas naturel de penser que, pendant le cours
de tant de siècles, l'usage de ces armes, de ces instruments, et leurs divers perfectionnements graduels,
eurent tout le temps de se communiquer d'un peuple à
l'autre, partout où sur le globe il y eut des peuples,
des agglomérations d'hommes, de tribus, de races?

Pline, dans son Histoire naturelle, ne nous apprend-
il pas que ces mêmes Libyens, ces Africains dont nous
parlons, étaient armés de pierres, de massues de bois,
de lances durcies au feu, pendant leurs antiques guerres
contre les Égyptiens?

Les manteaux de peaux de bêtes préparées ne furent-
ils pas importés en Sardaigne et en Espagne par les

premiers colons phéniciens venus d'Afrique? On les appelait *Mastruga*, du nom phénicien.

Dans tous les temps, à tous les âges, aux époques primitives comme aujourd'hui, l'industrie, c'est-à-dire l'art de constituer les moyens propres à satisfaire aux besoins des sociétés, a été et est encore communicative; on échange, on s'emprunte, on se vole, s'il le faut, les procédés, parce qu'on a les mêmes nécessités à satisfaire.

Ce fait constitue un axiome de tous les temps.

Il me paraît donc très-simple de croire que les races qui ont superposé les dolmen dans le nord de l'Afrique, qui s'y servirent des armes et instruments de pierre, qui s'habillèrent des mêmes vêtements de peaux, obéirent aux mêmes coutumes générales, aux mêmes usages que les races qui habitaient l'Europe.

De la présence de ces objets en Afrique il ne découle pas obligatoirement la nécessité de supposer une invasion des Celtes, des races européennes en Afrique, de leur faire passer la mer, et d'avancer qu'ils y ont déposé ces objets, très-communs sur la surface de l'Europe.

En outre, je n'entrevois guère la possibilité de ces émigrations par mer à des époques si reculées. Il est bien évident qu'aux âges où il n'avait que des outils en pierre, si perfectionnés qu'ils aient pu être, l'homme

n'était pas en état de construire des navires capables
de tenir la mer. On a bien découvert, il est vrai, et
nous possédons dans divers musées d'Europe des spécimens de navires attribuables, très-probablement, à
ces époques : ce sont des troncs d'arbres grossièrement
équarris à la hache de pierre et creusés ou évidés au
moyen du feu. Mais ces canots, lourds, peu maniables,
sont tout au plus bons pour passer un fleuve, un lac,
ou côtoyer timidement les rivages de la mer par un temps
calme. Comment embarquer une horde considérable
d'hommes, femmes, enfants, et les provisions indispensables, sur de pareils canots, en mer, où le moindre
coup de vent, où les lames quelque peu agitées eussent
englouti le tout en un instant? Et puis, combien eût-
il fallu de ces canots? car il était de toute nécessité que
l'émigration fût en nombre considérable, puisque l'on
devait inévitablement attaquer, dès le débarquement
même, les hordes indigènes africaines, que l'on allait
tenter de refouler. Par ces divers motifs, je n'accepte
pas, à moins cependant que le fait ne vienne à être un
jour démontré ou appuyé sur de grandes présomptions
de probabilité, l'hypothèse du passage des races celtiques européennes dans le nord de l'Afrique.

Je pense, puisqu'il y a identité manifeste des vestiges,
qu'en effet les coutumes étaient les mêmes sur les terres
du nord et sur celles du sud de la Méditerranée, à

des époques reculées et contemporaines; mais je ne vois pas la nécessité d'en conclure à une invasion par mer des Celtes en Libye.

Diodore nous apprend qu'il se trouvait des troupes de Celtes dans l'armée qu'Agathoclès amena de Sicile en Afrique. D'autre part, il mentionne les nationalités diverses qu'il recruta en Libye, et ne nomme pas les Celtes parmi elles. Nous pouvons donc en inférer qu'il n'y en avait pas eu d'antérieurement implantées en Afrique. Cet auteur établit, en outre, une différence entre les Celtes, les Gaëls ou Gaulois et les Kimris.

En résumé, hypothèse pour hypothèse, je préfère m'en tenir à celle qui offre le plus de chance de probabilité.

Je m'arrête. Il faut quitter cette digression qui tendrait à m'entraîner trop loin, bien que cependant elle ne soit pas hors du sujet qui nous occupe. Elle reste en effet circonscrite dans les appréciations générales des aperçus archéologiques propres à l'Afrique, et ces appréciations portent aussi bien sur les vestiges de l'âge de pierre, puisqu'il s'en trouve, que sur ceux des âges historiques qui l'ont suivi.

Je reprends le cours des études que j'ai pu faire sur le sol de la vieille Libye, et sur des monuments d'un âge infiniment plus rapproché de nous que l'âge de pierre.

J'ai, pendant plusieurs années, occupé en Tunisie une position officielle comme ingénieur de la régence. Plus tard, j'y suis retourné chargé d'une mission scientifique par l'Empereur; elle a duré cinq années. Ces circonstances exceptionnelles m'ayant permis de visiter à loisir la majeure partie des ruines qui couvrent la Tunisie, je me trouve pleinement à même de donner un aperçu de l'ensemble qu'elles présentent, et de l'intérêt général qu'elles offrent.

Je vais en présenter le tableau.

J'éviterai, dans cet exposé, de répéter les détails déjà publiés, il y a cent vingt-quatre ans, par un célèbre voyageur, le docteur Shaw; ces répétitions seraient dénuées d'intérêt.

Les ruines de villes, d'édifices publics et de châteaux, en Tunisie, peuvent se classer en quatre séries d'époques distinctes :

1° Les ruines d'époque phénicienne ou punique;

2° Les constructions romaines des trois premiers siècles;

3° Les constructions et remaniements d'époque byzantine;

4° Les édifices élevés après la conquête par les Sarrasins.

PREMIÈRE SÉRIE.

CONSTRUCTIONS PHÉNICIENNES ET CARTHAGINOISES.

(Depuis l'an 1520 environ jusqu'à l'an 100 avant Jésus-Christ.)

Commençons par l'époque phénicienne et carthaginoise; je la distingue en deux classes, par la raison qu'avant la fondation de Carthage des immigrations phéniciennes successives avaient déjà créé des villes maritimes, des emporia sur les côtes berbères.

Cette première classe remonte jusqu'à 1520 ans environ avant l'ère chrétienne.

Utique semble avoir été le plus important de ces emporia, c'est du moins le plus connu.

Les édifices phéniciens de cette classe sont d'une architecture plus simple que ceux de la seconde; elle est d'aspect sévère et massif, sans décor aucun au dedans ni au dehors.

Les édifices de la seconde classe, carthaginois ou puniques, bien qu'élevés par des hommes de même race, d'origine commune, accusent néanmoins des différences sensibles, celles par exemple que le progrès dans les arts amène toujours chez les peuples industrieux après quelques siècles d'intervalle.

Je daterai les édifices de cette seconde classe depuis

l'an 883 avant l'ère chrétienne, époque où Carthage fut fondée ou agrandie par des Phéniciens venus directement de Tyr et de Sidon, la mère patrie commune, où les arts avaient vraisemblablement beaucoup plus progressé que chez les autres Phéniciens établis déjà en Afrique depuis sept siècles environ.

Dans ces édifices de la seconde classe, on rencontrait, dans le décor extérieur, certaine élégance empruntée à l'art grec, jointe au type architectonique et à la distribution propres au génie de Tyr. Le décor et la distribution du célèbre port de guerre de Carthage, du temple d'Esculape, etc. en étaient des exemples.

Les autres édifices de la première classe, tels que portes de ville, palais, grandes murailles, ports, môles et quais, citernes publiques, réservoirs des plaines, sont généralement sans décor, et, lorsqu'il s'y trouve, il accuse des formes particulières d'une singularité qui frappe.

L'un des caractères les plus saillants de ces édifices est la rareté de la pierre de taille; soit par la raison que le sol ne fournissait pas de carrières de nature convenable, soit parce que, pendant les premiers siècles de l'installation des colons phéniciens au milieu des tribus berbères, il y ait eu danger à exploiter des carrières à pierre de taille éloignées des centres fortifiés, toujours est-il que les plus anciennes constructions sont faites en blocage, sorte de béton composé de petites pierres et de mortier. Ce mode de bâtisse est du reste d'une grande solidité; de plus, on avait l'avantage que le sol même sur lequel on asseyait les premiers comptoirs fournissait ces petites pierres, qui, en même temps, donnaient la chaux nécessaire. On évitait ainsi la nécessité, et probablement le danger, d'aller au loin se procurer d'autres matériaux de construction. Le bois était également sous la main, car les anciens auteurs s'accordent à dire que ces pays furent richement boisés jusqu'à l'époque de la conquête sarrasine.

Cependant la pierre de taille ne fait pas absolument défaut dans ces antiques constructions; on la voit quelquefois former certains parements. Dans ces cas, bien rares, ces grandes pierres sont juxtaposées à sec, c'est-à-dire sans mortier ni chaux.

Postérieurement à ces anciennes époques, alors que la domination carthaginoise se fut imposée dans l'intérieur des terres, longtemps après la fondation de Carthage par conséquent, la pierre de taille apparut sur presque tous les édifices et les grandes constructions. Alors aussi le décor prit un tout autre aspect : les marbres de toutes provenances, africains en majeure partie, furent appliqués en lames à l'intérieur et à l'extérieur des monuments.

Je n'ai pu voir nulle part si l'usage des colonnes dé-

tachées avait été mis en pratique alors. J'ai bien vu à
Utique, dans l'île, un grand édifice élevé, en dedans
comme en dehors, sur de belles colonnes monolithes en
porphyre d'Égypte[1] ; mais son état de ruine ne permet
pas de juger s'il a été construit antérieurement à la
période romaine. Je penche néanmoins plutôt à l'attribuer à l'architecture latine, à cause des détails de distribution; dans ce cas il aurait été réédifié sur un monument phénicien très-ancien. Certaines traces m'ont
donné à conjecturer que le pilier, emprunté aux constructions égyptiennes, était peut-être plus dans les coutumes carthaginoises pendant les premiers siècles, car
les emprunts à ce type, surtout dans les attributs décoratifs, sont fréquents.

Quant à la belle décoration ionique du port de guerre
de Carthage, décor prenant sa source, je crois, dans
un mythe religieux pour la forme, il n'y a rien de surprenant que les Carthaginois, devenus riches et puissants
par le commerce et les conquêtes, l'aient fait exécuter
par des artistes étrangers, ou bien, ce qui était encore
plus dans les mœurs et coutumes d'alors, par des esclaves grecs pris en Sicile.

Dans le plan général des édifices d'architecture phénicienne, les angles sont évités; les formes rondes ou

____

[1] La taille et l'emploi des colonnes de porphyre datent des Ptolémées, vers
320 avant Jésus-Christ.

arrondies dominent. Les coupoles, les dômes, sont fréquents. Les salles circulaires sont préférées; si une salle est oblongue, dans les grandes constructions, les deux extrémités sont en demi-cercle.

J'ai pu remarquer aussi, dans les bâtisses quelconques les plus anciennes, que le nombre *trois*, prenant sans doute son origine dans une idée mystique, est observé en tout : trois salles, par exemple; une salle longue divisée en trois demi-circonférences; dans le décor, trois moulures, ou mieux une moulure triple, trois boudins; sur les stèles votives, trois doigts, trois unités jointes en bas[1], ou bien trois fois ces trois unités répétées; les figures symboliques sont toujours disposées de façon à former trois saillies, trois extrémités.

Cette observance du nombre trois, symbolique probablement, me paraît caractéristique.

Dans la période carthaginoise, que je nomme de seconde classe, cette forme ou disposition symbolique me paraît moins observée, ou peut-être les traces en ont-elles disparu.

Il est une remarque qui peut trouver sa place ici. Il ne serait nullement impossible, si les archéologues avaient tout loisir pour étudier la régence de Tunis, que l'on découvrît quelque édifice, quelque construction

---

[1] Probablement emblèmes de la divinité protectrice des Phéniciens, l'Hercule trismégiste.

berbère, soit antérieure, soit contemporaine à l'occupation phénicienne. Il me paraît peu probable que cette
race ou agglomération de races très-antiques, pendant
un si grand nombre de siècles en Libye, n'ait pas laissé
quelque trace architecturale de son long séjour. Les
Berbères, les Numides, les Maures, quelles que soient
les différences d'origine, avaient des villes, le fait est
certain. Zamah était une ville numide; Tunis, ou Thunès, une ville berbère. Les rois de Mauritanie possédaient des villes, des palais, des places fortes. Lix, au
Maroc, était une ville maure près de laquelle les légendes nous disent qu'Hercule vainquit Antée, roi des
tribus berbères et autres indigènes. Ce qui me fait faire
cette observation est la découverte ou la vue d'un petit
édifice très-antique, de forme étrange, que j'ai visité et
fouillé entre Hadrumète (aujourd'hui Sousa) et Aquæ-
Regiæ (près de la ville actuelle de Kaïrowân). Ce petit
monument, qui n'avait ni portes ni fenêtres, dans lequel
j'ai dû pénétrer par-dessous terre, portait à l'intérieur
une voûte en encorbellement, par assises de petites
pierres plates, voûte sans forme précise. Une niche vide
était au fond; sous la niche, un reste d'autel.

Le sol portait encore visiblement les traces de deux
séparations dans l'unique petite salle; ce qui annonçait
une division intérieure, à l'origine, en trois petits compartiments. Dans ces compartiments étaient des restes

d'ossements, divers selon le compartiment; les uns ne constituant qu'une trace de poussière sur le sol, d'autres ayant conservé quelque consistance. J'ai présenté, plus tard, quelques-uns de ces derniers à un docteur, qui m'a dit n'y reconnaître que des ossements d'animaux. Sur le flanc droit du monument, à l'extérieur, on voyait encore les indices d'un escalier composé de cinq ou six marches, près du chevet dans lequel se trouvait la niche.

Autour de cet édicule, à fleur de sol, sont les traces d'un assez vaste péribole. Enceinte et édifice sont loin de toute habitation moderne ou antique, et l'on peut conjecturer qu'ils ont dû, à l'origine, se trouver au milieu d'une forêt. Encore aujourd'hui le tout est dans un bois d'oliviers.

Les murs de l'édifice, très-épais et solides, sont en blocage; mais ce blocage diffère de celui que j'ai uniformément reconnu dans les constructions phéniciennes les plus anciennes. Les pierres sont indifféremment petites ou grosses, sans forme arrêtée, et noyées dans le mortier. Aucun parement extérieur. Les pierres de la voûte, d'inégale épaisseur, un peu plates, sont seules disposées par assises un peu régulières, avançant l'une sur l'autre vers le haut, en un mot, en encorbellement.

L'extérieur porte la trace d'un remaniement postérieur, d'une sorte de revêtement en bas, de pierres plates et debout.

Derrière la niche et l'autel est un petit caveau étroit et de la hauteur de l'édifice; les dimensions sont suffisantes pour qu'une personne puisse s'y tenir debout; il est sans portes et sans fenêtres.

Les parois intérieures des trois divisions de la salle portent des traces de peintures en ocre.

Je ne me permettrai pas de donner une opinion arrêtée sur ce petit monument, dont je n'ai pu définir ni l'âge ni l'origine, malgré le soin et la persistance que j'ai mis à le fouiller et à l'étudier. Certains détails, comme la peinture d'ocre par exemple, font supposer une destination religieuse par les Carthaginois; mais, d'autre part, la nature du blocage et surtout la voûte en encorbellement en font remonter l'origine infiniment plus haut que cette période.

Il se pourrait encore que, de création antérieure à l'occupation phénicienne, les Carthaginois, maîtres du pays plus tard, l'eussent approprié au culte d'une de leurs divinités. Le petit caveau sans lumière qui précède la niche de l'autel était-il la place d'une pythonisse, d'un oracle caché, comme il était d'usage dans l'antiquité? Une petite ouverture, disparue depuis, aurait porté la voix dans l'intérieur de l'édifice après l'holocauste des victimes.

Je me suis perdu en conjectures sans pouvoir trouver le mot de l'énigme, mais, parmi le chaos de ces conjectures, s'est présentée plusieurs fois la pensée, sans toutefois oser l'appliquer au monument, qu'il ne serait pas impossible qu'un jour ou l'autre on découvrît quelque construction berbère en Tunisie.

Tout le monde sait qu'il y a quelques années on a trouvé à Thugga une inscription bilingue, phénicienne d'un côté, et libyque ou berbère de l'autre. Cette inscription remarquable est au Musée britannique.

Il est certain qu'antérieurement à la période phénicienne, déjà elle-même fort ancienne en Afrique, il y eut une autre civilisation, que, faute de mieux, nous pourrions peut-être désigner sous le nom générique de berbère; car Hérodote affirme qu'à la suite d'une antique invasion en Afrique, invasion qui semble symbolisée sous le nom du Bacchus de l'Inde, les cultes de Jupiter, de Minerve, de Bacchus, etc. se répandirent en Libye. Puis, à la suite d'une autre invasion, qui serait postérieure et symbolisée sous le nom d'Hercule, les masses pelasgiques ou autres, qui retournèrent en Orient et en Grèce, remportèrent de la Libye occidentale presque toute la mythologie grecque.

Diodore affirme également que la majeure partie de la mythologie prit naissance en Libye dans les âges reculés.

Il semble donc évident que l'origine de ces mythes religieux, qu'ils soient ou non venus de l'Inde en Libye,

est de beaucoup antérieure à la période phénicienne,
car nous savons que les colons fondateurs des emporia
apportèrent avec eux le culte des divinités particulières
à Tyr : Saturne, Hercule, Astarté, etc.[1]

Il semble, comme conséquence de ces faits, rationnel
d'admettre une très-antique civilisation berbère, qui
aurait pu laisser des traces archéologiques en Afrique.

J'achèverai ce qui reste à dire sur l'architecture phénicienne lorsque je donnerai, plus loin, la description
des édifices que j'ai étudiés à Utique et dont j'ai relevé
les plans avec soin.

[1] Molock ou Mâlâch, Melkarth, Thânnath, etc.

DEUXIÈME SÉRIE.

CONSTRUCTIONS ROMAINES.

(Depuis 100 ans environ avant Jésus-Christ jusqu'à l'an 350 après Jésus-Christ.)

L'étude des constructions romaines offre moins d'intérêt que la précédente, en ce sens qu'elle serait ici une répétition descriptive de tous les monuments dont les Latins ont doté la surface des contrées européennes.

On les connaît tous et partout.

On retrouve dans les édifices romains, en Afrique, la même largeur de conception, la même richesse dans les détails décoratifs, la même harmonie dans les grandes lignes, que nous admirons dans leurs monuments en Europe.

Ce sont des théâtres, des cirques, des amphithéâtres, des hippodromes, des palais, arcs de triomphe, portes de ville, aqueducs; en un mot, ce que nous avons d'eux chez nous.

Il n'y a de différences que dans le mode d'appropriation particulière de quelques-uns de ces édifices, appropriation dont la nécessité provenait du climat africain. Tels sont, par exemple, les réservoirs d'eau douce, et les grandes citernes publiques pour les villes.

Ces constructions n'ont pas d'analogue, que je sache, en Europe, ou bien y sont très-rares; leur description peut donc avoir ici l'attrait d'une nouveauté archéologique.

Les sources, et généralement les cours d'eaux potables, sont assez rares en Afrique, où cependant le besoin en est vif sous un climat brûlant. Les grands cours d'eau, rivières et fleuves, sont torrentiels, c'est-à-dire que, pendant les pluies continues de chaque hiver, les niveaux, montés brusquement assez haut, baissent de même très-vite, parce que les pentes, très-prononcées, portent rapidement les eaux pluviales à la mer ou dans les lacs. Les lits restent presque tous à sec pendant les deux tiers de l'année.

Les lacs sont tous salés ou saumâtres.

De ces conditions physiques est née, dans tous les temps et pour toutes les nations qui y ont dominé tour à tour, la nécessité absolue de construire de vastes réservoirs, dans lesquels l'eau douce, de source ou pluviale, pût être emmagasinée soigneusement, non-seulement pour l'usage journalier, mais aussi en vue des années de sécheresse, possibles, sinon fréquentes, sous un pareil climat.

On comprend également que, chez ces peuples, l'art de construire les citernes et les grands réservoirs ait été un art tout spécial; que les systèmes d'irrigations économiques aient atteint un haut degré de perfection, et que chez eux, enfin, soit née l'invention de daller les rues dans les villes, pour ne pas perdre l'eau pluviale tombant sur de larges surfaces, au milieu même des centres de population.

Tout cela a existé, en effet, dans le passé de l'Afrique. Chaque maison privée, dans les villes comme dans les campagnes, était bâtie sur un réservoir, une citerne, construction souterraine faite avec soin, quelle que fût la richesse ou la pauvreté du propriétaire : les eaux pluviales se rendaient dans cette citerne par des conduits, provenant du dessus des maisons, invariablement fait en terrasses plates dans ce but.

Ces mêmes conditions existent encore dans toute la Tunisie.

La surface des rues, des places, dallée, portait les eaux de pluie dans les grands réservoirs publics, où elles s'épuraient et où chacun avait le droit de puiser.

Dans les campagnes, même système. On élevait, ou pour mieux dire on creusait, des réservoirs d'une grande superficie, où les eaux, épurées, servaient à l'alimentation des troupeaux et des haras; elles provenaient des pentes environnantes.

D'après cela, on se rend parfaitement compte que l'invention du dallage des rues soit née à Carthage, et que les grands réservoirs publics y aient été l'objet d'une vive prédilection[1]. C'était, en effet, généralement de beaux édifices.

Les maîtres actuels, maures et arabes, ont seuls négligé, par excès d'apathie, ces salutaires traditions. Ils ont bien des citernes sous chaque maison; mais les réservoirs publics, les vastes citernes des anciens, qu'il eût été si facile et si important d'entretenir, ont été abandonnés par eux. On les a remplacés par des feskia's, sorte d'étangs entourés de murs, où les boues se sont tellement accumulées, que les eaux sont puantes et peu saines. Ils n'ont conservé du grand héritage du passé que le système d'irrigation, resté intelligent. Nous avons emprunté à ce système les petits canaux mobiles en terre et les noria.

La colonisation romaine, se substituant par la conquête à l'empire phénicien, dut obéir, comme la colonisation carthaginoise, à ces nécessités de prévoyance.

Je vais donc parler de ces constructions toutes spéciales, dont le génie romain, à l'instar de son devancier, a pourvu l'Afrique.

Les vastes citernes, les grands réservoirs créés par la longue occupation phénicienne, étaient nombreux, puisqu'ils avaient suffi pour la population africaine. Les Romains n'eurent qu'à les entretenir et les réparer au

---

[1] Virgile, description de Carthage, *Énéide*, liv. I, v. 426 :

Miratur portas..... et strata viarum.

fur et à mesure que le temps et l'usure les dégradaient. Ce dernier fait explique pourquoi un très-grand nombre de ces monuments est revêtu d'une apparence romaine, ce qui peut induire un archéologue en erreur *a priori*.

Mais, en construisant de nouvelles villes, ou en en agrandissant d'anciennes, il fallut les pourvoir de grandes citernes. Ces dernières sont bien romaines ; elles diffèrent des phéniciennes, non-seulement par la méthode de bâtisse, mais encore par la forme même et par la répartition.

Les citernes puniques présentent invariablement une et souvent deux séries ou rangées de longs bassins parallèles, en maçonnerie de blocage très-épaisse, recouverts de voûtes en berceau plein cintre et en blocage également.

Celles d'Utique, de Carthage, d'Hadrumète et autres villes, forment un vaste parallélogramme qui, jadis au-dessus du sol, portait des galeries couvertes. Ces galeries, par leur élévation, mettaient à couvert des ardeurs du soleil les habitants qui y venaient journellement puiser, et de plus maintenaient les eaux plus fraîches sous les voûtes inférieures.

Celles de Carthage avaient une disposition particulière : aux quatre angles du parallélogramme, ainsi qu'au milieu, étaient six filtres circulaires recouverts par six dômes ou coupoles, dont l'effet gracieux rompait à l'œil la monotone uniformité des extrados de voûtes en berceau.

Ces détails se voient encore à celles dites *petites citernes*, qui étaient assez proches de la mer, près l'édifice qui paraît avoir été un gymnase. Ils n'existent plus au-dessus des grandes citernes dites *de Mâlkâa*, mais on peut en reconnaître les amorces.

Du fond des filtres, un peu au-dessus des radiers, partaient des conduites en maçonnerie qui distribuaient dans les environs les eaux épurées. M. Gouvet, ingénieur français au service du bey de Tunis, a été chargé tout récemment du déblai et de la restauration des petites citernes. Ces travaux, habilement conduits, ont mis au jour des détails nouveaux et intéressants; ils ont fait voir que, sous l'occupation romaine, on avait établi tout un système de gros tuyaux en plomb, munis de robinets en bronze, dans les anciennes conduites en maçonnerie.

Les profondes tranchées (10 mètres) pratiquées sur le sol de la Carthage punique par M. Gouvet ont, en outre, fait connaître quelques détails d'une haute valeur archéologique : à une assez grande profondeur du sol actuel, sol factice, composé d'humus et de débris de toute sorte, mélange de pierres, de tessons, de poteries brisées, etc. est une couche prolongée de cendres, de pierres noircies, de fragments de bois carbonisés, d'ossements à demi incinérés, de fragments de métaux fondus ou tordus par le feu, etc.

Sous cette couche, qui rappelle l'incendie de Carthage, se trouve le dallage encore en place de deux rues; le dallage recouvre des égouts bien faits, avec bouches latérales sous les trottoirs.

En certains endroits, vers les citernes, les cendres ont disparu, et là se trouvent des constructions qui paraissent romaines, des murs de maison, etc. Parmi ces murs coupés par la tranchée, il en est un en maçonnerie de l'époque byzantine, sous les fondations duquel une tombe a été mise au jour. Cette tombe, plus ancienne par conséquent que la construction qui s'éleva sur elle, contenait le corps d'une jeune fille ayant aux bras et aux chevilles des pieds des bracelets en argent; sa tête reposait sur un coussin brodé en perles de verre.

En dessous de cette zone de substructions romaines et des cendres, est un terrain qui présente un aspect sans mélange; sous ce terrain sont des séries de tombes par groupes. Ces tombes sont construites en grès bigarré; les dalles plates qui les recouvrent, en grès également, bien lissées, sont profilées de moulures demi-rondes, à formes molles et indécises, semblables à celles que l'on rencontre dans les constructions phéniciennes les plus anciennes, et que j'ai définies plus haut sous le nom de première classe. Ces tombes sont toutes orientées de Nord-Ouest en Sud-Est, et sont toutes vides.

Plus bas encore, en dessous de ces séries de tombes orientées, est le terrain vierge, la roche du pays; à même ce terrain, c'est-à-dire creusées dans la roche, sont encore d'autres tombes et d'autres débris de constructions. Ces dernières tombes, dont l'époque doit remonter bien haut, contiennent toutes les corps qu'on y avait ensevelis. Outre les ossements, elles renferment encore quelques ustensiles en terre cuite, vases, assiettes, lampes en terre, d'autres vases à une anse et à long col, de formes particulières, et des jarres avec couvercle.

Ces dernières et bien antiques sépultures présentent une disposition générale autre que celle des tombes qui gisent à quelque hauteur au-dessus, et qui leur sont postérieures de plusieurs siècles : chacune d'elles est une cavité creusée à même la roche, cavité plus ou moins régulière, dans laquelle était déposé le corps. Aucun muraillement ni ravalement à l'intérieur. La dalle de recouvrement est plate, mais sans forme arrêtée; elle a été équarrie par éclats. Elle est de même nature que la roche.

Ces curieuses découvertes nous conduisent vers deux conclusions : ces tombes si profondément sous-jacentes, à dix mètres, présentent-elles les restes de la race qui habita là avant les premiers établissements phéniciens, quinze siècles environ avant l'ère chrétienne? ou bien devons-nous y voir la preuve bien évidente, dans le cas où ces restes seraient phéniciens, qu'il a existé une colonie punique sur l'emplacement même de Carthage, bien antérieurement à la fondation de cette ville par Didon, fait qui lui-même remonte déjà à 883 ans avant notre ère, selon la chronologie établie? Je penche vers cette dernière opinion.

Ces faits nouveaux méritent certainement une discussion approfondie. Mais, afin de procéder par ordre et ne point interrompre l'analyse des constructions hydrauliques de la période romaine en Afrique, je reporterai l'intéressant examen de ces récentes découvertes aux pages que je consacre plus loin à l'étude spéciale de Carthage [1].

Je reprends l'analyse des constructions de citernes phéniciennes et romaines dans le Zeugis et le Byzacium.

L'art de répartir et distribuer les eaux aménagées remonte à une haute antiquité en Afrique. Les récits d'Hérodote en parlent pour les Égyptiens. Chez les Phéniciens, avant l'invention du travail des métaux, qu'on leur attribue communément, les robinets distributeurs existaient, mais en pierre de taille. Si singulier que ce fait puisse paraître, il n'en est pas moins hors

<hr>

[1] Second volume de cette publication.

de doute, car le hasard m'en a fait trouver deux dans des fouilles, en deux endroits différents[1].

Nous sommes donc autorisé à penser que l'invention des métaux a propagé dans toutes les classes la jouissance de tous les objets, de tous les instruments usuels, en nombre infini, nécessaires aux sociétés; mais que, beaucoup plus rares il est vrai, tous ces objets existaient en pierre, bien des siècles auparavant, chez tous les peuples.

Trompés par des remaniements extérieurs de voûtes et des crépissages hydrauliques de main romaine, presque tous les voyageurs en Tunisie ont attribué aux Latins la construction des grandes citernes antiques. Cette opinion se trouvait corroborée, selon eux, par cette raison, regardée comme décisive, qu'à ces citernes aboutissaient des aqueducs bien évidemment romains.

Sans doute les aqueducs sont romains, ainsi que certaines voûtes de citernes réparées, et les crépissages; mais l'application du système des aqueducs n'a été faite que longtemps après la prise de Carthage, en vue d'obvier à l'inconvénient des années de sécheresse, comme aussi d'avoir les eaux dégagées des boues, et elle ne remonte dans tous les cas qu'à une date postérieure de beaucoup à la conquête de l'Afrique, alors que

---

[1] Voir la planche III, fig. 2.

Rome eût peu à peu établi solidement sa domination sur ces populations guerrières et remuantes. Jusque-là ont les eût coupés fréquemment. Selon toutes les probabilités, cette création ne remonte pas au delà du règne de l'empereur Adrien. Or il y avait 274 années que Carthage avait été prise et détruite.

Il faut bien admettre que longtemps avant l'occupation romaine, et dès leur fondation même, les emporia et les villes phéniciennes durent s'approvisionner d'eau et construire des citernes, des réservoirs, partout où les mouvements du sol, en contre-bas des pentes naturelles, permettaient d'en établir, car tous les endroits ne se prêtaient pas à cette condition absolue; et c'est cependant là, au milieu des villes d'origine incontestablement phénicienne, à ces niveaux du sol rigoureusement nécessaires, que se trouvent les grandes citernes attribuées systématiquement aux Romains. L'erreur est palpable.

Outre ces considérations qui me font les restituer sans hésitation aux Phéniciens, il faut observer que celles qui sont situées sur l'emplacement de villes puniques sont toutes sur un type commun, quelles que soient leurs dimensions, selon l'importance des centres de population qu'elles alimentaient à l'origine, toutes faites, je parle de l'intérieur, du massif même des murs, sur une même méthode de bâtisse, en blocage serré, en petites pierres et chaux grises. Elles obéissent toutes dans leur répartition, c'est-à-dire dans la manière de contenir les eaux, à une idée mère, quels que fussent du reste leur nombre et leur étendue.

Cette idée mère, ce principe, était le fractionnement de la masse des eaux et surtout de la vase. En effet, les eaux pluviales entraînaient inévitablement avec elles, de la surface des rues, ou des pentes de terrains, beaucoup de terres, de sables, etc.; en fractionnant ces eaux par bassins séparés, on pouvait les nettoyer alternativement sans interrompre les besoins auxquels ils devaient satisfaire.

Les eaux de source, amenées plus tard par les aqueducs romains, évitèrent en grande partie ces inconvénients.

Les recrépissages romains, les remaniements partiels de voûtes, ne sont donc qu'une exception que le temps avait imposé.

Dans les villes que fondèrent ou agrandirent les colons latins, ou qu'ils habitèrent presque exclusivement, et Pline en nomme quinze, les choses sont autrement.

Là les citernes, réellement romaines de conception et de construction, diffèrent complétement par la forme et par la répartition. Quelques-unes, très-probablement les premières faites par la colonisation, sont une imitation intelligente du type général phénicien, mais auquel on ajouta les perfectionnements que le progrès dans les arts avait permis de réaliser. Les murs d'enceinte, de périmètre, sont d'épaisseur assez forte pour résister à la poussée de la masse des eaux contenues; mais les murs de refend, de séparation des bassins, sont plus minces. Pour éviter qu'ils reçussent une poussée trop énergique, ces murs de refend étaient tous percés en bas de trois larges communications, afin que les eaux se distribuassent dans l'ensemble des réservoirs et que leur poussée n'eût d'action que contre les gros murs du périmètre. De cette façon, les murs de refend, dégagés de tout effort de pression latérale, ne servaient que de pieds-droits, de supports aux voûtes.

En d'autres endroits, les citernes romaines sont un vaste polygone, de forme générale décidée par les dispositions du sol, un vaste radier enclos d'un mur périmétrique puissant, sur lequel s'élevaient des séries de piliers régulièrement disposées, piliers en pierre de taille, reliés entre eux par des arceaux surbaissés, et le tout portant les voûtes en berceau. Les murs sont par assises bien régulières, en moellons taillés, et les voûtes en voussoirs taillés également.

Les crépis sont en pouzzolane et ne se voient que sur les murs du périmètre; les piliers et les voûtes n'en ont pas.

Par cette disposition générale, la citerne, quelle que fût son étendue, était un réservoir unique dont le dessus, formant pour ainsi dire une seule couverture, reposait sur des piliers.

C'était, comme on le voit, partir d'un principe diamétralement opposé au système phénicien; c'était laisser l'ensemble des eaux en une seule masse, au lieu de la fractionner.

Ce système, dû aux ingénieurs romains, avait tellement paru supérieur à l'ancien, qu'on l'appliqua aux antiques citernes phéniciennes, en ouvrant des communications d'un réservoir à l'autre. Ce remaniement est facile à observer, car ces petites voûtes d'ouvertures inférieures par voussoirs plats tranchent par cette disposition sur les gros murs en blocage punique.

Thaps ou Thapsus, emporium phénicien de peu d'importance, dont le périple de Scylax ne parle que par la raison qu'il limitait les Syrtes, et dont le nom n'est guère connu que depuis le siége qu'en fit Jules César par suite de sa position stratégique, ne paraît pas avoir eu de citernes publiques pendant la période phénicienne. Cette singulière exception m'a surpris. Une fontaine très-antique, située entre les grandes murailles de la ville et les premières fortifications extérieures, semble avoir suppléé à cette lacune. Cette fontaine, munie d'un réservoir profond, devait donner abondamment de l'eau dans les temps antiques, car, à très-peu de profondeur du sol, tout autour, j'ai rencontré dans les tranchées de recherche plusieurs écoulements d'eau douce provenant des pentes voisines et formant aujourd'hui un marais souterrain autour des ruines de cette fontaine.

Pendant l'occupation romaine, cette lacune fut comblée; on construisit de vastes citernes publiques, à certaine distance de la ville, au pied d'un pli de terrain dont les pentes furent ainsi utilisées. En outre, un aqueduc souterrain, venant d'un plateau assez proche, plateau sur lequel eut lieu la célèbre bataille de Thapsus, y apporta également le contingent de ses eaux pluviales.

Ce grand réservoir appartient à la première catégorie dont j'ai parlé, aux citernes qui furent probablement les premières construites par l'occupation romaine, en imitation perfectionnée du type phénicien.

Ce sont bien, comme dans les autres citernes romaines, des murs par assises parfaitement régulières, en moellons équarris, espacés de parpaings en chaîne; une triple communication, sous de petites voûtes en voussoirs de pierres de taille, établissait, à chaque mur de refend, la communauté des eaux. L'extrados des voûtes, au-dessus de toutes les citernes, était parfaitement nivelé en maçonnerie, et présentait une vaste plate-forme unie; circonstance qui ne se rencontre jamais au-dessus des grandes citernes phéniciennes, où l'extrados des voûtes reste à nu en forme de berceau saillant. Les crépis ou enduits hydrauliques, à l'intérieur, sont en pouzzolane et tuileaux concassés et tamisés de grosseur égale. Il n'y a pas à s'y méprendre, et là, bien que la ville soit d'origine phénicienne, les citernes publiques sont certainement romaines.

C'est la seule exception que j'aie vue.

Un détail m'a paru curieux dans les voûtes qui couvraient ces citernes de Thapsus : d'abord, elles sont sur-baissées, seule exception conjointement avec celles de Bararus, citernes à piliers, les autres voûtes de citernes, romaines comme phéniciennes, étant toutes en berceau; de plus, les voussoirs ne sont pas arasés en dessous, à l'intrados, ce qui leur donnait, dans la demi-obs-curité, une apparence d'encorbellement. Néanmoins elles sont bien par voussoirs, sauf l'endroit de l'axe central dans la longueur de chacune, au point dit clef de voûte, qui, très-mince, est en petites pierres res-semblant à du blocage, et forme réellement dans la longueur de chaque voûte un méplat en dessous, au lieu de continuer la courbe ronde de l'intrados.

On dirait, ou qu'elles ont été commencées à une époque et achevées à la hâte à une autre, ou que, lors de la construction, après avoir monté le mur du

périmètre et ceux de refend à un même niveau général, et après avoir, de ce niveau, bâti sur cintres les
voûtes jusqu'aux deux tiers de chaque côté en les di-
minuant progressivement d'épaisseur vers le haut, on
a à ce moment coulé sur toute la surface supérieure des
vingt-six réservoirs une couche de béton hydraulique,
comblant et nivelant à la fois les creux des entre-deux
de voûtes au-dessus des murs de refend ou de séparation, ainsi que les vides longitudinaux restés au-dessus
de chaque voûte entre les tiers de voûte montés à droite
et à gauche.

[Ces citernes de Thapsus ont une superficie de
$75^m,20$ de long sur $108^m,40$ de large, soit une étendue totale de 8,150 mètres carés. Celles de Bararus
sont beaucoup plus vastes.]

J'incline à croire que ces voûtes surbaissées, à Thapsus, ont été des premières faites par les Romains en
Afrique, et qu'elles portent les indices d'un essai.

Celles de Bararus, surbaissées également, sont faites
avec une grande assurance d'art ou de métier; le calcul
très-habile des courbes, des forces de poussée et de
résistance, la régularité parfaite de la taille des pierres
d'assise et de voussoirs, témoignent d'une grande perfection dans la science des constructions.

Il s'est évidemment passé un certain laps de temps
entre l'édification des deux monuments.

S'il était permis de risquer une date, je penserais que la construction des citernes de Thapsus a précédé de quelque peu le règne d'Auguste, et que celle des citernes de Bararus est du premier siècle ou du commencement du second.

Il ne faudrait pas inférer de cette opinion, que j'émets sous réserve, à propos d'une citerne, que je considère l'art des constructions romaines comme moins avancé un peu avant le règne d'Auguste que pendant le cours du siècle suivant. Telle ne peut pas être ma pensée. Je ferai observer qu'il s'agit ici d'une citerne en Afrique, c'est-à-dire d'un genre de construction hydraulique que les architectés romains pouvaient ne pas connaître en Italie, et que, par conséquent, il n'y aurait rien d'étonnant à ce que leur premier essai en ce genre eût porté les marques d'une certaine inexpérience.

Enfin il se peut, comme je l'ai conjecturé, que cette citerne de Thapsus ait été faite en deux époques.

Une légende arabe nomme la citerne de Bararus *la citerne aux mille colonnes.*

Il y a deux citernes, toutes deux sur piliers et communiquant entre elles par un passage exhaussé, sous voûte, et très-aéré. Une partie de chacune a été comblée; mais je ne crois pas qu'en tout il y ait jamais eu plus de deux cent quarante piliers. Leur double écartement étant de 4 mètres sur 7, leur superficie constitue

encore un ensemble très-considérable. Leur aspect gran
diose me rappelait la visite que j'avais faite à la célèbre
citerne byzantine, dite aussi *des mille colonnes*, construite sur le même type à Constantinople, mais postérieurement.

Tout en restreignant dans des proportions qui se rapprochent beaucoup plus de la vérité les frais de l'imagination orientale, il n'en reste pas moins réel que ce
sont de merveilleux monuments à visiter, et il est fâcheux qu'ils ne soient pas plus connus.

Il existe également de très-belles citernes dans un
grand nombre d'autres villes en ruines : à Oudèna, l'antique Uthina ; à Sousa, l'antique Hadrumète ; à Utique, à
Thysdrus, à Lamta (Leptis-Parva) ; j'en pourrais citer
beaucoup d'autres.

La sage prévoyance qui avait su pourvoir de grandes
réserves d'eau douce les centres populeux, les villes et
les ports de mer, avait dû, à titre égal, se préoccuper
du soin d'alimenter les haras et les innombrables troupeaux qui fécondaient l'intérieur des terres. En effet,
dans les vallées, dans les plaines, on rencontre souvent
les ruines de grandes citernes isolées, de réservoirs
ruraux.

Là encore le génie phénicien et le génie romain diffèrent par les dispositions ; là également le progrès, avec
la succession des temps, avait indiqué aux Romains

des détails, des changements tendant à perfectionner le mode d'aménagement des eaux.

Les réservoirs ruraux situés à proximité des villes, ou des fermes antiques, des villages phéniciens, sont semblables à ceux de l'intérieur des villes ; ce sont de grands rectangles surmontés de voûtes plein cintre en berceau.

Mais ailleurs, au milieu des plaines, des grandes vallées, on trouve des réservoirs à ciel ouvert, et binaires, c'est-à-dire accolés par deux.

Ces deux bassins étaient ronds ; le plus vaste, de diamètre variable, entre 12 et 20 mètres, avait de 7 à 9 mètres de profondeur à partir du ras du sol. C'était un mur circulaire en ensemble, une sorte de vaste tonneau en bâtisse, composé en détail de petits murs rectilignes, formant au-dessus du sol, à 2 mètres d'élévation, un grand anneau, une section de cylindre debout, dont le reste en profondeur était sous terre[1].

Le second réservoir contigu, anneau, section de cylindre également, plus profond, de plus petit diamètre, 8 ou 9 mètres, était solidaire du premier.

Au point de leur jonction, une fente perpendiculaire, descendant presque jusqu'aux radiers, de 40 centimètres de large, établissait une communication de l'un dans l'autre.

[1] Voir la planche IV.

Les petits murs rectilignes, constituant l'ensemble circulaire, étaient solidement joints l'un à l'autre par de doubles contre-forts d'une forme particulière, au dedans et au dehors.

C'était, pour établir une sorte de comparaison, comme les douves d'un tonneau reliées entre elles par de doubles taquets.

A fleur de sol, des ouvertures, pratiquées entre ces contre-forts, donnaient accès aux eaux pluviales dans le plus grand des deux bassins.

On comprend, d'après ces détails, le mécanisme très-naïf de leur alimentation. Comme ils étaient situés à l'endroit le plus bas des terrains environnants, les eaux pluviales, pendant chaque hiver, déversaient par toutes les pentes d'alentour jusqu'au grand bassin, dans lequel elles pénétraient par les ouvertures pratiquées tout autour, à fleur de sol, entre les contre-forts.

Ces eaux entraînaient avec elles des terres, des sables, des feuilles, etc.; lorsque la saison des pluies était passée, on laissait déposer lentement, au fond du grand réservoir, terres, sables, feuilles, etc.; peu à peu les eaux surnageaient limpides. Alors on ouvrait avec précaution la fente de communication, de 4o centimètres, d'un réservoir à l'autre, qu'on avait bouchée avant les pluies périodiques; l'eau du grand bassin se déversait, limpide, dans le second, le plus petit, qui

faisait ainsi fonction de filtre. On rebouchait ensuite la
fente, et on puisait dans ce filtre pour abreuver les
troupeaux, au moyen de seaux en cuir, en usage de
toute antiquité.

Ces doubles réservoirs annulaires étaient bâtis en
blocage, ainsi que toutes les autres constructions phéniciennes les plus antiques, aussi bien que les contre-forts.
Je n'y ai pas vu une seule pierre de taille.

Ces contre-forts affectaient, ai-je dit, une forme particulière. En effet, ils sont disposés, comme forme nécessaire ou comme mode d'ornementation, de façon à
présenter le nombre *trois*, faisant, par exemple, laté-
ralement, de bas en haut, chacun un groupe de trois
bornes, trois cônes, un plus gros et deux plus minces,
ces derniers dans les angles et en appui du mur.

Le dessus est agencé de manière à former trois têtes,
trois bourrelets superposés; à l'intérieur comme à l'extérieur, tous les contre-forts ont cette même disposition.

Celui de ces singuliers monuments qui est resté le
plus entier se trouve sur la route antique d'Hadrumète
à Aquæ-Regiæ, eaux thermales célèbres dans l'antiquité, où se rendaient les rois de Numidie, et au point
où cette route bifurquait avec la voie qui conduisait,
par Avidus et Sarsura, à Thysdrus.

J'ai décrit cette citerne annulaire, d'abord parce
que, ainsi que je viens de le dire, elle est restée à peu près

intacte, ensuite parce qu'une particularité, intéressante
au point de vue de l'archéologie, s'y rattache : elle offre
le curieux et bien rare échantillon de bâtisses phénicienne et romaine réunies exceptionnellement, et conservant chacune ses caractères distinctifs bien tranchés.

On peut là, du même coup d'œil, saisir nettement
ces différences.

En effet, pendant la période romaine, on a, du côté
opposé au filtre circulaire phénicien, annexé au grand
bassin un autre filtre carré et couvert d'une voûte faisant plate-forme. Ce réservoir carré est bâti en moellons par assises régulières; les angles sont en pierres
de taille; la voûte est en voussoirs, et porte au-dessus
trois margelles. Le radier est plus profond que le bassin rond phénicien; et la hauteur totale dépasse, de tout
le plein cintre de la voûte et de la plate-forme, l'anneau
supérieur des bassins puniques circulaires[1].

Quatre ouvertures, sur les quatre faces, aéraient l'intérieur.

Ce que les Romains avaient fait s'explique de soi-
même : par cette disposition, ils obviaient aux deux inconvénients qu'entraînait le système phénicien : 1° celui
de la tépidité des eaux à boire, chauffées pendant tout
le jour par le soleil; 2° les eaux étaient non-seulement
maintenues plus fraîches sous la voûte épaisse et la plate-

[1] Voir la planche IV.

forme, mais surtout beaucoup plus pures, étant à l'abri de la poussière et des sables que le vent soulève assez fréquemment dans ces latitudes chaudes. Le mode de décantage des eaux, épurées dans le grand bassin, était également plus perfectionné ; à la jonction de ce grand bassin avec le réservoir carré, le mur, perpendiculairement, était percé, de demi-mètre en demi-mètre, de trous ronds, tuyaux en terre cuite, depuis le sol jusqu'à certaine hauteur au-dessus des radiers ; cette hauteur servait de cuvette en cas de vase. On bouchait ces trous ronds avec des tampons pendant les pluies, lorsque les eaux arrivaient troubles dans le grand bassin. Par ce procédé, les eaux limpides se décantaient dans le réservoir carré, sans agiter la vase du fond, avantage qui ne s'obtenait pas aussi exactement par la fente de communication entre les deux bassins ronds.

Les deux méthodes de bâtisse se distinguent donc là nettement, non-seulement par leur nature même, c'est-à-dire l'une élevée en moellons et par assises régulières, voûte en voussoirs et angles en pierres de taille, l'autre construite par masses en blocage, murs et contre-forts exclusivement en blocage, aussi bien que l'ornementation même, mais encore par l'aspect extérieur, par la couleur, que le temps a imprimés à chacune d'elles.

Les deux bassins circulaires puniques sont d'un gris foncé ; le réservoir romain carré a cette couleur de bistre foncé brun que les siècles ont donnée à tous les édifices de construction romaine dans tous les pays, teinte que les artistes aiment tant avec juste raison, et que les poëtes nomment *teinte dorée*. Les Arabes désignent les deux bassins ronds sous le nom de *citernes bleues*.

Ce monument, ensemble de trois bassins, est aujourd'hui isolé dans une petite plaine, et loin de toute trace d'habitation des anciens temps.

Les citernes rurales construites pendant la période romaine sur tous les points du territoire ne ressemblent en rien aux précédentes. Assez généralement leurs ruines sont contiguës aux grandes voies du réseau stratégique, magnifique conception dont Rome dota l'Afrique.

Souvent aussi, non loin de ces citernes, sont les restes d'un oppidulum, d'un de ces châteaux forts, sentinelles échelonnées sur ces routes pour la police et la sécurité des voyageurs.

Ces citernes rurales se composent d'un ou deux bassins carrés longs, couverts de voûtes en berceau, dont le dessus formait une épaisse terrasse plane.

Une descente en degrés conduisait, sur le devant, où passait la voie, dans l'intérieur de la citerne; elle se prolongeait non-seulement jusqu'au niveau de l'eau, mais jusqu'au fond, jusqu'au radier même.

A côté de la descente, au dehors et longeant la route, était un long abreuvoir.

Ces citernes sont toutes construites en moellons piqués et par assises : des pierres de tailles forment les angles.

Assez souvent le dessus, la terrasse plane, est percé d'une ou deux margelles sans garde-fou. Les voûtes sont en voussoirs, et le crépi intérieur en tuileaux et pouzzolane. Des ajours sont ménagés autour pour l'aérage.

Je me suis un peu étendu sur les citernes romaines en Afrique, par la raison, comme je l'ai dit, qu'elles sont une exception aux autres édifices romains que l'on retrouve partout ailleurs aussi bien qu'en Tunisie, édifices que tout le monde a pu voir et étudier, et dont la description, par conséquent, serait ici d'un intérêt secondaire.

Il est un dernier genre de ruines romaines dont je dirai un mot en passant.

On rencontre fréquemment, le long des grandes voies antiques, des ruines de châteaux isolés. Ces châteaux, dont la destination était à peu près celle de nos blockhaus actuels, à la différence près que nos blockhaus en bois appartiennent aux fortifications passagères, tandis que l'oppidulum, dit aussi *castellum*, appartenait aux fortifications permanentes, étaient échelonnés le long des routes, surtout aux endroits où la sécurité pouvait être douteuse et aux croisements des voies.

J'en ai vu qui sont encore presque entiers, murs et créneaux en pierres de taille. Ils étaient généralement carrés. Certains ont encore leurs baies de porte et leurs meurtrières. Il ne manque à un ou deux que les planchers en bois des différents étages; l'encastrement des solives disparues forme des séries d'alvéoles dans l'épaisseur des murs, à un ou deux étages.

Autour de ces châteaux on remarque, à fleur de terre, des traces de dépendances, de jardins, qui ont pu appartenir soit aux garnisons, soit à des hôtelleries pour les voyageurs, situées sous la protection de l'oppidulum.

Outre ces châteaux préposés à la garde des routes, on en découvre de plus petits, leurs bases ou leurs traces du moins, sur les sommets d'un grand nombre de hauteurs qui se trouvaient dans la direction d'une ville importante à une autre. Certaines bases sont carrées, en moellons; d'autres sont rondes, en blocage. Ce sont des restes de *specula*, tours fortifiées de meurtrières et de créneaux, qui portaient jadis des plates-formes du haut desquelles des veilleurs transmettaient rapidement les nouvelles importantes au moyen de signaux de jour et de nuit. On en trouve aussi le long des côtes.

Sur l'emplacement d'Hadrumète sont les vestiges de plusieurs grandes forteresses qui, aux endroits saillants, formaient la tête des grandes murailles. Murs et forteresses ont disparu ; mais il reste encore les mouvements du terrain, de larges fossés, des rampants latéraux, et les escarpes des bastions. Ces mouvements du terrain, encore presque intacts à certains endroits, semblent appartenir à des fortifications modernes, tant ils leur ressemblent ; on croirait voir de savantes défenses de nos jours, et l'illusion serait possible, si, au-dessus, on ne retrouvait à fleur du sol des saillies supérieures, des restes de belles mosaïques, là où s'élevaient, dans l'intérieur des parapets crénelés de la forteresse, les salles des chefs et probablement des temples.

J'en donnerai le plan et une description détaillée dans mes notes sur Hadrumète et les villes du Byzacium.

Encore un mot sur les nécropoles avant de quitter l'aperçu général des ruines romaines en Afrique.

En beaucoup d'endroits, à côté des ruines de villes, tout proche du vaste tumulus exhaussé par les grands débris, coupé par les gros pans de mur que le temps a noircis et déformés, se rencontre une autre étendue de terrain couverte de ruines de plus petites dimensions, ayant aussi ses rues, ses édifices, ses petits temples ; une ville en miniature à côté de la grande cité.

C'est la nécropole antique ; c'est là que dorment les générations dont le souvenir nous occupe en ce moment.

Les traces, bien rares, des sépultures phéniciennes, se trouvent dans l'intérieur des villes, sur les points culminants du terrain.

Le champ des sépultures romaines était hors les murs, le long d'une des routes principales conduisant vers l'intérieur des terres.

On y voit encore un très-grand nombre de tombeaux de toutes formes, de grandeurs diverses, et composés de toute sorte de matériaux. Les débris de marbres, de colonnes, d'inscriptions, de statues, y abondent comme dans les cités. On y trouve des édifices surmontés jadis de coupoles, de voûtes. Certaines étaient tout en marbre.

Il y a également beaucoup d'hypogées dont le caveau, garni de cryptes, a le sol formé d'une riche mosaïque, d'une exécution fine, aux couleurs brillantes, représentant soit des sujets mythologiques, soit des ornements, des oiseaux, des poissons, etc.

Ailleurs, ce sont des restes de columbaria laissant voir encore quelques niches vides.

A certains endroits, on retrouve un de ces petits massifs de maçonnerie, un ustrinum, sur lequel l'ustor brûlait les corps. Au pied de l'un d'eux, j'ai ramassé des matières carbonisées qui servaient à cet usage, des branches et des pommes de pin.

Beaucoup de tombes, en forme de berceau, décorées

de bas-reliefs, sont élevées sur une estrade en maçonnerie, sorte de stéréobate formant un, deux ou plusieurs degrés tout autour. La répétition si fréquente de ces degrés ou marches semble désigner une distinction sociale. Ces dernières tombes sont assez généralement peintes à fresque, quelquefois les degrés seulement, lorsque le berceau était ornementé. Beaucoup de ces peintures ont conservé à travers les siècles une telle fraîcheur, qu'on les croirait faites tout récemment. Elles représentent, avec un vif coloris, des pavots, fleurs et feuilles, et des myosotis, dont l'effet est charmant. A deux pas, on croirait voir un tapis oriental, couvrant et dessinant les formes.

Épars au milieu de ces tombes variées à l'infini, sont des cénotaphes de femmes, de dimensions plus petites, portant d'un côté un nom gravé en creux, et de l'autre un miroir en relief.

De distance en distance il y a des cippes funéraires, des autels votifs ou expiatoires.

Enfin, sur des tombes vides, d'autres cénotaphes, se lit une inscription qui apprend que là était la place destinée à un enfant du pays, à un membre de la famille, mort dans les pays lointains : le vœu touchant d'un ami, d'une épouse, d'une sœur, gravé sur la pierre, supplie son âme de revenir au moins reposer auprès des siens.

En parcourant les nécropoles, nous apprenons encore un autre fait : l'Afrique chrétienne voulut répudier la mémoire de l'Afrique du paganisme ; elle ne voulut plus de contact, même après la mort, avec la race des bourreaux qui dans les cirques avaient jeté les premiers chrétiens aux bêtes féroces. Autour des grandes villes, il y a deux nécropoles d'époque romaine : dans l'une, on ne rencontre que des emblèmes du christianisme ; et partout l'invocation D. O. M. (DEO OPTIMO MAXIMO) ; dans l'autre, les emblèmes du paganisme, sans mélange, et l'invocation D. M. S. (DIIS MANIBUS SACRUM.)

Les petites lampes funéraires, si communes, portent également les marques de cette scission, non-seulement par leurs emblèmes, mais encore par leur couleur ; les unes sont toutes blanches ou blanchâtres, et les autres toutes rouges.

Mais partout, tombes, hypogées, monuments funéraires de toute forme, ont été fouillés et dévastés à plusieurs reprises. L'histoire s'est chargée de nous apprendre que les premières violations sont dues à l'exaltation religieuse des anciens chrétiens africains.

Ces tristes entraînements furent une réaction contre la longue oppression du paganisme, contre les terribles persécutions subies jusqu'au jour où les empereurs arborèrent le Labarum comme bannière de l'État.

L'exaltation religieuse fut aussi un prétexte qui cou-

vrit des mobiles plus bas, les vengeances, la cupidité.
Certains édits impériaux en font foi [1]. On savait que,
selon l'usage, les tombes renfermaient souvent des objets de prix.

Notre époque accuse généralement les Musulmans,
les Arabes, de ces dévastations : il se peut, en effet, que
l'absurde pensée de trouver des trésors enfouis les ait
poussés et les pousse encore à de pareils actes; mais
il est juste de dire que les chrétiens du ivᵉ siècle ont
donné l'exemple d'une déplorable initiative, et que leurs
dévastations, qu'elles aient eu pour mobile le fanatisme religieux ou la cupidité, n'ont toujours pas laissé
grand'chose à glaner au fanatisme et à la cupidité des
Arabes.

Partagé entre ces réflexions et le regret de ne voir
autour de lui que des tombes ainsi mutilées, le voyageur qui parcourt de nos jours la régence de Tunis
trouve que la part laissée pour satisfaire sa curiosité a
été cruellement enviée.

Les divers exemples que je viens de citer me semblent
suffisants pour mettre le lecteur à même de saisir les différences bien tranchées qui séparent les deux époques
de constructions phénicienne et romaine en Afrique. Il
y en aurait assurément un grand nombre d'autres à

---

[1] Édit de l'empereur Constant, vers l'an 340, contre les profanations qui
étaient générales en Afrique; autre édit suivant, etc.

produire, s'il fallait passer en revue toutes les ruines intéressantes qui couvrent le sol tunisien; l'une d'elles, la plus magnifique, est l'amphithéâtre de Thysdrus, à présent *El-Djem*, qui mesurait sur le petit axe $113^m,50$, et sur le grand $123^m,80$; mais alors il y aurait matière à plusieurs volumes et à des études de détail plus approfondies. Je dois me limiter, dans cette courte notice, à établir seulement les différences d'aspect général, pour ne pas m'écarter du but principal, qui est, dans cette première partie de la publication, d'appeler l'attention sur l'ensemble des ruines d'Utique et sur quelques édifices de Carthage. Heureux encore que la générosité de l'Empereur m'ait mis à même de faire ces recherches partielles, en conservant l'espoir d'achever un jour la longue et patiente étude des ruines de la Régence!

TROISIÈME SÉRIE.

CONSTRUCTIONS BYZANTINES.

(Depuis l'an 350 environ jusqu'en 700.)

Les ruines indiquant l'époque byzantine ou gréco-romaine sont en nombre considérable sur la surface de la Régence.

Le cachet indélébile de cette période de décadence des arts y est resté empreint sur un grand nombre d'édifices de toute destination.

On pourrait la diviser en deux sous-périodes : celle qui précéda l'occupation vandale, et celle qui la suivit jusqu'à la conquête sarrasine.

L'occupation vandale ne créa absolument rien; du moins on n'a rien trouvé jusqu'à présent, au point de vue du type architectonique des constructions en Afrique. Elle prit et laissa les choses comme elle les trouva, sans y mettre quoi que ce fût du sien. Il n'y a d'exception à cet égard que pour tout ce qui était fortification, qu'elle détruisit. Mais, pendant le cours de cette domination, le genre d'architecture dit *du bas-empire*, de la première sous-période, qui avait conservé certains principes, certaines règles, avant cette invasion, règles qui déjà n'étaient qu'une imitation de plus en plus abâtardie du passé architectural ou des premiers temps de la colonisation, acheva de se perdre complétement par l'absence de relations suivies avec Constantinople.

Cette absence de comparaison avec ce qui se produisait en Orient dura un siècle et plus, c'est-à-dire tant que la domination vandale dura elle-même. Puis, lorsque Bélisaire chassa les Vandales et remit l'Afrique sous l'obéissance des empereurs grecs, ces traditions, dejà mauvaises, s'étaient tout à fait éteintes.

Il en résulta que les grandes constructions ordonnées par Justinien et ses successeurs, somptueuses en apparence, surchargées d'une décoration de mauvais goût, de fantaisies outrées, sans solidité malgré l'épaisseur des murs, ne furent plus en réalité que l'imitation à peine reconnaissable de l'ancienne architecture romaine.

Ce fut bien pis encore dans les constructions privées.

Les édifices de ces deux périodes byzantines sont nombreux dans la Régence, et malheureusement aisés à reconnaître au premier coup d'œil. Il y en a d'autant plus que ce temps se rapproche davantage du nôtre.

Dans leur ordre d'importance relative, nous commencerons par les œuvres militaires, les grands murs de défense.

Personne n'ignore que les Vandales, à peine en possession de l'Afrique, firent abattre toutes les forteresses, toutes les grandes murailles, que les deux longues et prévoyantes dominations phénicienne et romaine avaient, l'une élevées avec tant de dépenses, et l'autre entretenues avec tant de soin, pendant le cours de seize siècles environ. Ces forteresses, ces doubles lignes d'enceintes extérieures, ces grandes murailles, étaient de véritables monuments, très-remarquables tant par leur formidable puissance que par l'habileté de leur conception.

Les Vandales, tous cavaliers, avaient échoué chaque fois qu'ils avaient tenté le siége d'une des places fortes d'Afrique. Leurs rois et leurs chefs ignoraient la stratégie, ainsi que l'art de l'attaque et de la défense des places de guerre : le siége d'Hippone par Genseric (Cæsaric), leur chef le plus remarquable, en est une preuve. Fougueux cavaliers, il leur fallait l'espace, la plaine, pour se battre; ils se méfiaient des fossés et des hautes murailles, derrière lesquels pouvait s'abriter la résistance ou la révolte.

Un de leurs premiers soins, dès qu'ils eurent arraché Carthage et l'Afrique aux faibles empereurs byzantins, fut donc d'ordonner la destruction de toutes les places fortes, Carthage, leur nouvelle capitale, exceptée.

Les habitants eux-mêmes furent inexorablement contraints d'opérer ce cruel démantèlement.

C'est à ce moment que disparurent ces murs célèbres

dans l'histoire, ces places fortes illustrées à différentes époques par tant de faits éclatants.

La faute fut immense et irréparable; car, cent ans après, les farouches cavaliers germains, amollis par les mœurs des climats chauds, n'ayant plus de fortifications pour protéger leur retraite, de murs derrière lesquels ils pussent réparer leurs désastres et réorganiser la défense, furent écrasés par Bélisaire et une petite armée de Grecs-Byzantins. Gelimer, vaincu, chanta ses malheurs, et déplora surtout amèrement la folle imprévoyance de ses prédécesseurs.

La destruction des places africaines, si renommées, avait eu un immense et douloureux retentissement dans le monde; elle avait frappé le nom vandale d'un stigmate ineffaçable.

Après leur expulsion, Justinien ordonna à Bélisaire et à Salomon, son successeur au gouvernement d'Afrique, la reconstruction immédiate de toutes les places fortes. Mais une œuvre aussi colossale était infiniment au-dessus des forces de l'empire grec; elle se fit partiellement, sur certains points de nécessité rigoureuse, et comme on pouvait l'exécuter à cette époque où l'on ne savait plus construire.

Les points les plus favorisés furent ceux des littoraux; c'est là en effet qu'on en retrouve le plus de traces.

A la place des antiques murailles de dix mètres d'é-
paisseur massive en maçonnerie solide revêtue de pierres
de taille, on éleva des murs de deux mètres d'épaisseur, en pisé (terre et chaux mêlées et battues), munis
d'un revêtement en dedans et en dehors, revêtement en
pierres de toutes grandeurs, prises dans la masse des
anciennes démolitions et au hasard, sans parpaings
pour les lier au massif de pisé.

Il en résulta que ces revêtements ne tardèrent pas à
se détacher, et qu'il ne resta bientôt que le pisé.

Les fossés furent déblayés, mais insuffisamment.

Les châteaux reconstruits le long des routes, aux
carrefours des grandes voies publiques, au lieu de pierres
de taille, furent réédifiés, les uns en pisé, les autres
en moellons par assises, sans soin [1].

Partout, pour soutenir une maçonnerie peu consis-
tante et faite à la hâte, on éleva d'espace en espace des
chaînes en pierres de taille, mais inégales elles-mêmes
et empruntées aux anciens matériaux épars sur le sol,
sans les retailler ni les ajuster à de nouvelles épaisseurs
régulières.

Sur bon nombre de ces pierres on voit une inscrip-

---

[1] *Voyages du scheick El-Tidjany dans la régence de Tunis,* de 706 à 708
de l'hégire [1328 à 1330] (traduction de A. Rousseau) :

« . . . . . Nous arrivâmes à Zéramdine (l'ancienne Avibus). . . . . Il y a là un
« château fort antique, dont la partie inférieure est bâtie en pierres et la partie
« supérieure en pisé. . . . . »

tion d'époque antérieure, les lettres renversées, ou bien un fragment seul d'inscription; en sorte que l'archéologue est fort en peine de deviner à quel édifice l'inscription a pu originairement appartenir.

Si l'on rencontre par hasard un revêtement entier de cette époque et en grandes pierres, ces pierres proviennent également de démolitions antérieures, et sont posées par files, sans ordre et sans égard pour la parité des épaisseurs de files.

Si, à quelque porte de ville, on a placé une ou deux colonnes pour former un décor, ces colonnes, bien que rondes et prises parmi les débris de constructions plus antiques, sont engagées dans le mur byzantin; sans cette précaution, on n'aurait pas su les faire tenir droites sur elles-mêmes et détachées.

Tel est, sauf quelques rares exceptions, l'état des constructions byzantines de la seconde sous-période.

Ce n'est pas cependant qu'alors on n'eût pu faire, sinon mieux, au moins davantage et plus solide. Mais Procope nous apprend que la majeure partie des sommes énormes que l'on extorqua à plusieurs reprises aux malheureux habitants de l'Afrique passa dans les coffres de l'insatiable Justinien à Constantinople, où ce prince les employa à autre chose.

Cet argent, perçu sous prétexte de ces grandes reconstructions indispensables à la défense du pays, le fut avec une rigueur telle, qu'une grande partie des habitants furent complétement ruinés, qu'une masse considérable émigra, et qu'un très-grand nombre de gens moururent littéralement de faim.

Procope ajoute que cinq millions d'habitants disparurent alors.

L'occupation vandale avait été moins désastreuse.

Bientôt cependant l'empereur grec dut penser sérieusement à la défense de l'Afrique, ravagée par les Maures. Déjà, dès l'époque vandale, ils avaient commencé ces effroyables courses après lesquelles ces féroces indigènes ne laissaient derrière eux que la mort et l'incendie. Il fallut tenter quelque moyen de répression, puisque la majeure partie des villes restait sans défense.

Les empereurs grecs ordonnèrent alors des constructions d'une appropriation toute nouvelle.

L'esprit de l'époque avait fait naître des corporations à la fois religieuses et militaires en Orient. Pour suppléer, en Afrique, à l'absence ou à l'insuffisance des places fortes et des murs d'enceinte, on éleva, près des villes, des édifices mixtes, à la fois couvents et forteresses, dans lesquels on mit pour garnison des moines-soldats.

On les appelait *Monasteria*.

Il en existe encore plusieurs debout. J'en ai visité un à Leptis-Parva (aujourd'hui Lamta); un autre à Rus-

pina (Monastir actuelle, à laquelle il a donné son nom);
un à Sousa (Hadrumète), où on l'appelle Ksâar el-
Rbatt (le château du faubourg); puis les restes de deux
autres, plus loin, sur la côte, établis là sans doute pour
protéger la route d'Hadrumète, du Byzacium à Carthage.

Les monastères d'Hadrumète et de Carthage protégeaient l'entrée du port de ces deux villes : celui de
cette dernière s'appela *Mandración*, par exception; l'étymologie de ce mot est inconnue, à moins cependant
qu'il ne vienne de *mándra*, place carrée, parc à bes-
tiaux [1], vaste étable, et destination première de l'emplacement sur lequel on aurait élevé le monastérium,
ou bien du grec μάνδρα (cloître). Ce sont des forteresses
à quatre faces, flanquées de tours, plus ou moins vastes
selon le terrain ou l'importance de la ville à défendre,
mais ne pouvant, à cause du régime cellulaire des
moines, contenir que peu de défenseurs. A chaque angle
était une tour ronde; d'autres tours demi-rondes s'espa-
çaient sur les flancs; le tout était crénelé et percé de
meurtrières. Sous les courtines du couronnement des
murs étaient les cellules des moines-soldats. Sous la
cour étaient une ou deux citernes. La porte était entre

---

[1] Encore aujourd'hui, par tradition, on appelle, en Tunisie, *mándra* une
place libre ; une aire, sur laquelle on bat le blé en commun; dans les autres
saisons, on y parque les moutons.

deux demi-tours et garnie d'une herse. Un fossé précédait et faisait le tour du pied de la forteresse-couvent.

Cet ensemble de dispositions était une tradition du
système des défenses antiques des Phéniciens dans le
pays, moins les bonnes proportions : les cellules mo-
nastiques remplaçaient les séries de chambres voûtées
des mercenaires étrangers à la solde de Carthage.

Cette création hybride de soldats-moines est l'origine d'Ordres de même nature qui devinrent très-
célèbres pendant le cours du moyen âge, les Templiers,
les Chevaliers de Saint-Jean de Jérusalem, les Chevaliers teutoniques, etc.

Quelques-uns de ces monastères africains, les plus
importants, furent construits en pierres de taille, empruntées toujours, bien entendu, à d'autres constructions antiques, pierres posées au hasard et disparates
de forme et d'épaisseur. Les autres sont en moellons, espacés de chaînes en pierres de taille. Ce sont cependant
là les meilleures constructions de l'époque de la seconde
période byzantine. Et encore quelles forteresses ! c'est,
comme pour les autres édifices du temps, une imitation
prétentieuse et affreusement bâtarde des antiques forteresses. Les murs, mal assurés, ont un mètre ou un mètre
et demi au plus d'épaisseur, et s'appuient sur les voûtes
des cellules, qui elles-mêmes s'étayent sur la rampe intérieure en terre-plein qui règne autour de la cour.

Ils n'auraient certainement pas résisté au moindre choc d'un bélier de force très-ordinaire. Ces forteresses pouvaient tout au plus repousser un coup de main, une surprise par escalade.

Les tours, très-exiguës de diamètre, étaient hors d'état de porter une machine quelconque de défense.

Les anciennes citernes des villes, les réservoirs des campagnes, s'étaient dégradés partout par suite de l'incurie vandale. Incapables de les restaurer, encore plus d'en construire d'autres, les Byzantins soutinrent par des arceaux massifs, à l'intérieur, les voûtes profondément lézardées des moins maltraitées. On voit cette restauration en beaucoup d'endroits. Puis ils imaginèrent un moyen mixte pour aménager des eaux potables.

On creusa autour des villes des puits circulaires d'un large diamètre (4 à 5 mètres), muraillés et couverts de coupoles légères au-dessus des margelles. On descendait puiser l'eau au fond de ces puits au moyen d'escaliers de bois en spirales, dont les degrés étaient engagés dans le muraillement. J'ai goûté les eaux de quelques-uns que le temps n'a pas engorgés, obtenues à l'aide d'une corde, car les escaliers ont disparu; je les ai trouvées légèrement saumâtres.

Les autres grands édifices des temps antérieurs, que les guerres ou simplement le temps avaient dégradés, furent restaurés pendant la première période byzan-

tine, un peu moins mal, mais sans goût et de façon dis-
cordante. Aussi reconnaît-on sans peine au premier coup
d'œil ces remaniements, qui ne laissent aucune hésitation à l'aspect.

Les Gréco-Romains créèrent néanmoins en Afrique
un certain nombre d'édifices, dont quelques-uns déve-
loppèrent d'assez vastes proportions. Ce furent des basiliques, des temples chrétiens. Les querelles religieuses,
incessantes en Afrique comme en Orient, en stimulant
la jalousie et l'amour-propre des partisans de dogmes
différents, les poussèrent à bâtir, à l'envi les uns des
autres, ces basiliques dont quelques-unes ont dû présenter un ensemble de certaine grandeur. Le décor fut
très-riche, à en juger par les débris restants.

Mais dans ces créations de toute pièce, aussi bien
que dans les remaniements des édifices plus anciens, la
décadence des arts est manifeste.

On comprend, jusqu'à certain point, que le malheur
des temps, la misère des populations épuisées par les
exactions des Patrices, les courses des Maures, et tant
d'autres causes, aient entraîné à faire des fortifications
à la hâte, peu durables, et en nombre très-insuffisant,
comme également à restaurer les anciens édifices avec
des matériaux pris à d'antiques constructions démolies
et qu'on avait sous la main. C'était du temps et des
dépenses épargnés.

Mais on n'avait plus la même excuse dès lors qu'il s'agissait d'élever des édifices nouveaux, des basiliques qui coûtèrent des sommes considérables, et dont les matériaux étaient neufs et choisis. Le mauvais goût est d'autant plus condamnable que là on avait à côté de soi, sous les yeux, les modèles d'élégance, de solidité et de perfection architecturale des anciens édifices, et qu'il n'y avait qu'à copier.

Dans ces édifices purement byzantins, les colonnes ne sont pas franchement rondes; les entre-colonnements sont hors de proportions, les fûts de colonnes trop maigres; les sculptures, soit sur pierre, soit sur marbre, sont de formes indécises et seulement ébauchées dans les détails, les acanthes surtout semées à profusion; on visait à faire de l'effet de loin. L'ornementation est incohérente; c'est une macédoine disparate de détails négligemment tracés. Les coupoles étaient fréquentes; mais même leurs circonférences sont d'une périmétrie douteuse; elles ne sont pas nettement rondes, si l'on peut dire ainsi. La sculpture n'était pas plus heureusement traitée que l'architecture; les proportions étaient fausses, les emmanchements mauvais, les poses prétentieuses, exagérées, et le tout très-mal fini.

La bâtisse est un mélange de toute sorte de matériaux hétérogènes, grosses briques mal cuites, moellons inégaux et mal équarris, pisé entre les parements, pierres de taille par assises inégales, mal équarries, et posées sur des lits de mortier beaucoup trop épais.

Le mortier même, mal fait, n'a pas de consistance.

Dans les constructions privées et sur les pierres tumulaires, c'est pire encore : les bas-reliefs, à peine ébauchés, ont des formes tellement indécises, que souvent on ne peut pas même deviner ce qu'ils représentent. Si on ne les voyait pas sur place, ce qui guide pour trouver l'époque qui les a produits, on les prendrait assurément pour quelque embryon des arts à naître chez un peuple qui entre à peine dans la première phase d'une civilisation rudimentaire.

Les lettres qui forment les inscriptions, mélange souvent singulier de caractères latins et grecs totalement déformés, ont un aspect quelquefois si bizarre, qu'au premier moment on croit avoir sous les yeux quelque spécimen de l'une de ces écritures antiques perdues dans la nuit des temps.

En examinant les premières figures que j'ai rencontrées, j'ai eu d'abord la pensée que c'était peut-être l'étrange essai de quelque artiste vandale, inspiré par la vue des débris voisins.

Pendant les derniers temps de la domination byzantine en Afrique, le chaos était devenu tel, qu'il n'y avait même plus de nécropole; on ensevelissait n'importe où.

On trouve les tombes de cet âge éparses au hasard, au
milieu de toute sorte de ruines d'époques précédentes.
Bon nombre se voient au milieu même de ruines de
maisons, parmi les décombres d'anciens temples, au
pied des murs de ville, sur des places, etc.; ailleurs on
a enseveli dans des tombeaux d'époques précédentes,
vides probablement; la pierre de recouvrement et un
reste d'inscription grecque font contraste avec l'ornementation et la construction antérieures et plus régulières de la tombe même.

Ces tristes détails archéologiques nous donnent la
mesure de la lamentable situation des chrétiens d'Afrique
vers l'époque qui précéda l'irruption des hordes sarrasines.

QUATRIÈME SÉRIE.

ÉPOQUE SARRASINE.

(Depuis l'an 700 jusqu'à nos jours.)

En 668, Constantin Pogonat, l'empereur grec, perd l'Afrique.

Dès ce moment, les populations africaines, descendances romaine et byzantine, descendance phénicienne, descendance juive transplantée là par les empereurs romains, populations chrétiennes et indigènes, toutes cessèrent de faire partie de la grande famille des peuples civilisés.

Les armées sarrasines, qui à plusieurs reprises déjà s'étaient répandues comme une lave brûlante dans le nord de l'Afrique, après des alternatives de succès et de revers, demeurèrent définitivement en possession de ces riches territoires qu'elles avaient tant convoités.

Leurs guerres, ainsi que celles des Maures, leurs alliés, avaient tout détruit par le fer et le feu. Il fallut bien reconstruire, relever au moins quelques places pour s'assurer la conquête, pour pouvoir s'abriter derrière des remparts en cas d'attaque ou de revers.

Les villes du littoral, les premières, virent les émirs

achever ou relever l'œuvre ébauchée seulement par les empereurs grecs. On refit des murailles à Hadrumète, qui prit alors le nom de Soûz, d'un mot phénicien, du nom d'un des anciens faubourgs; à Ruspina, qui prit le nom de Monastir, de la forteresse-couvent qui la défendait, et qui devint la Kasbâa, le fort sur lequel s'appuya la nouvelle enceinte; à Méhédia, élevée sur les ruines des emplacements d'Africa et de Zella, et à laquelle l'émir El-Méhêdi donna son nom en même temps qu'il en fit sa capitale; à Thysdrus, qui devint El-Djem; à Leptis-Parva, qui par corruption se nomma Lamta; à Horrea-Cœlia, qui s'appela Hergla par la même raison. Neapolis devint Nébel; Tacapè, Gabès; Taphrura, Sfax; Capsa, Kafsa; Thunès, Tunis, etc. Carthage et Utique gardèrent leurs noms, mais ne tardèrent pas à tomber en ruines; à cette dernière on ne fit ni murailles ni réparations : les ruines, toutes phéniciennes et romaines, n'en portent pas la moindre trace, pas plus que de réparations byzantines.

Les Émirs sarrasins ne paraissent pas avoir fait exécuter ces constructions d'après une architecture qui leur fût particulière, c'est-à-dire qu'ils eussent importée du pays natal.

Comme les Vandales, les Sarrasins n'apportèrent avec eux que leurs chevaux et leurs armes; les Vandales avaient propagé l'arianisme; les Sarrasins introduisirent et imposèrent le Korân; mais ni les uns ni les autres n'apportèrent des traditions nationales, des coutumes de races, un mode d'architecture ou de construction propre.

Peuples nomades, quittant la cabane de chaume, le *tugurium*, ou la tente tissée ou en peaux, pour s'élancer sur leurs chevaux, races essentiellement mobiles, les Sarrasins adoptèrent ce qu'ils trouvèrent tout fait, tout établi chez les nations au milieu desquelles les poussèrent leur esprit de mobilité et le besoin de pillage. Pas plus que les Vandales, ils n'importèrent de tradition architectonique en Afrique. Ne sachant pas construire, ils firent exécuter ce dont ils eurent besoin par les vaincus, par les indigènes; et ceux-ci construisirent comme ils étaient accoutumés de le faire sous la domination qui les abandonnait.

Les Maures, leurs alliés, antiques races indigènes chez lesquelles s'était perpétuée la haine du nom romain, et qui n'avaient jamais cessé d'être hostiles à cette domination, s'étaient joints de tout temps à ses ennemis.

Dès que les armées sarrasines, menaçantes déjà pour l'Afrique, eurent pénétré dans la Cyrénaïque, les chefs maures allèrent au-devant d'elles, et s'offrirent de les conduire dans le cœur des provinces romaines.

La conquête fut le prix de cette alliance.

Nomades comme les Sarrasins, ces races maures n'avaient, pas plus que ces étrangers, d'architecture qui leur fût particulière. Vivant de temps immémorial en Afrique, elles s'étaient seulement familiarisées avec la vue des édifices puniques et romains. Elles n'avaient donc ni la science nécessaire pour créer un nouvel ordre de constructions, ni même le désir de le faire.

Il résulte de là que les murs de villes, les forteresses, les édifices quelconques bâtis par les premiers Émirs sarrasins, élevés ou réédifiés avec les antiques matériaux, fort abondants sur toute la surface du pays, eurent un aspect semblable aux derniers édifices byzantins.

Deux détails seuls les distinguent : 1° l'absence de toute image d'homme, car les Musulmans sont iconoclastes; 2° les inscriptions qui sont en caractères coufiques, propres à leur idiome.

Mais ces deux détails n'ont rapport qu'aux palais et aux mosquées qu'ils édifièrent ensuite, car les premières mosquées furent les basiliques chrétiennes. Plus d'une mosquée tunisienne a vu, dans les temps anciens, célébrer les rites de la religion du Christ.

Quant aux murs de villes et aux forteresses, ce fut, comme sous les Grecs, des murs d'un mètre et demi à deux mètres d'épaisseur, par assises en pierres de taille assez irrégulières, et provenant des démolitions environnantes. Pour donner à cette faiblesse des murs une apparence de force, on augmenta leur largeur en dedans au moyen de voûtes en contre-forts, imitant *grosso modo*, vers le haut, les antiques galeries voûtées ou chambres des garnisons phéniciennes.

Les forteresses, les Kasbâa arabes se composèrent, comme les forts-monastères, de courtines élevées, bordées de créneaux et flanquées de petites tours; le tout continuant le même simulacre de force dans l'ensemble et les détails.

Ailleurs, à Tunis par exemple, le mur fut fait sur les données byzantines également; mur en pisé, garni en dehors et en dedans de parements de moellons mal taillés, et par assises irrégulières.

Dans tous les cas, cette apparence de fortification fut suffisante pour maintenir dans l'obéissance les populations chrétiennes d'Afrique, décimées, épuisées et réduites à une terrible misère.

Ajoutons en passant que, pendant tout le moyen âge et même presque jusqu'à nos jours, elle resta une sorte d'épouvantail pour les nations européennes à l'égard des États barbaresques, qui n'ont jamais eu et n'ont même pas encore aujourd'hui de plus solides moyens de défense.

Pisé, créneaux, mauvais murs lézardés, vieilles formes continuées depuis l'époque byzantine, tout y est encore tel quel.

Vers l'an 715, quelque temps après la conquête, alors que d'autres hordes sarrasines, auxquelles se joi-

gnirent les Maures, eurent passé en Espagne et développé dans ce pays le germe des sciences et des arts
qu'elles avaient appris des Byzantins de Constantinople
et de l'Asie Mineure, on vit naître en Espagne cet
élégant ordre architectural qui produisit l'Alhambra
et tant d'autres merveilles. D'Espagne, cette architecture vint en Afrique, où l'on en trouve quelques spécimens. La façade de la mosquée, dans la Kasbâa de
Monastir, en est un exemple. Il reste aussi divers mi-
narets.

Mais il ne paraît pas que cette élégante architecture
ait jeté de racines sérieuses dans la régence de Tunis,
car les spécimens y sont rares. Presque tout ce que l'on
voit de constructions arabes anciennes est la continuation des constructions byzantines, un peu plus altérées
peut-être, mais inspirées évidemment du même type.

Les citernes, soit de villes, soit rurales, sont continuées sur les mêmes modèles, moins les proportions,
qui sont encore pires. Celles que les Arabes ont trouvées
encore en usage lors de la conquête paraissent n'a-
voir jamais été réparées ni entretenues; aussi sont-elles
en ruines. Quand elles sont devenues tout à fait hors
de service, on en a fait quelques autres, bien peu.

Les aqueducs ont de même été abandonnés.

Pour remplacer les grands réservoirs ruraux, on a
tout simplement entouré d'un mur en pisé un endroit

quelconque en contre-bas, ajoutant, en imitation des anciens, un ou deux abreuvoirs latéraux. Ce sont les feskia's : ces grands réservoirs arabes, sans entretien, toujours boueux, fournissent une eau malsaine et sont souvent infects pendant les chaleurs.

Un mot sur les constructions en pisé dont l'usage s'est continué chez les Arabes.

La méthode du pisé, d'invention qui paraît phénicienne au dire des anciens auteurs, est loin d'être mauvaise lorsque la préparation est faite dans de bonnes conditions, qui sont le mélange d'une partie de cailloux ou pierres concassées et de grosseur égale, de deux parties de chaux cuite, en poudre, et de quatre à six parties de bonne terre choisie, terre vierge, le tout bien malaxé et fortement damé ensuite en s'élevant par banchées entre des moules en bois.

Une construction ainsi faite, bien crépie de chaux de temps en temps, peut durer plusieurs siècles.

L'invention du pisé est attribuée aux Phéniciens; il est certain qu'Hannibal[1], en Espagne et en Italie, élevait toutes ses fortifications passagères en pisé, ce qui plus tard excita l'admiration de Pline, qui en parle comme d'une chose très-remarquable, à cause de la promptitude

---

[1] Peut-être ne lira-t-on pas sans intérêt l'orthographe exacte de quelques noms historiques carthaginois, trouvés sur des inscriptions récemment découvertes pendant mes travaux. Celui d'Hannibal est orthographié HANNA-BÂAL.

avec laquelle on fait ces sortes de constructions, comme également à cause de leur durée.

Sont-ce réellement les Phéniciens qui, dans les temps antiques, ont transporté cette méthode d'Asie en Afrique, ou bien l'ont-ils trouvée là déjà en usage chez les Berbères? Quoi qu'il en puisse être à cet égard, il ne paraît pas y avoir d'exemples qu'ils aient jamais appliqué le pisé en Afrique à leurs fortifications permanentes, qui étaient toutes en blocage solide, revêtues quelquefois de pierres de taille, comme à Carthage.

Les Byzantins, sous Justinien, l'appliquèrent pour la première fois, à ce que l'on peut conjecturer, aux grandes fortifications permanentes, par motif d'économie et de célérité. Mais ils mirent dans l'application de ce procédé, déjà inférieur en lui-même pour ce but, les mauvaises conditions qu'ils apportaient en tout, pas ou trop peu de chaux, terre factice, friable, au lieu de terre franche et forte, et trop de cette mauvaise terre prise au hasard. Enfin le tout fut damé à la hâte, ce qui est la pire des conditions pour le pisé. Aussi ces murs ne furent-ils pas de longue durée.

Bien que l'architecture mauresque ou arabe, dont les plus beaux spécimens sont en Espagne, n'ait pas été complétement adoptée par les Arabes tunisiens, qui ont plutôt conservé les traditions byzantines, il faut cependant reconnaître que du mélange des deux est née

une sorte d'architecture mixte. On ne peut pas, néanmoins, la spécifier sous le nom de tunisienne, parce
qu'elle a des points de contact avec presque toutes les
constructions orientales, et qu'elle n'a, en un mot, aucun type particulier bien tranché.

Les palais et les mosquées, élevés par les Aâmyn's
tunisiens, tiennent des deux types à la fois; ils ont emprunté aux anciens édifices l'ordonnance générale et la
répartition; l'ornementation et le décor sont imités des
édifices arabes d'Espagne, ainsi que certaines formes
de détail.

L'inspiration première de cette ordonnance générale
prend sa source dans la tradition du type phénicien;
c'est une vaste cour, entourée d'une galerie, autour de
laquelle sont les appartements.

Les Byzantins avaient continué ce mode de répartition en Afrique. On le retrouve non-seulement dans
les palais, mais encore dans toutes les habitations privées.

La distribution de chacun de ces appartements est
encore en elle-même une tradition phénicienne : c'est
une salle de chaque côté, de la longueur de la cour ou
de sa largeur. Cette salle, sur le sens de sa longueur,
est subdivisée de manière à former un élargissement au
centre, avec deux cabinets aux extrémités. La famille
couche dans les cabinets, et on se tient le jour dans la

partie large du centre, la mieux éclairée et garnie de divans. Les plafonds, de bois, sont par caissons, et décorés de peintures imitant les dessins bizarres mais gracieux des cachemires.

La galerie de la cour, sur ses quatre faces, est supportée par des colonnes portant des arceaux.

Tantôt ces colonnes sont de marbre, hautes, élancées, minces, et quelquefois par deux; elles rappellent alors l'architecture mauresque d'Espagne. Tantôt elles sont basses, cylindriques, à chapiteaux bizarres; celles-ci rappellent l'architecture byzantine.

Les arceaux qu'elles supportent appartiennent également à cette dernière : c'est généralement un plein cintre avec un retour de base au-dessus de l'abaque du chapiteau, et le dépassant même un peu au-dessus de la plinthe. Les voussoirs, de marbre ou imités, alternent de couleur, tantôt noirs et blancs, tantôt blancs et rouges. L'effet est gracieux dans l'ensemble; c'est un décor byzantin.

Les séries d'arceaux, arasées au-dessus, sur les quatre côtés de la cour, portent les solives de la largeur de la galerie, et sur lesquelles est la terrasse.

Pendant l'été, une toile, une tente, couvre toute la cour.

Tel est le type général des anciens palais tunisiens.

L'ornementation, très-élégante, est une heureuse continuation du mauresque d'Espagne. Tous les panneaux

des entre-voûtes, ceux des murs intérieurs de la cour
et des chambres, depuis les soubassements jusqu'à l'en-
tablement, sont décorés avec une ornementation dé-
coupée et fouillée très-habilement : ce sont des rosaces
souvent à jour et derrière lesquelles la lumière est tamisée à travers des vitraux de couleur; des postes en
acanthes, formant le cadre des portes et des fenêtres;
des figures de géométrie doubles, triples, décuples
même, formant de jolis entrelacements, des ornements
symboliques de végétation; dans les angles surbaissés
ou le long de certaines courbes, des pendentifs gracieux, etc. En ensemble comme en détail, cette ornementation est d'un effet ravissant.

Telle est l'architecture des anciens palais tunisiens.

Il est regrettable que les Beys actuels l'abandonnent
pour une imitation mesquine des édifices européens.

Ce genre d'architecture, né sous ces latitudes dès les
temps reculés, représente en effet la méthode de répartition la plus convenable pour parer aux inconvénients
climatériques. Aussi a-t-il persisté à travers les siècles
et a-t-il été généralement adopté par les peuples qui
ont dominé en Afrique après les Phéniciens.

Dans les mosquées on retrouve le type des basiliques
byzantines. Ayant à construire une mosquée par ordre
d'Achmed-Bey, j'ai pu visiter toutes les mosquées anciennes et modernes, afin de pouvoir apprécier la direc-

tion à donner à l'ordonnance générale, selon les ins-
pirations du culte de l'islam. C'est généralement une
grande nef supportée par des colonnes, entourée d'un
portique attenant au gros mur d'enceinte et précédé
d'un péristyle, le tout au fond d'une cour dans laquelle,
à droite et à gauche, sont des piscines pour les ablu-
tions obligatoires avant d'entrer dans le sanctuaire.

Comme dans les religions iconoclastes, point d'images;
un décor très-simple entremêlé de sentences du Korân.

Dans la nef, le moharrem, renfermant le Korân, rem-
place le tabernacle dans lequel est notre saint ciboire;
le member est notre chaire; du haut du member, l'imam
commente et explique les préceptes du Prophète; point
de siéges ni de bancs; on se tient debout. Tout cet ensemble rappelle les anciennes basiliques : la cour avec
ses piscines, remplacées aujourd'hui dans nos églises par
le bénitier, puis un portique précédant la nef, etc.

Les habitudes et les mœurs des Phéniciens et des
Romains ont, du reste, laissé de profondes racines sur
cette terre que les deux races ont occupée pendant de si
longues périodes. Les voyageurs prennent souvent pour
arabes certains usages qui, lorsqu'on y regarde de près,
ne sont qu'une tradition d'un passé qui, à l'origine,
n'était pas le leur. En y réfléchissant, ce fait n'a rien
de surprenant. Les Arabes ou Sarrasins n'ont apporté
en Afrique, lors de la conquête, aucune antique tra-

dition propre, aucune coutume nationale, rien que le Korân.

Les coutumes et les formes byzantines étaient profondément empreintes en Asie et dans la généralité des contrées d'où partirent les hordes guerrières des premiers Musulmans. Il faut se rappeler également que les premières milices qui s'élancèrent pour imposer aux autres peuples leur nouvelle croyance étaient un amalgame de diverses races asiatiques groupées autour d'un noyau arabe, n'ayant par conséquent de commun que l'ardeur de leur foi religieuse. Les costumes, les armes, les sabres courbes, la lance, le poignard, les casques, cuirasses, boucliers, etc. étaient tels que les avait faits la civilisation byzantine dans tout l'Orient. Ce principe symbolique même, un cimeterre d'une main et le Korân dans l'autre, n'était-il pas byzantin, et ne le reconnaissons-nous pas dans l'institution antérieure des corporations chrétiennes, à la fois religieuses et militaires, qui défendaient l'Afrique et les monastères fortifiés, portant aussi l'épée courbe d'une main et la croix dans l'autre?

L'architecture arabe n'est-elle pas évidemment fille de l'architecture byzantine?

Lorsque ces milices musulmanes s'emparèrent de l'Afrique, elles retrouvèrent là des coutumes et des usages au milieu ou près desquels elles avaient vécu d'abord en Asie.

Il n'y a donc rien de surprenant que, trouvant une même civilisation, les mêmes coutumes, et les formes avec lesquelles elles étaient déjà familiarisées, toutes choses pour lesquelles, par conséquent, religion à part, elles n'éprouvaient aucun éloignement, ces milices les aient peu à peu adoptées, en même temps que cette nouvelle patrie. Les conquérants étaient relativement en petit nombre et ignorants; les populations vaincues, nombreuses et civilisées. Il advint naturellement ce qui arrive toujours en pareil cas : les conquérants subirent peu à peu l'attrait des coutumes des populations civilisées et les adoptèrent.

L'architecture byzantine devint celle des Emirs tunisiens, tout comme les habitudes locales devinrent celles des nouveaux venus.

L'isolement absolu dans lequel se sont volontairement renfermés ces pays depuis l'époque de la conquête a maintenu cet état de choses; donc rien de surprenant, comme je viens de le dire, que nous en rencontrions aujourd'hui les témoignages, même après plusieurs siècles.

RÉSUMÉ.

J'ai esquissé à grands traits dans les pages précédentes l'aspect général des nombreuses ruines de tout âge qui couvrent le sol tunisien. Je crois en avoir dit

assez pour démontrer que chaque âge y a encore ses
représentants, témoins plus ou moins entiers, plus ou
moins rares des époques archéologiques bien tranchées.

Ce que j'ai essayé de décrire est le résultat d'un assez
bon nombre d'années d'observations faites au milieu de
ces ruines diverses. La profession d'ingénieur m'a beaucoup aidé pour me guider dans le dédale de ces études
d'appréciations presque toujours difficiles. Des connais-
sances pratiques en construction, et le levé des plans et
cartes, m'ont été fort utiles, indispensables même, pour
les cas si nombreux où les époques anciennes paraissent
confondues à la vue, où, par exemple, une construction d'une époque a été greffée sur une autre, le temps
leur ayant imprimé, à l'état de ruine surtout, un aspect uniforme. Sans ces conditions, il m'eût été également presque impossible de faire sous la mer des recherches nécessitant des moyens spéciaux, des moyens
de métier, ressources mécaniques qu'il faut absolument
créer dans ces pays où tout manque, et sans le concours
desquelles cependant il faut renoncer à toute solution
satisfaisante.

C'est à l'aide de pareils moyens que je suis parvenu
à retrouver les môles des ports d'Hadrumète, dont les
larges fondations n'existent plus que sous les eaux et
les sables.

C'est en étançonnant avec ménagements certains

massifs énormes de constructions écroulées, que j'ai pu
fouiller en dessous et retrouver le tracé exact des fondations, qui me donnaient les dimensions et la répartition de grands édifices dont les ruines, au-dessus du
sol, ne sont plus qu'un chaos de voûtes et de murs
tombés pêle-mêle.

ÉTUDE

SUR

LA VILLE D'UTIQUE

ET SES ENVIRONS.

Chargé tout spécialement par l'Empereur, parmi d'autres travaux, de rechercher les traces de l'ancienne Utique, j'ai été assez heureux pour pouvoir, au moyen de fouilles et d'études suivies pendant quatre années consécutives sur plusieurs points du territoire, entreprendre, d'après les résultats obtenus, la restauration complète, sinon dans tous ses détails au moins dans l'ensemble, des grands édifices, des fortifications, des ports, du réseau des rues principales, et des environs de la ville.

J'ai parcouru tout le pays, les *Commentaires de César* à la main, dressant mes tentes partout où une étude nécessitait un séjour de quelque durée, et me guidant, pour la recherche des localités historiques, sur les indications généralement précises qu'ils contiennent.

8

J'ai retrouvé tout ce qu'ils indiquent : villes antiques, édifices et champs de bataille.

Mais qu'il me soit permis de dire que ce travail a présenté des difficultés nombreuses et de natures diverses ; en effet, outre les répugnances instinctives des indigènes et les obstacles sans cesse renaissants que suscitait l'opposition de certains hauts personnages, le temps lui-même avait rendu les recherches bien compliquées. Depuis l'époque de la guerre de Curion et du séjour de Jules César à Utique, date imposée à mes études, l'ensemble de la physionomie de cette partie de l'antique Zeugis a étrangement changé d'aspect : un grand fleuve, dont les berges ont été témoins de beaucoup de faits remarquables mentionnés dans l'histoire, a complétement changé de lit ; les ruines de la ville, les seules cependant qui, par leur importance, puissent attester l'emplacement de l'antique cité port de mer, entourées à présent de vastes champs de culture entrecoupés de marais, se trouvent à 10 kilomètres de la partie la plus proche du littoral actuel ; des palmiers et des plantations d'oliviers en plein rapport, des jardins et des cultures maraîchères, couvrent d'immenses espaces que dans les temps anciens sillonnèrent les flottes phéniciennes et romaines.

Il n'avait pas été possible de me procurer, lors de mon départ de France, l'ouvrage de Shaw, dont les savantes et sagaces observations, faites il y a cent trente ans, m'eussent prêté une aide si précieuse !

En outre, la grande carte de Tunisie, dressée au ministère de la guerre en 1857, au $\frac{1}{400,000}$, était à une échelle infiniment trop restreinte et contenait des détails trop inexacts pour m'être utile.

J'ai dû procéder, pour cette partie du territoire tunisien, ainsi que j'avais déjà été obligé de le faire dans l'Est, c'est-à-dire opérer la triangulation du pays, et lever ensuite topographiquement toute la partie que j'avais à étudier; en dresser exactement la carte, en un mot, pour pouvoir me diriger avec quelque certitude.

Ce travail géodésique fait, et muni de ma carte dressée au $\frac{1}{100,000}$, j'ai interrogé, la pioche en main, le sol et les ruines : c'est au moyen de tranchées sans nombre que j'ai pu retrouver le cours et les lits antiques du Bagrada, ainsi que les contours du golfe d'Utique, confondus aujourd'hui avec les atterrissements qui ont repoussé si loin les eaux de la mer. Ces contours se sont précisément trouvés limitrophes des ruines de cités anciennes. A quelques-unes j'ai pu tenter de restituer leur nom avec l'aide des documents fournis par les géographes de l'antiquité.

Ces travaux m'ont également conduit à pouvoir fixer l'emplacement des célèbres Castra-Cornelia.

Bien assuré de l'emplacement d'Utique, dont j'ai pu

déterminer la position par longitude et latitude [1], je me suis livré à l'étude de ses ruines.

J'ai commencé par déchausser les murs apparents à fleur de sol sur le continent ancien; j'ai fouillé également les fondements des quais et des ports à travers les joncs et les flaques d'eau des marais; puis j'ai mesuré les contours des édifices, déblayé les voûtes sous terre.

J'ai mis à découvert, parfois sous d'assez grandes profondeurs, les larges assises de fondation des grands murs d'enceinte fortifiés, et retrouvé, au moyen de jalonnages, leurs profils périmétriques, leurs directions et leur puissance. J'ai pu suivre quelques voies, artères principales de viabilité dans la ville, en déchaussant, à droite et à gauche, les restes de constructions, et en, observant la continuité parallèle des murs de maisons ou d'édifices.

Après qu'un monument de quelque importance avait été mis au jour par les fouilles, et la distribution des salles ou galeries intérieures bien dessinée par le déblai, surgissait la question de savoir à quel peuple, phénicien ou romain, il fallait en attribuer l'édification; car il arrive parfois que les signés ou les formes extérieurs ont été rendus douteux par le temps et les mutilations.

Dans ces cas, une large cassure, adroitement prati-

---

[1] 7° 43′ 20″ longitude; 37° 2′ 50″ latitude. La carte de la guerre (1857) donne : 7° 44′ 20″ longitude, 37° 3′ 00″ latitude.

quée sur un pan de mur noirci et désagrégé par le temps à l'extérieur, cassure qui mettait à découvert une surface fraîche et blanche de quelque superficie, tranchait la difficulté par l'examen de cette surface. En effet, l'agencement des bâtisses, phéniciennes ou romaines, présente, sur une surface fraîche, des différences très-saisissables.

En général, la bâtisse phénicienne, blocage massif et d'une grande densité, laisse à peine distinguer la cassure de la pierre de celle du mortier. Les pierres employées, petites et sans forme, prises dans le pays même, aux environs, sont noyées et soigneusement tassées dans un bain de mortier à sable tamisé si fin qu'on en voit à peine le grain ; mortier dont la chaux a été produite avec la même pierre, et auquel l'action des siècles a donné une consistance et une homogénéité égales, souvent même supérieures, à celles de la pierre employée. A la cassure, leur couleur se confond ; quelquefois on distingue la pierre, parce qu'elle est plus facile à entamer, ou parce qu'elle présente un grain plus fort par places, par zones. La couleur du bloc frais, pierres et mortier, est généralement d'un gris brun, et la texture est très-lisse[1].

Les gros murs sont le plus souvent sans parement extérieur ; dans l'intérieur des salles, un crépi de mortier couvre les surfaces.

[1] Planche III, fig. 1.

Quelquefois, cependant, on trouve de gros murs à parements par assises, dans les fortifications par exemple : dans ce cas, les assises, assez irrégulières dans le sens horizontal, sont composées de petites pierres sans forme déterminée, si ce n'est un léger aplatissement sur la face extérieure.

Il n'est pas inadmissible de supposer que ce mode par petites assises ait précédé de peu de temps, en Afrique, l'époque de l'occupation romaine, et que les architectes phéniciens s'en fussent pénétrés en visitant le Latium, la Grèce ou la Sicile.

En somme, la ténacité et l'excessive dureté acquises par cette sorte de bâtisse phénicienne en blocage sont incontestablement supérieures à tout ce que j'ai vu, sauf les enduits romains à base de pouzzolane. Aucun secret, du reste, ne me paraît avoir présidé à la confection de ces mortiers ou ciments : le choix des chaux, maigres pour les fondements et grasses pour les élévations, mélangées avec un soin minutieux à des sables spéciaux et tamisés très-fin, et l'emploi du tout fait à point, me semblent être les seuls moyens auxquels les architectes anciens aient eu recours[1].

Dans la bâtisse romaine, en Afrique, la cassure fraîche offre à l'œil des différences bien tranchées.

Le mortier est blanc mat, à grains de sable très-

[1] Voir la note A, à la fin.

visible, parfois même assez gros, surtout dans les blo-
cages du centre des murs.

La pierre, taillée ou non, venue le plus souvent
d'assez loin, d'un grain variable, poreuse quelquefois,
selon les provenances, ou bien à gros grains rugueux,
tranche en outre, par une couleur jaune plus ou moins
foncée, sur le blanc mat du mortier.

Les pierres de taille destinées soit à recevoir des
inscriptions, soit à être profilées en moulures, étaient
généralement tirées de l'île de Malte. Les inscriptions
phéniciennes et carthaginoises sont également toutes
sur cette pierre, si facile à reconnaître. Cet usage s'est
même conservé dans le pays jusqu'à présent. Ce calcaire
n'a pas d'analogue dans cette partie de l'Afrique.

La bâtisse romaine est toujours à parements lisses,
à l'extérieur comme à l'intérieur; les pierres de parements, soit pierres de taille, soit moellons, smillées et
équarries, sont disposées par assises parfaitement régulières, soit horizontalement, soit en diagonales (*opus
reticulatum*); le milieu du mur, entre les deux faces
de parement, dans les bâtisses de grande épaisseur,
est aussi en blocage, mais il est moins dense que le
blocage phénicien; on y observe ces petites cavités pro-
duites par le retrait du mortier en séchant[1] : cet effet
tient à ce que les petites pierres y sont beaucoup plus

<hr>

[1] Planche III, fig. 3.

clair-semées que dans le blocage phénicien ; ensuite pierres et mortier sont mêlés avec moins de soin ; enfin ce mortier de blocage romain est fait avec un sable généralement à très-fort grain. On pourrait, en quelque sorte, dire que le blocage romain est une partie accessoire du mur, les assises régulières et bien soignées des parements en étant la force principale ; tandis que le blocage nourri, bien bourré, homogène comme un conglomérat, des murs phéniciens, est leur unique mais non moins solide base de résistance.

Les murs romains sont fréquemment décorés de moulures sur pierre profilées avec art : à l'extérieur, les murs phéniciens n'ont pas de moulures, si ce n'est, et rarement, lorsqu'un mur de grande puissance a un parement en pierres de taille ; dans ce dernier cas, cette moulure est invariablement un boudin, à forme grossière et indécise, d'un cachet tout particulier, et au-dessus duquel le mur fait retraite de 7 à 8 centimètres[1].

Les voûtes romaines sont en berceau à angles droits, construites par voussoirs réguliers : leurs pieds-droits, à faces lisses et par assises, sont enduits, à l'intérieur, d'un ciment composé de chaux maigre, de pouzzolane et de tuileaux concassés, le tout formant une épaisseur de 3 à 4 et jusqu'à 5 centimètres. Les voûtes, phéniciennes ou carthaginoises, sont, tant les pieds-droits

[1] Planche III, fig. 9.

que les voûtes mêmes, complétement en blocage, avec ou sans arêtes, mais sans voussoirs; à angles largement arrondis quand elles sont d'une grande portée, comme dans les vastes réservoirs publics, par exemple, et le plus souvent en quart de sphère, ou, en terme de métier, en cul-de-four. Le mortier même de la bâtisse, fin, très-consistant et de même couleur, forme le crépissage intérieur : les petites pierres en parement sont par assises.

Outre ces considérations de détail, j'ajouterai que, dans l'ensemble des grands édifices, des murailles fortes, des ports, etc., les architectes phéniciens montrent une tendance marquée pour les formes courbes, pour les angles arrondis, les tours rondes, etc. surtout dans les ouvrages fortifiés. On est tenté d'induire de là qu'à ces époques, si reculées cependant, ils savaient déjà qu'en matière de fortifications un angle saillant est un point faible de défense.

Dans l'intérieur des édifices religieux, les colonnes et les murs, selon le génie propre à l'art phénicien, étaient stuqués, et sur ces stucages, peints en ocre jaune, étaient quelquefois profilées des moulures; mais ces moulures, à formes molles et indécises, n'offrent aucun de ces contours réguliers et élégants qui ont caractérisé l'art grec ou romain.

J'ai dit *selon le génie propre à l'art phénicien*, parce

qu'il est visible qu'à certaines époques, postérieures évidemment, les Phéniciens des emporia confièrent le décor de leurs grands édifices à des artistes ou à des esclaves grecs [1]; la célèbre décoration ionique du Cothôn de Carthage, lequel existait déjà cinq siècles avant Jésus-Christ, en est une preuve.

Les constructeurs romains, au contraire, recher-chaient la ligne droite et les angles. Le type de leurs œuvres, même militaires, accusait presque invariable-ment des dispositions rectilignes et des angles droits. Tous les édifices élevés en Afrique par la colonisation latine en sont le témoignage encore vivant.

En fortification passagère, leurs camps retranchés étaient des parallélogrammes; en fortification perma-nente, les tours, les saillants et rentrants, les *specula*, les forts, etc. étaient presque toujours par lignes droites et par carrés. Tant de différences essentielles, aussi bien dans les ensembles que dans les détails, me pa-raissent être assez caractéristiques pour que l'on y re-connaisse deux types bien distincts entre les construc-tions dues au génie architectural phénicien et celles que créèrent les conceptions romaines en Afrique.

Au moyen de ces diverses investigations faites sur la nature des constructions, des fouilles opérées sur toute l'étendue du sol qu'occupait la ville, et enfin du levé

[1] Ces époques doivent correspondre avec les premières guerres en Sicile.

topographique des détails et de l'ensemble, j'ai pu reconstituer l'antique cité aussi complétement que possible, c'est-à-dire sauf les massifs de maisons particulières, dont les constructions, relativement légères,
n'ont pu résister à l'action désorganisatrice du temps,
mais dont les fondements néanmoins existent en partie
sous le sol.

J'ai obtenu ainsi les plans exacts et les périmètres
de plusieurs autres villes d'origine phénicienne en
Afrique : Carthage, Hadrumète, Thapsus, Thysdrus,
Leptis-Parva, Ruspina, etc. Presque tous les édifices,
ainsi que les fortifications, les ports, etc. ont laissé des
traces, des fondements, des blocs massifs tombés sur
place, témoins gisants en dessus ou en dessous du sol,
suffisant à peu près partout pour donner à l'étude les
indications de leur étendue, de leur puissance, et souvent même de l'ordonnance générale qui présidait à
leur décor[1].

Beaucoup de ruines offrent encore, à quelques centimètres à peine sous le sol, de merveilleux pavages en
fines mosaïques, dont le dessin varie selon la salle à
laquelle ils appartenaient. D'autres ruines présentent la
surface qu'occupait jadis l'édifice, couverte de blocs de
maçonnerie, de pierres de taille, gisants pêle-mêle avec

[1] Voir les dessins des blocs de maçonnerie phénicienne, planches I, II
et III.

les tronçons de fûts et les chapiteaux mutilés, en pierre ou en marbre, des colonnes qui les décoraient. Ailleurs, parmi les débris de grandes voûtes écroulées, sont épars des fragments de frises délicatement sculptées et accusant telle ou telle ordonnance architecturale ; ou bien le sol est jonché de petits morceaux de marbres de diverses provenances, de couleurs variées, plats, minces, et montrant que l'intérieur de l'édifice auquel ils appartenaient avait eu ses salles décorées de placages des plus beaux marbres de l'Italie, de la Grèce et de l'Afrique. Il est une observation à faire ici au sujet de ces placages : j'ai mis à découvert, dans les fouilles que je pratiquais sur le terrain de l'antique Thysdrus, dans le Byzacium, tout un atelier de marbrier. Parmi des fragments de toutes formes se trouvaient quelques gros blocs de marbres divers, dont la refente en plaques était ébauchée. J'ai constaté que tous les traits de scie commencés étaient pratiqués au moyen d'un fil de métal, amorcé sans doute avec un mordant quelconque en poudre. Comme ce moyen très-primitif ne pouvait pas donner à la plaque détachée l'égalité et l'uniformité d'épaisseur désirable, il est supposable qu'après le sciage on les lissait et égalisait, autant que possible, à l'aide de pierres planes et d'un mordant.

L'uniformité d'épaisseur est, au reste, très-rare dans tous les fragments qui ont orné les édifices en Afrique,

défaut qui provient des procédés de main-d'œuvre que
je viens d'indiquer.

Le monument, à Utique, qui offre les ruines les plus
dignes d'intérêt par leurs dimensions grandioses, est
l'ancien palais Amiral, qui s'élevait sur un îlot, au
centre du port de guerre. On y voit avec surprise d'é-
normes pans de constructions encore debout, et s'élevant à une grande hauteur, au milieu de nombreux et
gigantesques blocs écroulés sur place, puissants cubes
de maçonnerie disloqués, sapés à leur base par le
temps et les mutilations, et présentant sur leurs diverses
faces, tantôt l'échancrure d'une baie de fenêtre ou de
porte, tantôt la courbe accentuée de l'intrados d'une
voûte; ici, des degrés d'escalier, emprisonnés dans la
formidable épaisseur des murs; là, la naissance d'un
pilier massif, ou le pavage d'une salle supérieure[1].

A fleur de sol, l'œil peut suivre la trace des murs
accusant la forme et les dimensions d'une partie des
salles du rez-de-chaussée; les murs debout indiquent à
quelle hauteur était le dallage des chambres ou réduits
supérieurs, ainsi que des terrasses que supportaient ces
grandes salles élevées. On a donc des indications certaines de reconstruction du palais.

Autour du corps de l'édifice principal, on touche de
la main la base des bastions et des tours qui le flan-

---

[1] Voir les blocs dessinés sur les planches I et II.

quaient, ainsi que le dallage des quais et des cours :
ces quais extérieurs le séparaient de l'euripe[1].

J'ai minutieusement étudié tous ces blocs, tous ces
murs, toutes ces traces : j'ai comparé les épaisseurs de
murs tombés avec celles des murs restés en place; j'ai
mesuré les cordes des segments de voûtes ainsi que
leurs flèches, pour obtenir les diamètres; examiné les
surfaces d'arrachements des blocs tombés et celles de
leurs bases restées en place, pour les reconstituer en
élévation sur ces données.

Il m'a été possible de parvenir ainsi à réédifier l'ensemble de ce vaste et curieux édifice, spécimen peut-
être unique de l'antique architecture des Phéniciens en
Afrique.

Tous les levés, dessins et calculs partiels sont réunis
dans mes cartons comme pièces justificatives de la restauration. J'ai agi de même pour le port et pour tous
les autres grands édifices.

La cause déterminante des vastes atterrissements qui
ont tant dénaturé les contours et même l'emplacement
entier des anciennes rives du golfe situé entre Carthage
et le promontoire d'Apollon, golfe au fond duquel se
trouvait Utique, était évidemment le déplacement graduel des diverses embouchures du Bagrada. Il importait
donc d'en rechercher le lit primitif; puis, partant de là,

---

[1] Voir les blocs et les plans partiels.

d'observer la trace des changements successifs que son cours a subis.

Dans ce but, j'ai remonté le fleuve, actuellement l'Oued-Medjerdah, dans l'intérieur des terres, jusqu'au point où les restes d'un pont antique, encore à cheval sur le fleuve, témoignent que là le lit ancien n'a pas changé.

Ce point, situé à 77 kilomètres du cap Carthage et à 67 des ruines d'Utique, est Medjez-el-Bab, l'antique Membressa, selon l'Itinéraire d'Antonin, ou Membrissa, selon la table de Peutinger, à 350 stades de Carthage, selon Procope.

De ce point fixe, j'ai suivi en aval le cours du fleuve, examinant les berges ainsi que les aboutissants de droite et de gauche, et sondant les inflexions du sol.

Parvenu à l'endroit où précisément eut lieu la bataille entre Curion et Saburra, c'est-à-dire où se termine, au Sud, la chaîne de collines partant au Nord des Castra-Cornelia, le fleuve fait un coude brusque vers la gauche, en Ouest, au pied méridional de la dernière colline, et, côtoyant les sinuosités de tous ces versants Ouest, prolonge actuellement son cours jusqu'à l'étang de Porto-Farina, près de l'ancien promontoire d'Apollon.

A ce point où le fleuve fait un coude brusque, j'ai retrouvé le lit primitif.

Quelques indices extérieurs, en examinant bien, l'annonçaient.

Les anciennes berges, déviant à cet endroit du cours actuel par un angle d'environ 6o degrés, ont conservé en partie leur saillie au-desus du lit à sec, couvert de sable et de pierres ; cet ancien lit est en exhaussement du lit actuel.

Avec le temps, les eaux du fleuve, aux époques périodiques où leur cours est limoneux, ont accumulé des matériaux formant une barre sur toute la largeur de la section de l'ancienne cavité, barre devenue à pic comme les berges modernes, par suite de l'action érosive des eaux, lorsque leur cours est torrentiel. Ce barrage artificiel a presque atteint en hauteur le niveau des berges naturelles; mais sa section présente, en opérant une tranchée, des éléments de constitution bien différents. On s'aperçoit alors qu'il est formé de couches alternantes de sables, de galets, de dépôts limoneux mêlés de branches d'arbres, de racines et de débris de poteries de plusieurs âges; tandis que les escarpements naturels présentent invariablement, à droite comme à gauche du fleuve, des zones de terre régulièrement superposées, horizontales ou légèrement ondulées, selon la nature du terrain, et qui se répètent, à niveaux identiques, sur les berges parallèles.

Je me suis assuré de cet état de choses, et ai pu voir

mes conjectures confirmées, au moyen de tranchées équidistantes.

Un bref exposé des situations géographiques de l'ancien et du nouveau lit aidera le lecteur à se faire une idée nette des changements survenus.

La chaîne de collines naissant au Nord, sur le littoral, aux Castra-Cornelia, et se terminant, au Sud, près de l'antique petite ville d'Ucris[1], à l'endroit dont je parle, où le Bagrada fait un coude et a changé de lit, limitait à sa gauche, en Ouest, une immense plaine, au Nord de laquelle était la petite chaîne dont la dernière croupe, près du littoral du golfe, portait l'acropole d'Utique. Une distance de trois milles, au Nord, séparait les deux extrémités, les deux caps de cette chaîne et de celle des Castra, le long des rives du golfe.

La chaîne des Castra, en Est, laissait une vallée étroite et sinueuse, s'élargissant cependant pour former une plaine à peu près au milieu de sa longueur, entre elle et les hautes montagnes dont parle Polybe[2], montagnes très-accidentées qui séparaient l'isthme de Carthage du continent, au Nord.

Ces dernières sont le Djebel-Ahmeur des Arabes, la

---

[1] VCRIS. Inscription trouvée par Falbe, citée par Guérin, vol. II, p. 191.
[2] Polybe, liv. I, chap. XVI, p. 38.

Montagne Rouge, dont Polybe oublie de donner le nom, et que, par synonymie, j'appelle *Mons Ruber* sur mes plans.

On comprend donc d'après cette description, et l'on voit sur la carte, que cette chaîne des Castra sépare, de Nord en Sud, une étroite vallée, à l'Est, d'une immense plaine, à l'Ouest. Jadis le Bagrada formait le thalweg de la vallée étroite; aujourd'hui son cours est à travers la grande plaine.

L'ancien lit, sur tout son parcours, qui était de 16 kilomètres entre ce point retrouvé et l'embouchure près de Carthage, présente les mêmes indices; il est encore encaissé plus ou moins profondément, suivant les accidents du terrain, et décrit quelques méandres; à droite et à gauche, le dessus des berges, niveau de la vallée, est couvert d'herbes et de végétaux, tandis que le lit, à sec, couvert de pierres et de sables arides, ne laisse voir çà et là que quelques touffes de lauriers roses.

A 4 kilomètres du point de séparation, en aval, dans la petite vallée, on arrive devant les ruines d'une ville antique assise sur un pli en exhaussement du sol. Quelques blocs de voûtes gisent sur le lit même du fleuve, qui coulait tout proche de la ville. Ces restes s'accordent parfaitement avec le récit de Polybe relatif à la guerre dite *des Mercenaires*, que Carthage eut à soutenir en

Afrique [1]. Amilcar [2], dit Polybe, parti de l'embouchure du Bagrada, que, par parenthèse, il nomme le MACAR, et qu'il vient de franchir de nuit à l'insu des ennemis, remonte le fleuve à gauche, traverse la vallée et la plaine, et marche droit vers la partie de la vallée où les Mercenaires gardaient un pont situé près d'une ville, qu'il se contente d'appeler *la ville bâtie auprès du pont.*

D'après les documents fournis par les géographes anciens, cette ville devait être Cigissa ou Cigisa [3].

Ces détails donnés par Polybe concordent avec la position des ruines que j'ai parcourues là ; elles sont bien à 12 kilomètres de l'ancienne embouchure et à 18 milles de Carthage, comme l'indique l'Itinéraire.

En continuant de ce point à explorer l'ancien lit, et sondant par tranchées aux points qui présentaient quelque indécision, je suis arrivé près de l'ancienne côte, à l'endroit également cité par Polybe et qu'il désigne comme étant l'embouchure du Bagrada.

Un peu avant, j'avais laissé sur la droite quelques ruines : peut-être rappelaient-elles l'ancienne Ad Gallum Gallinaceum.

Ptolémée place l'embouchure à dix minutes seule-

---

[1] Polybe, liv. I, chap. xvi.

[2] J'ai trouvé sur une inscription punique ce nom ainsi orthographié : EBD ou ABD-MELKHART.

[3] «Tuburbo minus, xv mil. Cigisa, xxviii mil. Carthagine, xviii mil.» (*Itinéraire,* etc.)

ment à l'Ouest-Sud de Carthage[1]; elle était située au pied des derniers versants Nord du Djebel-Ahmeur, versants abruptes qui, en effet, barrent dans toute sa largeur l'isthme de Carthage à son point de jonction avec le continent. Au-dessus des hautes pentes, sur leur crête, s'élève le marabout Sidy-Bou-Ktihoua, à 12 kilomètres de l'angle Nord de Carthage. Sous le marabout sont les traces d'une de ces tours antiques d'observation appelées *specula*. L'examen du terrain, à l'endroit désigné, atteste bien en effet toutes les circonstances physiques qui accompagnent ordinairement l'embouchure d'un grand fleuve.

Le lit, à sec, couvert de sables, de galets de toutes grosseurs et de débris de toutes sortes, forme une large dépression en contre-bas. Les berges, en exhaussement, sont en dessus couvertes par la végétation, dont la couleur verte tranche nettement sur l'ancien lit, aride, sablonneux et complétement nu : c'est un vaste espace plat, couvert de pierres et de sables, dont l'ensemble rappelle encore ces légères ondulations assez régulières que l'on remarque au débouché des grands cours d'eau dans la mer, lorsque pendant la saison chaude les eaux sont très-basses.

---

[1] L'*Itinéraire* la met ainsi : «Thabraca, o mil. Hippone Zarito, lx mil. Turniza, xx mil. Membrone, x mil. Utica, vi mil. Ad Gallum Gallinaceum, xii mil. Carthagine, xv mil.»
Procope la cite au sujet de la guerre des Vandales.

Au delà, la plaine, jusqu'aux limites actuelles de la
mer, a 5 kilomètres, est basse, plate, formée de sables
fins et de limons entremêlés de flaques d'eau de mer.

Quelques touffes de joncs marins dessinent, au pied
des berges, l'antique contour du rivage.

Lorsque avec la suite des temps les atterrissements
du fleuve eurent comblé toute la partie Nord-Ouest du
golfe de Carthage par cette embouchure [1], et que. les

---

[1] L'Oued Medjerdah parcourt une étendue considérable de pays. Ses eaux,
toujours troubles, en quelque saison que ce soit, sont, comme celles du Nil,
constamment chargées d'un épais limon. Il y a cependant entre les deux une
différence sensible : celles du Nil, tamisées à travers un linge, sont potables,
et même réputées pour leur légèreté et leurs effets digestifs ; celles de la Medjerdah sont saumâtres, plus fortement, il est vrai, vers l'embouchure, mais
ne sont pas beaucoup meilleures en amont du fleuve. Ce goût saumâtre est
sans doute communiqué aux eaux par la nature même des terres et sables
qu'elles entraînent.

D'après les descriptions données par les anciens auteurs, le Bagrada fut
toujours dans les mêmes conditions. Silius Italicus (liv. VI) dit à son sujet :

Turbidus arentes lento pede sulcat arenas
Bagrada, non ullo Libycis in finibus amne
Victus limosas extendere latius ondas,
Et stagnante vado patulos involvere campos.

« Le trouble Bagrada traverse lentement les sables brûlants, et aucun
« fleuve, dans toute la Libye, n'étend plus au loin ses eaux limoneuses, au-
« cun n'arrose plus de pays. »

Polybe, dans son Histoire (liv. I, ch. LXXV), dit à propos de la guerre des
Mercenaires :

Τοῦ προσαγορευομένου Μάκαρα (c'est le Bagrada qu'il nomme ainsi Macar) ποταμοῦ διείργοντος κατά τινας τόπους παραπλησίως τὴν ἐπὶ τὴν χώραν
τοῖς ἐκ τῆς πόλεως ἔξοδον..... Τοῦ προειρημένου ποταμοῦ κατὰ τὴν εἰς
Θάλατ7αν ἐκβολὴν συνθεωρήσας κατά τινας ἀνέμων σ7άσεις ἀποθινούμενον
τὸ σ7όμα, καὶ τεναγώδη γιγνομένην τὴν παρ' αὐτῷ τῷ σ7όματι πάροδον.....

« Le fleuve nommé Macar (le Bagrada) ferme de même, en certains envents du Nord-Est eurent obstrué les issues en refoulant les sables, le fleuve dut s'ouvrir un autre cours plus à l'Ouest. En effet, j'ai suivi deux autres déplacements; le dernier longeait, en Est, le pied d'un contre-fort de la chaîne des Castra, et venait déboucher dans la mer, au pied même de la pointe élevée du cap, sur le sommet duquel était le camp de Cornelius Scipion, les Castra. Pendant les pluies hivernales, les eaux amassées dessinent encore presque en entier le ruban sinueux de ce parcours et simulent l'ancien fleuve.

Au pied des Castra mêmes, sur cet ancien lit, existe encore un moulin à eau, dégradé par le temps, et de construction romaine. C'est un témoin de l'ancien passage des eaux du fleuve à cet endroit.

Le charriage des limons par les eaux et l'effort inverse des vents obstruèrent également à la longue cette issue; les larges atterrissements se consolidèrent, puis le fleuve, après avoir comblé toute la partie du golfe

« droits, la sortie de la ville pour aller dans la campagne..... Ayant observé « (Amilcar) qu'à l'endroit où le fleuve se jette dans la mer, certains vents y « refoulent les sables et en rendent le passage marécageux à l'embouchure... »

J'ai cité à dessein ces passages des anciens auteurs, parce qu'ils pronostiquent ce qui, en effet, se produisit avec la succession des temps.

Tous ces limons, ces sables, charriés sans cesse par les eaux du fleuve, pendant nombre de siècles vers les embouchures, refoulés fréquemment par l'effort des vagues poussées en sens inverse par les vents Nord-Est, occasionnèrent ces vastes atterrissements qui ont successivement dénaturé la configuration des côtes situées entre les promontoires d'Apollon et de Carthage. Les eaux du golfe entier d'Utique furent remplacées par ces atterrissements.

située entre Carthage et les Castra, se trouva sans embouchure.

Pendant longtemps il inonda, paraît-il, la vaste plaine sise à l'Ouest des collines, plaine dans laquelle on voit encore, en effet, sur de grandes étendues, le témoignage de traces profondément marécageuses laissées par un long séjour des eaux.

Puis enfin il prit violemment un cours par la partie la plus basse des terres de la plaine; le torrent longea les versants des Castra, à l'Ouest, cette fois, jusqu'aux rivages du golfe, sous Utique même.

En possession de ce nouveau débouché, les eaux chargées de terres et de sables reprirent leur œuvre d'atterrissement, et cette partie occidentale du golfe d'Utique commença à se combler lentement à son tour. La ville vit peu à peu la mer s'éloigner d'elle au fur et à mesure que les dunes se formaient, et ses ports se combler graduellement, jusqu'à ce qu'enfin ils fussent entièrement obstrués. Petit à petit les eaux du golfe entier disparurent : Utique fut alors perdue sans espoir de retour. Comme place d'armes, elle vit s'annihiler toute son importance stratégique; car le proche voisinage de Carthage, redevenue capitale romaine de l'Afrique, dispensa de tenter les efforts qui eussent pu la sauver. Enfin, le Bagrada lui ayant ôté ses communications avec la mer, son commerce, source de prospérité, fut anéanti.

Ces changements paraissent s'être accompli pendant la longue période du bas-empire. Nous voyons dans Victor de Vite que Genseric, en 440, dut utiliser le port de Carthage pour y équiper la flotte avec laquelle il alla ravager la Sicile; ce qui autorise à supposer qu'à cette époque les ports d'Utique, autrefois les plus importants, étaient peut-être hors de service.

Il est encore un autre fait à remarquer : c'est que, par une exception toute particulière, il n'y a absolument, parmi les ruines d'Utique, aucune trace de ces reconstructions byzantines qui couvrent les ruines de toutes les autres villes antiques en Afrique; remaniements si faciles à reconnaître. Ce dernier fait est très-significatif.

On ignore complétement comment disparurent les restes de cette ville. Il est probable qu'ayant perdu toute espèce d'importance militaire, politique et commerciale, elle fut peu à peu abandonnée par ses habitants riches ou aisés, et qu'il n'y resta, à la longue, que ceux qui faisaient valoir les terres des environs. Les marbres et objets d'art qui décoraient les grands édifices abandonnés purent servir à la reconstruction d'autres édifices ou à des réparations dans les villes voisines.

En résumé, le temps, les guerres civiles, les courses dévastatrices des Maures, et les incendies dont les lueurs éclairèrent d'une façon si lugubre les invasions sarrasines, durent amener la chute complète de ces ruines, aujourd'hui solitaires et silencieuses.

Lors de mon retour en France, ayant eu à ma disposition un exemplaire de Shaw, j'ai eu la satisfaction de voir le résultat de mes études entièrement confirmé par les assertions du savant voyageur [1].

POPULATION.

(Évaluation approximative.)

Avant d'entrer dans la description détaillée des monuments et des dispositions générales de la ville d'Utique, peut-être ne serait-il pas hors de propos de tenter un essai d'évaluation approximative de sa population à l'époque de la guerre de Curion.

Quelques auteurs anciens nous ont transmis des chiffres de population de Carthage; mais aucun n'a laissé ceux d'Utique.

Il ne serait peut-être pas impossible, cependant, au moyen de quelques termes de comparaison, d'arriver à ce dernier résultat.

Le premier moyen comparatif pour Utique serait tout naturellement le chiffre de la population de Carthage, car il y avait identité manifeste entre le mode

---

[1] Shaw, chap. ii, p. 178 et suiv.

d'habitations des deux villes, phéniciennes toutes deux;
ce qui veut dire de mêmes mœurs, de même religion,
et obéissant à des besoins physiques de même nature,
sous un climat commun.

En comparant les deux superficies du sol occupé par
les deux villes, il est naturel de penser que le chiffre du
nombre d'habitants que comportait le sol de Carthage
donnera, proportionnellement, celui du sol uticéen.

Mais malheureusement les auteurs varient sur ce
chiffre, que les uns portent de 250 à 300,000, et
d'autres à 700,000; enfin, lors de la reddition de la
Byrsa, il ne sortit vivants que 50,000 habitants suivant
Florus, et 55,000 suivant Orose.

Ces disproportions numériques sont beaucoup trop
considérables pour que nous ne cherchions pas un mode
de statuer plus rigoureux sur le véritable chiffre de Carthage, lequel, admis par synthétisme, nous fera connaître celui d'Utique.

Les auteurs anciens les mieux informés, Appien, Polybe, etc. en parlant de la grande cité punique, donnent les détails suivants :

« Les rues étaient étroites à Carthage, irrégulières ;
« elles étaient dallées avec de grandes pierres plates,
« qui rejetaient les eaux pluviales dans les citernes pu-
« bliques.....

« Les maisons étaient hautes, élevées de plusieurs

« étages [1], surtout dans l'ancienne ville, et elles étaient
« badigeonnées avec du goudron.

« Elles étaient en terrasses et bâties sur des citernes...

« Dans la ville marchande, et vers l'occident, se trou-
« vaient les quartiers où arrivaient les caravanes et les
« produits de l'intérieur de l'Afrique..... »

Ces divers détails dessinent fidèlement la physionomie intérieure de la ville.

Il est peu supposable qu'ils aient été exceptionnels
pour Carthage, car, à tous les âges, les villes d'une
époque, surtout sous un même climat, présentent un
type à peu près semblable. Ainsi, même en Italie, Rome
avait également ses rues étroites et tortueuses comme
celles de Carthage; bordées aussi de maisons élevées
de plusieurs étages; à ce point que Néron l'incendia, dit-
on, pour la reconstruire sur un plan plus régulier. Ces
maisons romaines étaient d'une hauteur telle, qu'une
ordonnance de Trajan [2] défendit que l'élévation dépassât
60 pieds (22 mètres environ, ou sept de nos étages).

Diodore de Sicile donne la description de quelques
villes d'Asie et de Grèce qui étaient construites à peu
près sur ces données.

Il est donc naturel d'admettre qu'Utique, fondée par
des colons de même race, entre lesquels il y avait con-

---

[1] Jusqu'à six, selon Appien.
[2] Aurelius Victor.

formité de coutumes, de religion, de langage et d'intérêts généraux, était construite comme Carthage, dont
le plan, du reste, vient à l'appui de cette assertion.

Et en effet, le levé du plan d'Utique confirme aussi
des conditions analogues.

En général, la viabilité, dans toutes les villes antiques, se composait de quelques artères principales,
conduisant irrégulièrement vers les édifices principaux
et les portes : à ces artères, inégalement étroites, aboutissait une multitude d'impasses, disposées au hasard,
sans symétrie aucune, encore plus irrégulièrement
étroites et plus capricieusement contournées.

Ce mode s'est traditionnellement conservé dans certains pays, en Orient surtout. Constantinople, calque
conservé de Byzance, Salonique, Tunis et tant d'autres
villes africaines, traditions encore en place et vivantes
des temps antiques, en sont la démonstration la plus
explicite.

Parmi les villes modernes dont on connaît exactement la superficie et la population, et ayant, sous le
rapport de l'étroitesse des rues ainsi que de la hauteur
des maisons à plusieurs étages, une analogie assez con-
forme à ce que nous savons des villes antiques, Paris,
tel qu'il était avant les récentes annexions et les travaux
d'élargissement des rues, offrait un point de comparaison assez convenable.

Maisons de quatre, cinq, six et jusqu'à sept étages, peu aérées; rues étroites et sinueuses : tel était Paris dans la majeure partie de ses quartiers lors des recensements et levés statistiques jusqu'en 1854.

Nous le proposons comme terme moyen de comparaison, terme approximatif bien entendu, et par analogie.

Sa superficie était alors de 3,402 hectares, y compris la large zone occupée par la Seine, ou bien de 3,288 hectares, cette zone défalquée.

Une population de 1,174,316 habitants couvrait cette superficie. C'était ainsi une moyenne de 357 habitants par hectare, comprenant maisons, rues, places, cours, espaces vides, etc. etc. Prenons le chiffre rond de 360 habitants par hectare comme point de comparaison pour Carthage, et ajoutons que ce chiffre réunit de grandes présomptions de probabilité, car, depuis les annexions et l'élargissemement des voies à Paris, la population, aujourd'hui, n'est que de 237 habitants moyennement par hectare.

La superficie de Carthage, c'est-à-dire celle des deux quartiers qui, en réalité, constituaient la ville proprement dite, le quartier des Ports et celui de Byrsa, était de 504 hectares[1].

---

[1] Plan de Falbe. — Voir aussi mes plans de Carthage et d'Utique, levés plus récemment.

L'autre quartier était un immense espace de terrain, enclos dans les fortifications, et contenant, outre le quartier militaire, un parc pour les éléphants de guerre, les nécropoles, les habitations éparses des pauvres, des champs cultivés, et les palais de plaisance, entourés de vastes jardins, des grandes familles de la noblesse carthaginoise. Ce quartier avait, en ensemble, une superficie de 2,171 hectares.

Soit, pour tous les quartiers réunis, 26,752,000 mètres carrés; 2,675 hectares.

La ville même, celle que nous avons coutume d'appeler Carthage, c'est-à-dire la cité contenant les ports, l'agora, les temples, les palais publics, les thermes, le sénat, les gymnases et la citadelle, en un mot les deux quartiers dits des Ports et de Byrsa, avaient, avons-nous dit, 504 hectares de superficie.

A 360 habitants par hectare, c'était donc une population fixe de 181,440 habitants; mettons en chiffre rond....... 181,500 [hab.]

L'estimation du vaste faubourg, dit *Khêrth-Khadêscht*[1], ou *Megara*, selon quel-

A reporter........ 181,500 [hab.]

---

[1] *Khêrth-Khadêscht*, littéralement, *ville nouvelle.*
Le *Kh* était entièrement guttural.
Les Latins et les Grecs, qui n'avaient pas cette lettre, durement gutturale en phénicien, l'ont traduite par un *K* au commencement du premier mot, et

Report. . . . . 181,500 $^{hab.}$

ques auteurs, est plus difficile à faire, par la raison que les éléments à apprécier numériquement devaient y être beaucoup plus variables. Mettons la garnison au complet, telle qu'Appien et Polybe l'énumérèrent, soit 24,000 fantassins, 4,000 cavaliers, puis les gens de guerre attachés aux machines militaires, aux éléphants, aux chantiers, etc. 34,000

Population pauvre, environ. 30,000

Esclaves et habitants des palais des nobles, 200 habitations ou propriétés à 200 esclaves chacune, au moins. 40,000

Total général. . . . . 285,500 $^{hab.}$

Il devait y avoir, en outre, une certaine population flottante, entretenue par le mouvement du commerce maritime et par le va-et-vient des caravanes qui tenaient Carthage en rapports constants avec l'intérieur du continent africain.

Tout compris, environ 300,000 âmes.

Strabon, en donnant le chiffre de 700,000 habitants, entendait peut-être désigner les Carthaginois

tout à fait supprimée au second; de là sont venus : *Karthako* ou *Karthago* chez les Latins, et Καρχηδών chez les Grecs.

non-seulement de la ville, mais aussi ceux qui habitaient le Zeugis, c'est-à-dire le territoire appartenant à la capitale en propre.

La superficie *intra muros* d'Utique était de 572,812 mètres carrés, soit $57^h,281$ [1].

Celle des deux faubourgs qui furent annexés plus tard, pendant l'occupation romaine, était de 240,000 mètres carrés, soit 24 hectares. Total, $81^h,281$.

Mais, à l'époque qui nous occupe, c'est-à-dire à l'époque des guerres de Jules César, ces faubourgs n'existaient pas encore, puisque la bataille entre Curion et Varus eut lieu sur leur emplacement. Nous n'avons donc à nous occuper que de l'étendue qu'avait alors la ville, soit des 57 hectares.

Cette superficie est à celle de Carthage dans le rapport de 1 à 8,84.

On aurait donc 20,531 habitants avec des éléments de statistique identiques entre les deux villes, soit, en nombre rond (*intra muros*)........... 20,540 [hab.]

Et si nous ajoutons, comme à Carthage, une autre population composée d'une garnison, d'esclaves, etc. dans la même proportion numérique, soit........... 11,765

Nous aurons pour total........... 32,305 [hab.]

[1] Plan que j'ai levé en 1866.

Postérieurement à la guerre de César, l'adjonction des faubourgs Sud, selon la même proportion, put ajouter 8,640 habitants au maximum. Mais il est peu probable que ces faubourgs, dont les ruines indiquent de riches habitations romaines, aient présenté, sur leur étendue, des maisons élevées et une population de quelque densité. Tout, au contraire, y fait conjecturer de belles maisons de plaisance, décorées de colonnes, de statues et de sculptures, débris encore épars sur le sol; habitations à un rez-de-chaussée, surmontées peut-être d'un premier étage et entourées de beaux jardins.

Il est donc douteux que, même avec ce supplément, l'ensemble de la population ait jamais dépassé le nombre de 40,000 habitants. Hadrumète, dont j'ai levé les plans, était incontestablement plus grande et plus peuplée.

Je rappellerai, avant de quitter ce sujet, qu'il ne faut pas prendre ce chiffre des populations d'Utique et de Carthage comme une solution rigoureuse du problème, mais seulement comme une hypothèse se rapprochant autant que possible de la vérité.

Cette grande supériorité numérique des Carthaginois sur les populations uticéenne et autres explique l'une des causes de la prédominance de Carthage sur le reste des emporia phéniciens en Afrique.

FONDATION D'UTIQUE.

L'époque de la fondation d'Utique, d'après les documents anciens [1], très-obscurs du reste sur ce point, paraît remonter cependant à une date de beaucoup antérieure à celle qui a été assignée dans l'histoire à la fondation ou à l'agrandissement de l'emporium de Carthage.

Quelle que soit au surplus cette date, on est conduit, par les recherches qu'elle entraîne, vers une remarque anticipée peut-être à propos du sujet que nous étudions, mais qui se rattache par un intérêt général et direct à ces fondations de villes si antiques : presque toutes les rives Nord méditerranéennes furent semées de colonies de race hellénique; toutes les rives Sud, la Cyrénaïque exceptée, le furent de colonies phéniciennes. Aussi, comme le génie des deux races, maritimes et commerçantes toutes deux, était instinctivement opposé, l'histoire [2] ne parle-t-elle, pendant une longue série de siècles, que de guerres et de luttes acharnées entre les ports du Nord et ceux du Sud, jusqu'au moment où le génie de la race latine, étouffant ou absorbant les deux autres, fit des eaux de la Méditerranée une mer exclusivement romaine.

[1] Salluste, *Guerre de Jugurtha;* Procope, *De bello vandalico.*
[2] Diodore de Sicile, Hérodote.

Utique était située par 7°44′20″ de longitude, et 37°3′00″ de latitude, selon la carte (1857) des bureaux de la guerre, ruines de Bou-Châter.

Mes relevés m'ont donné 7°43′20″ de longitude, et 37°2′50″ de latitude.

Ces différences ne sont pas très-sensibles.

Dans sa Géographie, Ptolémée donne :

Utique	33 : 4o : 32 : 45
Les Castra	33 : 4o : 32 : 20
Carthage	34 : 5o : 32 : 4o

Utique était assise sur un cap à peine saillant, que précédait une île à son extrémité. Ce cap terminait une petite chaîne de montagnes courant d'Est en Ouest et naissant à 7 kilomètres de la mer.

Au pied de la dernière hauteur, à l'Est, s'étalait la cité, qui occupait les trois versants et l'île.

Une puissante citadelle, Byrsa ou Acropole, couronnait le sommet de la dernière hauteur, et dominait la ville entourée de fortifications et de fossés.

L'île, couverte de somptueux édifices, était également ment défendue par la mer et par des forts reliés entre eux.

Le canal qui la séparait de la terre ferme servait de port marchand.

Le port de guerre et un arsenal étaient au Nord-Ouest de la ville.

Un bel aqueduc, partie à ciel ouvert, partie ménagé sous des versants de la petite chaîne, d'un parcours de 8,500 mètres, amenait dans la ville des eaux de sources provenant de montagnes voisines.

Le promontoire sur lequel s'élevait Utique était au fond d'un golfe, dont les deux pointes extrêmes étaient, au Nord, le promontoire d'Apollon (cap Farina moderne), et, au Sud, le promontoire des Castra-Cornelia (aujourd'hui El-Guélaâ-al-Oued).

Du promontoire des Castra à Utique, la distance était de 3 milles (4,300 mètres) et d'Utique au promontoire d'Apollon, ou de Rus-Cinona, elle était de 22 milles (32 kilomètres). Il y avait 16 milles entre le port de Rus-Cinona et celui d'Utique.

Strabon dit dans sa Géographie à propos d'Utique :

« Utique est après Carthage la plus grande et la
« plus considérable ville du pays[1], et, depuis la destruc-
« tion de celle-ci, elle a même été la capitale et la place
« d'armes des Romains dans toutes leurs expéditions
« en Afrique.

« Elle était située sur la même baie où était Carthage,
« et principalement près d'un des deux promontoires
« qui en forment l'entrée. Celui de ces deux promon-
« toires qui est près d'Utique est appelé le *promontoire*

---

[1] Il y a erreur de la part de Strabon, car Hadrumète, dont j'ai retrouvé le périmètre, était plus étendue qu'Utique.

« *d'Apollon*, et l'autre est le *cap Hermès* (cap Bon). Les
« deux villes sont situées de manière à se voir[1]. »

Tite-Live, à propos d'Utique, dit :

« Il y avait une éminence au pied de laquelle la ville
« était bâtie[2]..... Elle était à 27 milles de Carthage[3]. »

Ptolémée, dans sa Géographie, mentionne ainsi les
villes principales et les localités qui s'échelonnaient.
près des rivages du golfe d'Utique, entre Hippo-Diarrhytos et Carthage :

Hippone (Hippo-Diarrhytos)....	32 :	30 :	32 :	25
Thinissa ou Tuniza............	33 :		: 32 :	30
Le promontoire d'Apollon......	32 :	10 :	33 :	15
Utique......................	33 :	40 :	32 :	45
Les Castra-Cornelia..........	33 :	40 :	32 :	30
L'embouchure du Bagrada.....	34 :		: 32 :	40
Carthage....................	34 :	50 :	32 :	40

Autour de la ville la végétation était puissante, et

[1] Ἡ δὲ Ἰτύκη δευτέρα μετὰ Καρχηδόνα τῷ μεγέθει καὶ τῷ ἀξιώματι · κα-
ταλυθείσης δὲ Καρχηδόνος, ἐκείνη ἦν ὡς ἂν μητρόπολις τοῖς Ῥωμαίοις, καὶ
ὁρμητήριον πρὸς τὰς ἐν Λιβύῃ πράξεις · ἵδρυτάι δ' ἐν τῷ αὐτῷ κόλπῳ τῷ
Καρχηδονιακῷ, πρὸς θατέρῳ τῶν ἀκρωτηρίων τῶν ποιούντων τὸν κόλπον
ὧν τὸ μὲν πρὸς τῇ Ἰτύκῃ καλοῦσιν Ἀπολλώνιον, θάτερον δ' Ἑρμαίαν, καὶ
εἰσιν ἐν ἐπόψει ἀλλήλαις· αἱ πόλεις.

« Utica et magnitudine et dignitate secunda est post Carthaginem; atque,
« hac excisa, caput regionis fuit et receptaculum Romanorum ad res in Africa
« gerendas. Sita est in ipso (ἐν τῷ αὐτῷ) sinu Carthaginiensi, ad alterum ex
« promontoriis, quæ sinum faciunt; horum id, quod juxta Uticam est, Apol-
« lonium vocatur, alterum vero Hermæa. Urbes ipsæ ita sunt sitæ, ut unam
« possis ex altera cernere. » (Strab. lib. XVII, cap. iii, 13.)

[2] « Imminente prope ipsis mœnibus (Uticæ) tumulo, etc. » (Tit. Liv.
lib. XXIX, cap. xxxv.)

[3] Voir la note C, à la fin.

tous les environs semés de villas, etc. Diodore l'indique
à propos de la guerre d'Agathoclès; et, 262 ans plus
tard, les Commentaires de César en font également foi.
On y lit :

« La campagne qui entourait Utique était d'une grande
« fertilité : les arbres donnaient une grande quantité
« de bois; les campagnes étaient couvertes de blés.....
« l'eau en abondance, etc. [1] »

ÉDILITÉ. — MONUMENTS.

L'examen des ruines d'Utique démontre que cette
cité célèbre fut dotée de nombreux et splendides édifices
publics.

Un beau théâtre, un cirque magnifique, un vaste
amphithéâtre, un port de guerre monumental renfermant un palais Amiral, un port marchand, un palais
du sénat, une citadelle importante, un bel aqueduc au
long parcours et pourvu d'embranchements distribuant
l'eau dans les divers quartiers de la cité, grand nombre
de temples phéniciens et romains, de vastes citernes
publiques, un arsenal, enfin de puissantes murailles
reliant les forteresses, etc. Tant de belles œuvres d'art

---

[1] C. J. Cæsar. *De bello civili,* lib. II, cap. xxxvii : «Castra erant ad bellum
« ducendum aptissima, natura loci et munitione, et maris propinquitate, et
« aquæ et salis copia, cujus magna vis jam ex proximis erat salinis eo con-
« gesta. Non materia, multitudine arborum, non frumentum, cujus erant ple-
« nissimi agri, deficere poterat. »

et d'architecture étaient bien de nature à en faire la seconde capitale de l'Afrique.

Ainsi que nous l'avons dit plus haut, ses rues, conformes aux usages des temps, étaient étroites. J'ai trouvé entre deux et quatre mètres en moyenne. Il paraît cependant qu'elles étaient un peu moins sinueuses que celles de Carthage, et un peu plus régulières dans le parallélisme de leur largeur; cette différence tient peut-être à ce que leur tracé a conservé l'empreinte rectiligne qu'a pu imprimer peu à peu aux vieilles voies originaires phéniciennes le dernier temps de l'occupation romaine.

Les rues étaient dallées, et dans quelques-unes ce dallage couvrait des égouts qui débouchaient dans la mer.

Virgile parle de ce pavage : « Strata viarum, » dit-il[1].

Servius nous apprend que ce furent les Carthaginois, les Phéniciens, qui, les premiers d'entre les peuples, inventèrent l'usage de daller les rues[2].

La section de ces égouts, à Utique, donne $0^m,60$ de largeur sur $0^m,50$ de haut.

L'une des rues sous laquelle un de ces égouts est resté intact, près de la mer, a $2^m,40$ de largeur.

Les maisons, en général, aussi bien que les grandes murailles de villes, étaient, suivant un usage établi de

---

[1] *Æneid.* I, 426.
[2] Servius, *H. I.* Cf. Isidor.

temps immémorial, badigeonnées extérieurement et sur les terrasses avec du goudron [1], puis blanchies par-dessus avec un lait de chaux. Cet usage avait pour double but de détruire, par l'application du goudron, les insectes qui fourmillent dans les pays chauds, et de réfracter, par le blanc de chaux, l'ardeur des rayons solaires. Le noir était la couleur du deuil chez les Phéniciens en Afrique, et, lors des grandes calamités publiques, on tendait en noir non-seulement les maisons, mais même les murs des remparts [2]. Ce détail, fourni par Diodore de Sicile, confirme la donnée de l'usage général de blanchir à la chaux : les tentures noires ne se seraient pas aperçues sur la masse des édifices et des maisons, déjà noirs eux-mêmes par le bitume.

En outre, on a eu de tout temps intérêt à éviter l'emploi de la couleur noire dans les pays chauds, par la raison qu'elle absorbe et retient la chaleur solaire, au lieu de la réfracter, comme la chaux.

Dans son ensemble, la ville d'Utique [3], s'élevant graduellement en amphithéâtre du bord de la mer jusqu'au pied de la citadelle, devait offrir, aux yeux du navigateur approchant doucement sous l'effort de la brise, l'aspect saisissant d'un riche tapis à fond blanc, capri-

---

[1] Appien. — Pline, liv. XXXVII, chap. xxii.
[2] Diod. de Sic. liv. XX.
[3] Voir la planche VIII.

cieusement parsemé de fleurs aux formes et aux couleurs variées. L'ensemble des maisons, blanchies à la
chaux, était le tapis sur lequel tranchaient les zones
bizarrement disposées du vide des rues et l'élévation
des toitures rouges, ou brunies par le temps, des
temples et autres grands édifices, groupés ou dissémi-
nés au hasard.

Ce beau tapis, éclatant de blancheur, était splen-
didement encadré : en haut, au-dessus, par le sommet
élevé que couronnait la vaste citadelle dominant sévèrement l'ensemble du cadre et détachant correctement
la fine dentelure de ses hautes murailles crénelées
sur l'azur foncé du ciel; à gauche, par l'île, couverte
d'édifices imposants, et par le port marchand; à
droite, par le Cothôn, le port de guerre, au centre duquel s'élevait majestueusement, au-dessus de la mâture
des vaisseaux, le haut palais de l'Amiral; enfin, en
bas, sur le devant, par la ligne foncée des eaux bleues
de la mer.

Dans le lointain, au milieu des teintes bleuâtres et
indécises des profils de montagnes de l'horizon, se voyait
une zone claire, d'un blanc-teinté par l'éloignement :
c'était Carthage.

Nous avons donné plus haut[1] les renseignements qui
fixent la situation géographique d'Utique; une répéti-

---

[1] Page 116.

tion n'aurait donc aucun intérêt; mais, parmi d'autres,
un détail historique, relatif à cette situation, peut jeter
quelque lumière sur un passé archéologique remontant
si haut dans l'antiquité. Une donnée de l'histoire fait
naître la pensée qu'à l'époque de la seconde guerre
punique la ville ne s'étendait peut-être pas au delà de
l'encaissement profond qui, partant de l'angle gauche
du port de guerre, aboutit à l'angle rentrant du grand
mur Sud-Est, là où fut peut-être la porte Bellica. Voici
ce passage de Polybe :

« Scipion fit mettre les vaisseaux en mer (il était
« campé aux Castra) et dressa dessus des machines,
« comme pour assiéger Utique par mer. Puis il détacha
« 2,000 hommes de pied pour s'emparer d'une hauteur
« qui commandait la ville; il fit fortifier cette hauteur
« par un bon fossé conduit tout autour[1]... »

J'ai été vivement préoccupé de la hauteur en question. Actuellement, il n'y en a pas d'autre pouvant *do-
miner* la ville, c'est-à-dire étant au même niveau que
celle sur laquelle est assise la citadelle, que la hauteur
dont le centre creusé forme l'amphithéâtre : or elle est
dans la ville même, et les ruines qui l'entourent et en
couvrent les versants accusent la même époque de construction que celles des autres quartiers de la ville.

---

[1] Polybe, liv. XIV, fragm. 2.

Il est donc très-probable que Polybe entend parler d'une autre hauteur qui est un peu plus au sud, hors la ville, près du mur d'enceinte fortifié.

Cependant celle-ci non-seulement ne domine pas la ville, mais elle a de plus été creusée profondément de façon à former un immense bassin, polygone profond d'environ quinze mètres, et assez irrégulier.

Ce bassin offre tous les indices d'un creux fait à bras d'hommes, et les déblais de cette énorme excavation ont été rejetés sur les versants Nord-Ouest de la colline. Ce vaste bassin, situé sur une hauteur qui ne porte aucune trace de séjour des eaux, ni aucun indice d'un usage quelconque, existait-il alors, ou bien a-t-il été fait postérieurement à cette guerre afin d'éviter le retour d'une semblable menace?

On pourrait admettre, il est vrai, qu'à l'époque des guerres d'Agathoclès, des Mercenaires et de Scipion l'Africain, la ville ne s'étendait que jusqu'à l'encaissement précité; mais, dans tous les cas, le port de guerre existait déjà; et, dans cette dernière condition, ce point si important eût été hors de la protection de la ville, ou bien n'eût concouru en rien à sa défense, ce qui est très-peu probable.

Il faut donc admettre de toute nécessité que la hauteur citée par Polybe est celle qui, rasée plus tard de son sommet, fut en outre creusée par surcroît de précaution pour éviter qu'à l'avenir un corps de troupes ennemies pût se loger à cette place et menacer la ville.

Un autre fait vient à l'appui de cette dernière version : le bel aqueduc qui, des hauteurs voisines de Cotuza[1] à l'Ouest, amenait les eaux dans la ville en contournant les sommets, suit, arrivé là, les courbes supérieures des lèvres de ce bassin, au lieu de passer en droite ligne. Ce fait témoigne que la construction de l'aqueduc est postérieure à l'excavation du bassin.

On pourrait même en déduire approximativement la date, et la mettre alors, au plus tard, pendant le cours du premier siècle de l'ère chrétienne, la construction de l'aqueduc ayant probablement eu lieu pendant le second siècle, vers l'an 129 ou 130, sous l'empereur Adrien[2].

Ce sommet, alors qu'il existait tout proche des murs de la ville, serait probablement aussi *le point faible* dont parle Diodore de Sicile[3], et par lequel il dit qu'Agathoclès s'introduisit de force dans Utique trois cent sept ans avant Jésus-Christ.

---

[1] *Cotuza*, El-Alia actuelle. Inscription trouvée par Shaw, chap. iii, p. 208 :

```
.......REIPVBLICAE SPLENDI
   DISSIMAE COTVZAE SACRAE
 •  VALERIVS IANVARIVS......
```

[2] Dion Cassius, *Vie de l'empereur Adrien.*

[3] Diodore, liv. XX, p. 347.

Ces deux exemples, en effet, durent démontrer aux Uticéens la nécessité de supprimer une hauteur qui compromettait si fort leur sécurité.

Les premiers fondateurs d'Utique, comme ceux de tous les comptoirs maritimes en Afrique, furent amenés par la nécessité à choisir un point aussi à l'abri que possible, par lui-même, du pillage des tribus libo-berbères. L'île offrait cette facilité, car les Libyens originaires, au dire de Salluste[1], n'avaient ni canots ni vaisseaux. L'île fut donc, probablement, le berceau primitif de la ville.

Puis, avec le temps, des agrandissements successifs suivirent le développement graduel de la prospérité des actifs colons phéniciens, et formèrent un appendice sur la pointe parallèle du continent, de l'autre côté du canal.

Plus tard encore la forteresse s'éleva; puis d'autres quartiers vinrent se grouper entre le canal et la protection de l'Acropole; le port de guerre se creusa, et enfin le tout fut enclos par de puissantes murailles.

Vint l'époque de la conquête romaine, ou, pour parler plus exactement, l'époque où les Uticéens, prévoyant la catastrophe qui devait anéantir l'empire carthaginois, par prudence ou par jalousie, se donnèrent aux Romains.

Ceux-ci néanmoins, mal à l'aise au milieu d'une ville

____
[1] Salluste, *Guerre de Jugurtha.*

et d'une population exclusivement phéniciennes, s'établirent, dès qu'ils furent assez nombreux, hors des murs, au Sud-Ouest, et créèrent un vaste faubourg.

Il est un indice qui vient à l'appui de cette version, que l'île fut le berceau originaire de la ville : le relevé des constructions à fleur de sol fait voir un petit bassin régulier, séparé et en dehors des fortifications de l'île, mais y attenant.

Là a été évidemment un petit port, un bassin séparé et enclos. Cependant le canal, port marchand, existait dès l'origine. Les soins pris pour isoler ce petit port du reste de l'île, joints à ce que dit Appien à propos du Cothôn que le gouvernement carthaginois tenait sévèrement interdit au peuple et aux étrangers, donnent la conviction que là fut un port de guerre primitif.

L'île, bien que dans un périmètre relativement restreint, aurait donc contenu tout ce qui constituait alors une ville, c'est-à-dire port marchand, port de guerre, forts, temples, etc.

Mais les dimensions exiguës de ce petit port de guerre durent faire songer de bonne heure à lui en substituer un autre beaucoup plus vaste. On voit en effet, sur le plan, qu'un nouveau Cothôn, infiniment plus étendu, fut creusé et construit hors la ville primitive, ce qui fit naître, comme conséquence, la nécessité de reculer d'autant les limites premières de la ville même.

Enfin, avec le temps, Utique devint telle que le plan ci-joint nous la montre, une cité populeuse, aux massifs d'habitations serrées, semés d'édifices religieux que les croyances d'alors, si variées non moins qu'étranges à nos yeux, et si profondément empreintes dans les mœurs façonnées par les rites cruels du culte phénicien, élevèrent à profusion dans tous les quartiers. Un très-grand nombre de vestiges permettent de reconstruire la plupart de ces édifices, ainsi que le type général des habitations. Cette étude, toute particulière, était d'autant plus intéressante à tracer, que les coutumes phéniciennes et carthaginoises, comme aussi les coutumes romaines qui vinrent plus tard fonder un autre groupe d'usages différents en Afrique, ont laissé, dans ces pays, le climat et le sol, pour ainsi dire, imprégnés de leur cachet vivace. En Tunisie surtout, terre antique du Zeugis et du Byzacium, des emporia phéniciens, on en retrouve à chaque pas la trace plus ou moins altérée, comme aussi très-souvent intacte ; elle forme presque le fond des habitudes actuelles. Les choses y sont encore tellement conformes à ce que les anciens auteurs ont écrit à ce sujet, que l'on serait tenté d'en faire une description comme étant celle du passé avec la valeur d'une précision historique.

Aussi n'est-il nullement étonnant de lire dans saint Augustin, qui s'en plaint, que l'introduction du christianisme en Afrique n'avait pu altérer l'énergie vitale des habitudes phéniciennes.

Mais une pareille description, quelque intérêt qu'elle puisse avoir en elle-même, excéderait le cadre de cette notice, purement achéologique.

GRANDS ÉDIFICES PUBLICS, PORT DE GUERRE, PALAIS AMIRAL.

Il est hors de toute possibilité de préciser l'époque à laquelle est due la création de ce beau port; elle est même fort difficile à conjecturer approximative- ment [1].

Nous savons que celui de Carthage existait lors de la conspiration du suffète amiral Hannon[2], en l'an 300 avant la prise de Carthage, soit quatre cent quarante- six ans avant Jésus-Christ[3].

Or Utique était un emporium phénicien déjà ancien lorsque Didon et ses compagnons d'exil fondèrent ou agrandirent Carthage, en l'an 883 avant Jésus-Christ, à 27 milles d'Utique.

Sans arguer de cette haute antiquité comme d'une preuve que le port militaire de cette dernière existait déjà lorsque les Carthaginois fondèrent leur ville, il

[1] Planches VII et VIII.

[2] L'orthographe de ce nom sur les inscriptions phéniciennes, est KHA-MOON (*Zeus-Jovis*). Le *Kh* est guttural.

[3] Justin (abbréviateur de Trogue-Pompée), Appien, Strabon.

semble néanmoins très-probable qu'il précéda le port carthaginois; il paraît même lui avoir servi de type.

Les détails de construction de celui d'Utique montrent qu'il était moins parfait sous le rapport des répartitions diverses et de l'agencement général. Sa décoration était aussi d'une simplicité plus que naïve, bien que l'ensemble fût conçu évidemment sous l'inspiration première de principes identiques.

Tous ces faits tendent à donner la conviction qu'il était d'une époque fort antérieure à celle du port de Carthage, soit d'une époque où l'art architectural, moins avancé, avait offert bien moins de ressources aux conceptions des constructeurs.

Quoi qu'il en puisse être de ces conjectures, les ruines du port d'Utique présentent un spécimen extrèmement remarquable des ports tels que les comprenaient les Phéniciens, ce peuple ancien si éminemment industrieux et navigateur. En l'absence surtout de traces bien certaines de celui de Carthage, l'intérêt qui s'attache à ces vénérables vestiges acquiert beaucoup d'importance.

Le port d'Utique était carré, aux quatre angles largement arrondis. Cette forme d'ensemble, en parallélogramme à coins ou extrémités rondes, paraît avoir été caractéristique, car les ports de guerre phéniciens d'Hadrumète, de Thapsus et autres, que j'ai vus et fouillés, l'avaient également.

Au milieu du port s'élevait le palais Amiral, joignant au fond, par une langue de terre ou quai, une tænia.

La surface des eaux intérieures présentait une superficie de 41,010 mètres carrés. De ce total il faut déduire l'emplacement occupé par le palais et ses dépendances, soit 8,010 mètres carrés.

Il restait donc net, pour l'euripe, 33,000 mètres carrés, soit trois hectares et un tiers, non compris le bassin réservé de l'Amiral et celui des réparations.

Sur trois côtés, à gauche, à droite et au fond, s'élevaient, sur des quais à fleur d'eau, deux rangées, ou, pour mieux dire, une double rangée de cales ou magasins superposés, en retraite l'une sur l'autre; le dessus des rangées inférieures, disposé en terrasses plates et dallées, formait également un quai élevé[1], à peu près au niveau des bas quartiers de la ville. La hauteur était de $7^m,20$ pour la rangée ou étage inférieur; l'étage supérieur pouvait avoir de $5^m,50$ à 6 mètres.

La profondeur (horizontale) des magasins était de 18 mètres, et leur largeur de $4^m,60$, chacun, dans œuvre[2].

Le mur de refend, mur de séparation, entre chaque cale, avait $0^m,60$ d'épaisseur.

---

[1] Il en reste encore quelques parties.

[2] D'après ces proportions, l'euripe pouvait contenir de 380 à 400 navires de guerre, au maximum.

Ces murs, ainsi que les voûtes, étaient en blocage, mode de maçonnerie usuel chez les Phéniciens, ainsi que je l'ai dit plus haut; mais les murs sur leurs faces ne paraissent pas avoir été crépis; les pierres alternent avec ce mortier dont j'ai parlé et qui acquérait une ténacité si excessive.

Çà et là on rencontre sur ces murs des remaniements de main romaine, c'est-à-dire par assises régulières faisant parement : on voit même de grandes portions de voûtes refaites. La façade sur champ de ces murs de séparation, sur le port, était, par exception, décorée d'un revêtement en pierre de taille, formant une sorte de pilastre uni, sans saillie aucune ni moulure. De sorte que, en ensemble, l'aspect, dans le développement de la longueur en façade, devait présenter comme un seul mur en pierres de taille, uni et plat, évidé régulièrement par les ouvertures des voûtes et les baies des portes de cales.

J'ai examiné avec attention ces pierres de taille, et me suis assuré qu'elles n'ont pas d'analogue dans la constitution géologique du pays. J'ai reconnu en elles ce calcaire à grain assez fin, tendre, tous les indices enfin de la pierre de Malte.

Malte, *Melita*, était une colonie phénicienne, située à peu de distance en mer.

J'ai également reconnu que toutes les pierres, en

Afrique, portant une inscription punique, étaient de cette provenance.

Un quai, presque à fleur d'eau, séparait le bas de ces magasins des eaux de l'euripe.

La médiocre profondeur de ces magasins (18 mètres) fait douter qu'ils aient été utilisés comme cales; ou bien alors il faut admettre que, à l'époque où fut construite la double série de ces cales, les plus grands navires de guerre n'excédaient pas 60 pieds romains en longueur et 15 en largeur[1].

Il est bon d'observer, dans tous les cas, que le quai à fleur d'eau qui séparait l'euripe de l'entrée de ces cales n'eût pas été un obstacle, car on pouvait entrer ou sortir les navires au moyen de rouleaux de bois, usage aussi ancien que la navigation même. Personne n'ignore que, non-seulement à cette époque reculée, mais du temps même de César et longtemps encore après, on retirait à terre, au moyen de rouleaux, les vaisseaux qui ne devaient pas reprendre la mer de quelque temps; puis on les couvrait d'une toiture provisoire après les avoir dégréés.

Dans le port de Carthage, il y avait également des quais à fleur d'eau, entre la façade monumentale des cales et les eaux du port. Appien, qui parle d'après Polybe, témoin oculaire, le dit bien explicitement :

______

[1] Le pied romain = 0^m,294^{mm}, et le pied français = 0,^{m}325^{mm}.

« L'île était entourée de grands quais, de même que les
« bords opposés du bassin.....[1] »

Je n'ai malheureusement pas pu m'assurer de la
largeur de ces quais dans le port d'Utique, au pied des
cales, à cause de leur état de dégradation; j'ai estimé
d'abord, d'après quelques indices, qu'elle pouvait être
de 5 mètres environ; mais, un peu après, j'ai pu mettre
à nu ceux du palais, qui leur étaient parallèles, et je
leur ai trouvé 6 mètres au pied des murs et 3^m,80 au
pied des tours. Je ferai observer que la saillie semi-circulaire du pied des tours empiétait, par exception, sur
la largeur des quais; ce qui constituait régulièrement
cette largeur à 6 mètres partout, excepté aux pieds des
quatre tours d'angle du palais Amiral.

La ligne principale des cales, celle qui formait le
fond du port sur un développement total de 219^m,20
(sans les angles arrondis), était interrompue au milieu,
en face de la langue de terre ou tænia, petit môle perpendiculaire qui conduisait au palais, à travers l'euripe,

---

[1] Τοῦ δ' ἐντὸς ἐν μέσῳ νῆσος ἦν, καὶ κρηπῖσι μεγάλαις ἥ.τε νῆσος καὶ ὁ
λιμὴν διείληπ7ο. Νεωρίων τε ἔγεμον αἱ κρηπῖδες αἵδε, ἐς ναῦς, διακοσίας
καὶ εἴκοσι σεποιημένων, καὶ ταμιείων ἐπὶ τοῖς νεωρίοις, ἐς τριηρετικὰ
σκεύη.

« Intra portum interiorem insula fuit : eamque, quemadmodum et ipsum
« portum, magnæ crepidines continebant. In his crepidinibus continua erant
« fabrefacta navalia, quæ ccxx naves recipiebant; et ipsis receptaculis navium
« superstructæ erant cellæ, quibus condebantur armamenta triremium. » (App.
De rebus punicis, lib. VIII, cap. xcvi.)

par une coupure de 41 mètres; mais cette coupure ne séparait, par un vide, que la rangée supérieure, au niveau du dessus de la rangée inférieure. Sous ce niveau, et jusqu'à celui du quai, était un épais massif de maçonnerie, dans l'épaisseur duquel était réservé un large escalier, ou une rampe, conduisant à la tænia, au petit môle qui aboutissait au palais. Ce massif, ainsi que les quatre courbes arrondissant les angles du port, était revêtu extérieurement d'un parement en grandes pierres de taille, et profilé d'une moulure simple en boudin, au-dessus de laquelle le parement retraitait de 8 centimètres.

Le mode d'appareil de ces assises en belles pierres, ainsi que l'agencement de deux voûtes qu'elles encadrent, est tout particulier, et diffère complétement de la méthode par voussoirs de l'agencement romain [1].

Le segment ou corde de la courbe des angles arrondis du port, entre les files de magasins, est de 25 mètres, donnant une flèche de $4^m,01$.

La hauteur de ce revêtement courbe, depuis le quai à fleur d'eau jusqu'au dallage du quai supérieur, est de $7^m,20$, dont $3^m,13$ à partir de la moulure en boudin jusqu'au dallage. Un passage souterrain existait originairement sous chacune des deux courbes du fond, et servait probablement pour les marins et ouvriers, éta-

---

[1] Voir la planche III, fig. 5.

blissant ainsi une communication avec l'arsenal ; mais ils sont encombrés de débris, et ont même été murés en partie postérieurement. Le dessus de ces deux passages, sur le port, formait les deux voûtes dont je viens de parler ; le sol était au niveau des quais de l'euripe à fleur d'eau.

Le dallage supérieur, au-dessus de ces courbes et des passages souterrains, établissait un niveau général avec le dessus du quai massif de 41 mètres et les autres rangées latérales des magasins du port.

Dans la partie du port située entre le quai supérieur et la grande muraille qui protégeait le port et ses dépendances, se trouvaient, entre les doubles rangées de cales et derrière elles, d'autres grandes salles et des logements.

Deux édifices paraissant avoir été des temples étaient aux angles Est et Sud-Ouest ; celui du Sud-Ouest était décoré de colonnes dont les tronçons gisent encore à terre.

Dans la partie droite, en Sud-Ouest, derrière les magasins, étaient des chantiers ou ateliers construits sur des citernes de mêmes dimensions et par séries. A une époque, romaine probablement, un aqueduc y amena l'eau, qui, sous la période phénicienne, ne provenait que des terrasses de ces magasins, ce qu'indiquent des canaux perpendiculaires encore en place dans l'épaisseur des murs renversés.

Enfin quelques restes de quais font supposer qu'il y avait entre l'arsenal et l'euripe, communiquant avec les deux, un autre bassin. Peut-être servait-il pour le radoub des vaisseaux.

Une belle porte monumentale, décorée de colonnes, donnait issue de l'arsenal sur la campagne, en face du cirque.

Les deux doubles files de magasins, à droite et à gauche du port, développaient chacune $67^m,6o$, soit treize magasins de chaque côté.

En tout, dans le port, soixante cales et autant de magasins au-dessus. Les files de droite et de gauche s'appuyaient, du côté de la mer, sur un fort[1].

Celui qui épaulait la file de gauche était en même temps un temple, mesurant 37 mètres de long sur 18 de large; de belles sculptures en marbre le décoraient intérieurement. Il était à droite de la passe du port[2].

En face, à 25 mètres d'écartement, et parallèlement à son grand axe et au continent, un îlot portait deux autres forts reliés par une courtine.

---

[1] Il n'est nullement impossible qu'il y ait eu un plus grand nombre de cales, dans le cas, par exemple, où le grand môle qui séparait le port de la haute mer aurait également servi de base à une série, comme aux trois autres côté du port. Mais l'état des ruines ne permet pas de s'en assurer.

[2] Cette double destination d'un édifice paraît avoir été assez commune chez certains peuples de l'antiquité.

Là était l'entrée du port, entre ces fortins et le temple,
dont la terrasse, crénelée comme les forts et les grands
murs, portait probablement comme eux des catapultes
ou des balistes.

Cette passe, garnie de quais de halage des deux côtés,
était large de $11^m,20$ entre les quais, et longue, quai
compris, de $45^m,60$.

Les quais autour des forts, en dehors de la passe,
n'avaient que $2^m,60$ de largeur [1].

Un môle puissant, à angles courbes, achevait au Nord-
Ouest d'enclore le port. Ce môle, dont les traces incom-
plètes ne sont à présent visibles qu'à un endroit, sous
un marais, devait être construit comme les autres môles
phéniciens des emporia.

J'ai été à même d'en étudier deux complétement,
l'un à Hadrumète, l'autre à Thapsus.

La description de ces môles antiques, restés incon-
nus, je crois, jusqu'à présent, mérite de fixer un moment l'attention.

Il en est un, celui de Thapsus, dont il reste encore
259 mètres. Sa longueur totale primitive était de 413
mètres (413 mètres font 860 coudées, coudées communes chaldéennes, dites *amètha*, valant $0^m,479$). Il
était sans doute en très-bon état à l'époque de la guerre

[1] Largeur précisément suffisante pour un service de halage, mais trop
exiguë pour se prêter à un débarquement de troupes assaillantes.

de César. Sa largeur actuelle, diminuée de tout ce que
l'effort des vagues a pu lui enlever depuis vingt-cinq ou
vingt-six siècles, est encore de 10^m,75. Il a dû avoir
originairement 12 mètres, soit 25 coudées, peut-être
davantage si chaque face était garnie d'un revêtement
en pierres de taille.

La hauteur actuelle au-dessus des eaux est de 2^m,45;
elle a dû évidemment être plus considérable[1].

Au-dessus du niveau de la mer calme, à 1^m,25, existe
une série de cavités rectangulaires, régulièrement espacées entre elles horizontalement de 1^m,44 (3 coudées
antiques). Une seconde série, à 1^m,20 au-dessus de la
première (2 1/2 coudées), se présente de manière à croiser en damier ces cavités inférieures.

Chaque cavité, à son orifice, a 25 centimètres d'ouverture en carré sur 17 ; c'est la bouche d'un petit canal
traversant le môle de part en part, perpendiculairement
à son axe. Dans l'épaisseur du massif, un canal longi-
tudinal de mêmes dimensions, axe du môle dans sa longueur, relie tous ces petits canaux entre eux à chaque
étage. Par cette disposition ingénieuse, l'effort des vagues,
impétueusement lancées contre le môle pendant les tem-
pêtes, ne faisait pas coup de bélier, l'eau se trouvant
tamisée par toutes ces petites ouvertures et rencontrant
des issues qui annihilaient presque tout son effort pro-

___
[1] Planche VI, fig. 3 et 3 *bis.*

pulsif. Une légère pente des petits canaux rejetait au dehors l'eau introduite.

La série supérieure est presque au niveau actuel du môle, indice certain qu'il était plus élevé. Je suppose qu'il avait trois séries d'évents superposées, comme à Hadrumète, plus leur couronnement; en tout 4^m,60 (9 1/2 coudées), non compris le dallage du dessus et les garde-fous.

Ce magnifique ouvrage, construit sur pilotis[1] et complétement en blocage très-dense, était destiné à protéger contre la violence des vents Nord et Nord-Est l'entrée d'un port de guerre situé à 204 mètres plus bas, entre les fortifications de la ville de Thapsus et l'Acropole. Le port marchand était, comme à Utique, un canal ou bras de mer, qui séparait une île de la terre ferme.

Utique était une place phénicienne bien autrement importante, sous le double rapport du commerce et de la guerre, que Thapsus; on peut donc admettre raisonnablement que le môle, qui séparait son port de guerre de la pleine mer, avait des dimensions et des dispositions au moins analogues à la jetée de cette dernière[2].

Avant de quitter cette description du port militaire

---

[1] J'ai arraché, sous l'eau, un fragment de pilot : il est d'essence tendre et résineuse, que je crois être du cèdre.

[2] La saison des pluies et l'inondation des marais ont arrêté mes travaux sur ce point à Utique.

d'Utique, il ne sera pas hors de propos de mentionner une découverte récente qui y a été faite, il y a une dizaine d'années environ. En déblayant un des magasins ou cales de la rangée inférieure du fond du port, on a mis au jour une ancre en fer, enfouie au milieu d'un amas de terres et de décombres qui obstruaient complétement ce magasin, dont la voûte, comme celle des autres, était en grande partie effondrée. D'après les témoins oculaires, cette ancre, profondément oxydée, était à quatre branches, et avait un fort anneau ou œil à sa tête. Un gros manchon enveloppait solidement le point de jointure des quatre branches. Il a fallu l'effort d'une douzaine d'hommes pour la sortir après l'avoir dégagée.

Il est présumable qu'elle appartenait à l'epoque romaine.

Ces détails du Cothôn d'Utique, dont tout le monde pourra dorénavant vérifier l'exactitude au moyen de mes plans, suggèrent quelques réflexions à propos des renseignements qu'a donnés sur ce même point, il y a quelque temps, un savant voyageur, dont le nom rappelle de bien remarquables travaux.

Le hasard m'a présenté, en Afrique, un point d'études commun avec cette personne érudite, dont le savoir fait à juste titre autorité; mais il se trouve que nos appréciations diffèrent à quelques égards.

Avant d'entrer dans cette courte digression, je dois à

l'équité d'indiquer quels avantages étaient en ma faveur pour me guider dans ces recherches en Afrique, avantages précieux dont généralement sont privées les personnes qui viennent y tenter une exploration temporaire. Élève de l'École impériale des mines, j'ai eu l'honneur, plus tard, d'être, pendant dix années consécutives, ingénieur du gouvernement tunisien. J'ai eu, pendant ce laps de temps, à accomplir de nombreux travaux dans la Régence, constructions d'édifices divers, recherches et exploitations de mines, études des ressources géologiques, etc.; j'ai pu, en un mot, pendant ces dix années, parcourir dans tous les sens ce pays, camper fréquemment au milieu des nombreuses ruines des temps anciens qui le couvrent presque à chaque pas, ruines dont un grand nombre, encore considérables par leur étendue et imposantes par leur grandeur, provoquent un saisissement d'admiration profonde. J'y ai vu d'antiques cités entières, désertes, avec leurs édifices grandioses, témoins désolés mais éloquents pour l'ingénieur, l'architecte et l'archéologue ayant tout loisir pour les étudier, témoins enfin assez entiers dans leur construction, leur maçonnerie et leurs ordres décoratifs, pour classer nettement, aux yeux exercés à cette étude, leurs âges différents, le génie propre à chacun des peuples divers qui les avaient élevés, comme aussi les nuances particulières à chaque genre, selon les différentes périodes.

J'ai donc pu apprendre, pour ainsi dire, par cœur ces deux anciennes contrées, le Zeugis et le Byzacium, contrées qui jetèrent pendant plusieurs siècles un si vif éclat parmi les grandes civilisations aujourd'hui éteintes, contrées néanmoins si peu parcourues à présent par les Européens, et dont l'état de désolation muette est à peu près inconnu.

Par suite de circonstances de familles, je quittai ensuite le service tunisien et rentrai en France.

J'étais donc préparé à l'avance pour une mission de la nature de celle que daigna me confier l'Empereur en 1862, quelque temps après une autre mission du Gouvernement à l'étranger; et cette dernière en Afrique vint ajouter cinq nouvelles années d'études à mes explorations antérieures, avec cette différence toutefois que le Souverain qui m'envoyait mettait à ma disposition ce que je n'avais pas eu auparavant, c'est-à-dire tous les moyens nécessaires pour faire des investigations plus complètes, soit des fouilles continues et sans limite, des explorations toutes spéciales à des recherches archéologiques sur tous les points nécessaires de la Régence, soit enfin l'autorisation de procéder à de grands travaux géodésiques pour lever des cartes géographiques exactes et assez détaillées pour que l'on pût y étudier l'histoire ancienne.

Ce n'est pas sans une vive émotion que j'ai vu ces

ruines, que je connaissais déjà d'aspect, mais dont les fouilles allaient me révéler les secrets historiques. C'est ainsi, grâce à un concours de circonstances exception-nelles, que j'ai pu m'assurer qu'il existe encore bien réel-lement des traces de la longue période phénicienne sur différents points; comme aussi constater les différences constitutives et décoratives entre les diverses époques de constructions romaines, les restes byzantins, et les premiers essais d'édifications dus aux compagnons des Émirs sarrasins qui envahirent le Nord de l'Afrique.

Mais l'explorateur qui de nos jours arrive d'Europe dans la Régence rencontre, dès son débarquement, les ruines disséminées et si confuses de Carthage. Ses pre-miers pas l'y conduisent; et là, en effet, tout ce qui frappe ses premiers regards lui rappelle la Carthage romaine et byzantine. S'il existe encore quelque rare lambeau de la Carthage phénicienne, ce lambeau est enfoui profondément sous le sol formé des débris de l'é-poque romaine, ou bien a été remanié et a presque dis-paru sous les couches des réparations successives, né-cessitées par cette longue occupation.

Tout porte l'empreinte d'un cachet unique en appa-rence, et, si le voyageur opère quelques fouilles, il re-trouve presque partout les fondements des réédifications de la Carthage romaine.

S'il fait une excursion jusqu'aux ruines d'Utique, si-

tu ées à peu d'heures de distance, excursion faite nécessairement un peu à la hâte, car ces ruines gisent au
milieu de marais renommés pour leurs miasmes dange-
reux, la majeure partie de ce qu'il y voit porte encore
la trace évidente de la main romaine.

L'explorateur emporte donc généralement de son
voyage cette conviction bien arrêtée dans son esprit,
que l'époque romaine a complétement effacé en Afrique
tout le passé carthaginois.

C'est qu'il faut, en effet, de longs et dispendieux efforts,
et voir un très-grand nombre de ruines dans l'intérieur
du pays, pour acquérir, par l'étude des restes phéniciens
restés purs de tout remaniement postérieur, cette expé-
rience pratique qui amène à pouvoir en discerner les
vestiges dans le peu qui subsiste à Utique et à Carthage.

Il est donc juste de faire la part, d'après ces considérations, de quelque erreur d'appréciation que l'on est
presque entraîné à commettre, erreur très-excusable
chez tout archéologue qui n'a eu qu'un temps relativement très-court à donner à son exploration sur le littoral
tunisien.

Plein de confiance dans l'érudition qui a dicté l'ouvrage dont je parle, je m'en étais muni pour guider
mes recherches; mais les premières opérations sur le
terrain se sont bientôt trouvées être en désaccord avec
les données de l'auteur.

En présence de ce désaccord avec une si grande autorité, j'ai d'abord douté de moi-même; mais l'examen consciencieux des témoignages encore subsistants sur le terrain, répété scrupuleusement et avec minutie, m'a convaincu de l'exactitude de mes calculs et de mes plans.

Je vais donc exposer comment les deux descriptions diffèrent, et d'où proviennent les différences.

L'auteur[1] a cru voir le port militaire d'Utique rond : les levés topographiques et les fouilles me l'ont démontré carré, à angles arrondis; l'aire des eaux est un rectangle de 238^m,20, d'Est en Ouest, et de 185^m,40, de Nord en Sud.

, Le savant voyageur estime à 88 mètres le diamètre[2] qu'il donne au palais Amiral situé au milieu du port : parler d'un diamètre c'est indiquer une circonférence; or ce palais, dont je vais donner la description un peu plus loin, n'était nullement circulaire dans son ensemble; c'était un vaste corps de logis principal, presque carré, flanqué de tours et d'annexes de formes variées. Son grand axe, d'Est en Ouest, développait 128^m,20, et le petit axe 106^m,40.

L'auteur a mesuré 34 mètres de largeur[3] pour les

---

[1] *Fouilles à Carthage en 1861,* par M. Beulé, membre de l'Institut.
[2] *Ibid.* p. 111.
[3] *Ibid.* p. 111.

eaux de l'euripe ; les fouilles m'en ont donné 47 de chaque côté du palais.

Enfin il a jugé les ruines du palais toutes romaines ; elles m'ont été démontrées phéniciennes, sauf les remaniements ou réparations de main romaine que le temps, en effet, avait inévitablement nécessités pendant la durée d'un grand nombre de siècles.

Mû par la volonté bien arrêtée d'éviter toute erreur, j'ai même poussé mes études, à l'aide d'investigations réitérées et minutieuses faites sur les énormes débris actuellement couchés sur le sol, et par des fouilles, jusqu'à ce point de pouvoir restaurer à peu près complétement l'ensemble de ce beau monument, qui porte l'empreinte correcte du génie architectural des Phéniciens à une époque très-reculée.

Je prie l'auteur de me permettre à présent d'entrer dans la discussion des détails.

Le port était, ainsi que j'ai pu m'en convaincre par un grand nombre de fouilles, un rectangle aux quatre angles courbes, mais il est juste d'ajouter qu'un indice peut, *a priori,* induire en erreur le visiteur des ruines d'Utique. Parmi les vestiges encore en place, l'un des plus frappants est un beau mur circulaire en fortes pierres de taille[1], qui étonne par son aspect de simplicité sévère et de solidité. Les pierres sont posées à sec.

[1] Marqué XX sur la figure 1 de la planche VII.

En effet, cette grande et belle courbe[1] fait naître la pensée qu'elle est probablement le fragment resté d'un vaste ensemble circulaire.

Mais, si le visiteur veut bien entrer dans la voie mathématique des investigations précises, en s'assurant de quelques dimensions et de leurs rapports, il arrive aux résultats suivants.

Ce revêtement circulaire d'un mur qui a $4^m,20$ d'épaisseur et $7^m,20$ de haut, depuis le quai à fleur d'eau en bas du port jusqu'au dallage du quai supérieur existant encore, forme un arc dont la corde a 19 mètres ($18^m,89$), et la flèche au centre $3^m,05$, à l'endroit où il est resté intact.

Au moyen de ces données, on arrive facilement à connaître le diamètre, et, par conséquent, la circonférence à laquelle aboutissait cette courbe, dans la supposition qu'elle n'en serait qu'un segment; ce diamètre eût été de $33^m,20$, et, par suite, la circonférence de $104^m,28$ (le rayon trouvé étant $16^m,60$).

M. Beulé a trouvé 88 mètres de diamètre au palais Amiral, et cependant, dans son hypothèse de la figure circulaire d'ensemble, le diamètre du port qui devait le contenir en totalité n'aurait eu que $33^m,20$!

Ce qu'il a pris pour un segment de la circonférence

---

[1] 25 mètres environ en totalité.

du port est l'une des quatre courbes évitant le terrain perdu des angles droits[1].

Du reste, de forts massifs de maçonnerie, saillant en avant de cette courbe, à droite et à gauche des 25 mètres, démontrent nettement qu'elle ne se prolongeait pas au delà.

S'il était nécessaire d'avoir recours à une autre preuve, on pourrait encore invoquer celle-ci : dans l'hypothèse que le port eût été circulaire, ayant l'îlot du palais au milieu, du point central de cet îlot tous les rayons divergeant vers les quais du port eussent été égaux ; or, au Sud, ce rayon est de 86 mètres ; vers les courbes des angles, il est de 145^m,55 ; et, à l'Est ainsi qu'à l'Ouest, il est de 111^m,10[2].

Enfin, pour épuiser ce sujet, j'ajouterai que, le plus grand rayon, du centre de l'îlot aux cales du port, étant de 145^m,55, la circonférence des quais de l'euripe, dans œuvre, eût été de 912^m,80, et, dans ce cas, la flèche de la courbe du mur existant serait de 0^m,38, au lieu de 3^m,05, pour les 19 mètres.

La différence est considérable, car elle est de huit fois plus grande que les dimensions supposées.

Les quatre faces dans l'intérieur du port, lignes de magasins ou cales, sur trois côtés du moins encore vi-

---

[1] Planche VII.

[2] Planche VII, fig. 1, voir les lignes ponctuées.

sibles, étaient des droites, bien correctement rectilignes, et reliant, par parallèles opposées, les quatre courbes des angles [1].

Quittons un moment Utique et transportons-nous dans Carthage, sa voisine, afin d'y examiner également la valeur de l'hypothèse de la forme des ports de guerre phéniciens, circulaires selon M. Beulé à Carthage comme à Utique [2], et que j'ai trouvés affectant une autre forme. D'abord, le savant voyageur dit que, selon ses convictions, dans le port de Carthage, les 220 cales plongeaient dans l'eau, les galères entrant de l'euripe dans leurs cales respectives sans quitter la mer [3] : « des murs qui s'avan- « çaient jadis dans la mer et formaient la séparation de « chaque cale.... murs de 30 centimètres d'épaisseur. »

Il manque à ces récentes études faites à Carthage deux choses, qui, cependant, eussent été d'une impor- tance majeure pour la démonstration irréfragable de cette manière d'opiner : il eût fallu, 1° que l'auteur eût mesuré exactement les courbes périmétriques décou- vertes dans le port, c'est-à-dire leurs cordes et leurs flèches; 2° qu'il eût établi un nivellement depuis la mer jusqu'à la surface supérieure de ces courbes, car il est évident que, les eaux de la mer et celles du port étant

---

[1] La figure 1, planche VII, ne représente que la moitié du port.

[2] *Fouilles à Carthage en 1861*, p. 110 et 111.

[3] *Ibid.* p. 108.

jadis au même niveau, la cote de hauteur trouvée au-dessus des quais ou substructions actuelles, sur un point quelconque, eût tranché toute question.

En l'absence de ces preuves, j'ai quelques motifs, que je vais exposer, pour ne pas admettre que le Cothôn de Carthage ait été circulaire.

Je suis en outre convaincu qu'il existait des quais entre l'euripe et la façade des cales; et enfin que ces dernières ne plongeaient nullement dans la mer.

D'abord, j'ai trouvé, après fouilles, des quais entre les eaux du port et les cales, à Hadrumète et à Utique. Bien que ce ne soit pas une preuve directe pour Car-thage, c'est néanmoins déjà une présomption, car les ports de mer phéniciens obéissaient aux mêmes besoins contemporains.

L'objection, que ces quais eussent été un obstacle pour sortir ou renfermer les navires, serait sans valeur, car, ainsi que je l'ai expliqué plus haut, on sait que les an-ciens tiraient leurs navires à terre au moyen de treuils de rappel et de rouleaux, après les avoir allégés de tout leur lest et complétement dégréés. Les peintures égyp-tiennes les plus anciennes lèvent toute espèce de doute sur ces moyens.

Ensuite, comment concilier l'opinion précitée avec l'assertion si formelle d'Appien[1], que l'auteur des fouilles

---

[1] Récit de la prise du Cothôn de Carthage, par Appien.

à Carthage cite lui-même, page 90, et qui semble le
contredire : « L'île était entourée de grands quais, de
« même que les bords opposés du bassin, etc... »

De grands quais! le terme est bien clair[1]; comment les
supprimer, et comment supposer qu'à l'époque phénicienne (dont Appien ne parle cependant que d'après
Polybe, *témoin oculaire*) les « quais étaient interrompus
« par une série de coupures....[2] » que les Romains ensuite auraient comblées pour rendre les quais continus
et de plain-pied? Je vois, au contraire, que ces quais
existaient, grands et de plain-pied, dès leur création.

L'auteur, après différentes considérations, arrive à
conclure que la forme d'ensemble du port de guerre à
Carthage était circulaire, ainsi que la célèbre façade
des 220 cales.

Cette double conclusion paraît, à mon sens, être en
contradiction avec le récit de Polybe, témoin oculaire,
je le répète; voici ce que dit le compagnon de Scipion
lors de la prise de Carthage : « Pendant la nuit, Asdrubal[3]
incendia la partie *quadrangulaire* du Côthon, croyant
quelle serait exposée... mais Lélius escalada par surprise la partie opposée du Côthon, qui est de forme *circulaire*[4]. »

---

[1] Appien, liv. VIII, chap. xcvi...... κρηπῖσι μεγάλαις.....
[2] M. Beulé, p. 101.
[3] ASTZER BAAL, Inscription phénicienne.
[4] App. lib. VIII, cap. cxxvii : Ὁ δὲ Ἀσδρούϐας νυκτὸς ἐνεπίμπρη τὸ μέρος

Il y avait donc un ou deux côtés du port quadrangulaires ou rectilignes, et un ou deux autres opposés, de forme circulaire ou elliptique.

Appien doit-il avoir tort?

Les parties rectilignes devaient naturellement être parallèles aux grands quais extérieurs de la ville, quais rectilignes également, ainsi que le démontrent les substructions encore existantes sous la mer et le plan de Carthage[1].

Les parties circulaires où ellipsoïdes devaient être l'une du côté du forum, l'autre adossée au port marchand. Mais, à défaut même de cette attestation de Polybe, bien d'autres considérations, puisées parmi les règles qui de tout temps ont présidé à la solidité et à l'harmonie des constructions, s'opposent à ce que l'ensemble des 220 cales ait pu affecter une forme circulaire. En effet, dans cette hypothèse, il serait résulté nécessairement que la forme intérieure de chacune des cales eût obéi à la loi d'écartement progressif des rayons partant d'un centre commun pour aller vers la circon-

τοῦ Κώθωνος τὸ τετράγωνον· ἐλπίσας δ' ἔτι τὸν Σκιπίωνα ἐπιθήσεσθαι, καὶ πρὸς τόδε τῶν Καρχηδονίων ἐπεσ7ραμμένων· ἔλαθε Λαίλιος ἐπὶ θάτερα τοῦ Κώθωνος ἐς τὸ περιφερὲς αὐτοῦ μέρος ἀνελθών, etc.

«Et Asdrubal noctu incendit eam Cothonis partem quæ erat quadrangula : «sed dum in eamdem partem etiam tum putat impetum facturum Scipionem, «et eo unice cum suis intentus est, interim Lælius, imprudente hoste, in ro«tondam Cothonis partem, aversam ab illa, ascendit, etc.»

[1] Plan de l'emplacement de Carthage par Falbe, 1831. — Plan dressé par moi, 1844 à 1848.— Voir la figure 5 de la planche VII.

férence ; en un mot, qu'ils eussent été étroits à l'entrée, sur l'euripe, et larges vers le fond[1].

Comme conséquence immédiate, les voûtes qui les couvraient eussent été forcément, non-seulement plus larges, mais encore beaucoup plus hautes dans le fond que sur le devant.

Cette forme, à la rigueur, n'eût pas entraîné un très-grand inconvénient pour un toit; mais il ne faut pas oublier qu'il y avait au-dessus de ces cales une autre série de magasins pour les agrès, qui alors se seraient trouvés être en plan fortement incliné.

Tout cela n'est guère admissible, surtout de la part des Phéniciens, qui, à cette époque, à défaut de l'art décoratif en architecture, possédaient à coup sûr celui des constructions simples mais solides, dépouillées des délicatesses ou des difficultés de problèmes qu'a résolues l'architecture toscane ou romaine.

Sans doute on reconnaît la main des artistes de la Grèce dans la riche et élégante décoration ionique de la façade des cales; mais il est plus que probable que les habiles architectes qui présidèrent aux constructions étaient Carthaginois, et donnèrent à leur œuvre l'empreinte des habitudes phéniciennes. Or ces habitudes, assimilées en partie à l'art égyptien[2], évitaient avec soin

---

[1] Planche VII; fig. 2, 3.

[2] J'ai pu remarquer que les types architectoniques des Égyptiens anciens

l'emploi des voûtes hors plein cintre, et à plus forte raison ont-ils dû éviter les difficultés inhérentes à de pareilles voûtes concentriques. Les architectes grecs, du reste, les évitaient tout autant.

Ce n'est pas dire que les Phéniciens n'employaient pas la méthode des voûtes dans leurs constructions; mais c'étaient des voûtes en berceau, bâties en blocage et de niveau, ou bien des coupoles, des voûtes semi-sphériques; les quarts de sphère, vulgairement dits *culs-de-four*, formaient les extrémités des voûtes en berceau. Il est certain qu'ils n'ont pas connu l'art de faire des voûtes par voussoirs, procédé qui se prête à tant de formes diverses; ce fait est démontré par tout ce qui nous reste d'eux [1].

étaient observés assez rigidement par les Carthaginois ou les Phéniciens, en Afrique, dans tout ce qui touchait aux emblèmes ou aux édifices religieux.

[1]. La méthode de voûtes en béton ou en blocage sur des moules ou cintres, que leur forme fût en berceau, semi-sphérique, ou en quart de sphère, méthode qui présentait une grande facilité d'exécution en même temps que des conditions assurées de durée, me paraît avoir été intermédiaire entre la méthode plus ancienne des voûtes par encorbellements et celle des voûtes par assises concentriques formées de voussoirs régulièrement coniques. Je ne présente pas cette observation en thèse générale; jusqu'à ce qu'une découverte vienne la confirmer ailleurs, je la limite aux constructions phéniciennes en Afrique. Les voûtes par encorbellements des époques reculées de la Grèce, de l'Asie Mineure et de l'Inde, ont dû être connues des Tyriens et des Sidoniens, fort habiles constructeurs, au témoignage de la Genèse même. Peut-être le progrès qui leur substitua des voûtes en blocage fut-il importé par eux lors de leurs émigrations sur les côtes d'Afrique; peut-être aussi le principe de ces voûtes prit-il naissance dans ce dernier pays en raison de la nature des matériaux de construction que les Phéniciens y trouvèrent.

Le parallélisme des murs divisant les cales était une condition indispensable à cette époque reculée [1]; il faut donc admettre, quelle que fût du reste la forme affectée par les quais leur servant de base, que ces cales étaient disposées par séries à façade rectiligne et très-largement en retraite sur ces quais, comme à Utique, mais dans des conditions plus grandioses, sauf à comprendre un aménagement différent dans la disposition des séries sur les côtés circulaires où ellipsoïdes du port.

Pour acquérir, non pas la conviction, mais la preuve que le port présentait réellement la forme d'une circonférence, M. Beulé aurait dû mesurer le rayon, du point central de l'îlot du palais, vers cinq ou six points opposés sur les grands quais, et s'assurer que ce rayon était partout de $162^m,50$.

Outre ces diverses considérations, il faut remarquer que le développement des 220 cales, à raison de $5^m,90$ de façade chacune, donne un total de 1,298 mètres. Cependant la circonférence du diamètre accepté par l'auteur (325 mètres) n'est que de $1,020^m,50$. C'est donc 278 mètres ou 47 cales dont il faudrait chercher la place ailleurs que sur les quais. Il la leur trouve sous l'îlot du palais même; mais cette hypothèse n'est pas

---

[1] Il y a maintenant 2314 ans de la conspiration d'Hannon, époque à laquelle le port et les cales existaient de façon authentique, ainsi que le palais. Leur construction remonte donc encore plus haut. (Diodore de Sicile.)

admissible, à cause de l'exiguïté convergente qu'il eût fallu donner aux murs de ces dernières cales et à leurs voûtes.

Et comment élever sur des murs supposés de 30 centimètres d'épaisseur[1] l'énorme poids d'un palais massif comme celui de l'Amiral, à juger de celui-ci par celui d'Utique, qui ne devait pas en être très-différent? Car les mêmes mœurs et les mêmes habitudes sous un même climat produisent, chez tous les peuples et dans tous les temps, une grande similitude dans la répartition des chambres ou salles des habitations. Des murs de 30 centimètres plongeant dans la mer eussent été d'une faiblesse telle, que les eaux auraient promptement détruit une si frêle base, un appui si peu résistant pour le poids d'un palais colossal et d'une double rangée de magasins solidement voûtés.

De plus, il paraît très-probable que le palais Amiral couvrait complétement, sauf le quai y attenant, les 106 mètres du diamètre de l'îlot, car celui d'Utique en développait 128, et l'on voit, par l'ensemble des dimensions comparatives entre les deux ports, que celui d'Utique dans tous ces détails était moins vaste. Enfin, chaque mur portant à son sommet la naissance de deux voûtes, il ne serait resté que 15 centimètres pour asseoir l'épaisseur de base de chaque voûte, ce qui n'est guère admissible.

---

[1] *Fouilles à Carthage en 1861*, p. 108 et 117.

En résumé, les indications fournies par Polybe et Appien, comme également celles que j'ai personnellement été à même de retrouver dans d'autres ports phéniciens, amènent à penser que les quais du port de Carthage présentaient deux courbes, l'une au Nord, l'autre au Sud, reliées par deux droites, en Est et en Ouest, et qu'en retraite sur ces quais, très-larges du reste, s'élevaient les séries à façades rectilignes des cales, diversement disposées suivant le plan général de la forme affectée par les quais. Des restes de gros murs sous le sol les indiquent[1].

Quant aux restes de petits murs perpendiculaires aux quais, trouvés sous l'eau par l'auteur, et qu'il suppose être les pieds-droits des cales, il me paraissent être des restes de citernes, pareilles à celles qui existent encore à Utique sur les quais du port de l'îlot et ailleurs; quais dont on utilisait ainsi la surface et le dessous, l'eau pluviale étant en Afrique une ressource capitale qu'on ne savait trop ménager partout.

Je termine ici l'examen des conclusions adoptées par M. Beulé au sujet des ports de guerre d'Utique et de Carthage.

Cependant, les circonstances nous ayant rendu communs quelques autres points d'études, avant de fermer son livre, dont je fais ici l'analyse, je le prie de me

[1] Planche VII, fig. 5.

permettre une dernière observation relative aux fouilles
qu'il a opérées à Byrsa. Tout document venant rappeler
le souvenir de cette célèbre citadelle carthaginoise est
chose trop rare et trop intéressante pour ne pas solliciter une vive attention.

Page 6o, le savant explorateur dit : « Si la muraille
« avait trois[1] étages, ainsi que nous l'apprennent les
« anciens, la même disposition devait se répéter aux
« étages supérieurs. »

Cette réflexion lui est suggérée par l'heureuse découverte d'une série de cellules ou chambres uniformes
trouvées à 56 pieds[2] de profondeur sous le plateau de
la citadelle. Ces cellules superposées immédiatement au
tuf rocheux, et construites à même une vaste entaille
dans ce tuf, me paraissent représenter, non les chambres
de la garnison comme l'admet l'explorateur, mais bien
des *citernes* communiquant entre elles par un corridor
commun[3].

---

[1] Appien dit *deux étages,* liv. VIII, chap. xcv :

$$\ldots\ldots \delta\iota\acute{\omega}\rho o\varphi o\nu\ \delta'\tilde{\eta}\nu\ \acute{\epsilon}\varkappa\acute{\alpha}\sigma\tau o\upsilon\ \tau\epsilon\acute{\iota}\chi o\upsilon\varsigma\ \tau\grave{o}\ \tilde{\upsilon}\psi o\varsigma\ldots\ldots$$
$$\ldots\ldots duabus \text{ distincta erat concamerationibus, etc.}\ldots$$

[2] 56 pieds $= 18^{\mathrm{m}},2$o.

[3] Ce corridor passant devant toutes les citernes était un radier commun,
dans lequel chacune d'elles déversait les eaux, et d'où on les puisait.

Dans la seconde partie de cet ouvrage, au chapitre consacré à Carthage,
je donne la description de ces citernes, sises invariablement sous tous les grands
murs de fortifications. Les détails de cette description démontrent que les
chambres découvertes par M. Beulé à même le tuf de Byrsa étaient bien

Des citernes exactement pareilles se trouvent également-ment sous terre à Hadrumète, à Utique, à Thapsus, à Thysdrus, etc. partout enfin où il y a eu de grandes fortifications d'origine phénicienne[1].

On utilisait ainsi, en prévoyance du besoin d'eau potable, le cube énorme des fondements des grands murs de défense. Cette prévoyance des besoins des garnisons était poussée si loin, que non-seulement les grands murs des places fortes s'élevaient sur ces séries de citernes, mais que les secondes lignes mêmes de défense, avancées à 3o et 4o mètres en avant de la place, étaient construites sur des citernes pareilles[2].

Les garnisons, logées dans l'épaisseur des murs, avaient par ce moyen, sous leurs pieds, l'eau qu'ils évitaient ainsi de demander aux habitants des villes.

Il ne faut pas perdre de vue un usage phénicien, carthaginois, qui explique cet aménagement séparé des eaux potables pour les soldats. Les Phéniciens, marins par-dessus tout, et composant eux-mêmes, c'est-à-dire de leurs personnes, toutes leurs flottes militaires et marchandes, entretenaient leurs nombreuses armées, et les garnisons des colonies comme celles des villes de l'Afrique

réellement des citernes identiquement pareilles à toutes celles également sises à même le dessous des autres fortifications.

[1] Planche VIII.

[2] Levés des plans de Thapsus.

même, de soldats mercenaires, étrangers de tous pays.
Les Africains, Numides, Berbères ou Maures, occupaient les places dans les colonies; les Grecs, les Ibères,
les Ligures, des Étrusques, des Gaulois et des Celtes,
gardaient les places fortes des Carthaginois en Afrique.
Mais, chez eux, le contact de ces étrangers avec leurs
familles était un souci, une répulsion, pour les Phéniciens. Afin d'éviter ce contact, on casernait ces étrangers dans l'épaisseur des murs de défense; et, pour
qu'ils n'eussent pas occasion de venir chez les citoyens
demander journellement ce dont ils avaient besoin, des
entrepreneurs publics, dans chaque ville, soumission-
naient les fournitures de vivres et d'équipement pour
les soldats de garnison. C'est ce que nous apprend Diodore de Sicile dans son vingtième livre. Il suivait de
ces dispositions que, l'eau étant d'ailleurs sous les murs
mêmes, les soldats n'avaient rien à demander aux maisons particulières.

Les citernes militaires des places fortes étaient alimentées, ainsi que les citernes privées, par les eaux
pluviales. Les surfaces d'alimentation étaient celles des
larges courtines du dessus des murailles, ainsi que celles
des chemins de ronde, sol uni et fortement damé,
contigu aux défenses. Ces ressources étaient considérables, si l'on réfléchit que les courtines des murs
et les chemins de ronde faisaient le tour des villes

sans solution de continuité, quelque étendu que fût le périmètre.

Au-dessus de ces citernes contiguës au fossé extérieur, la muraille de ville, jusqu'à certaine hauteur, c'est-à-dire au-dessus de l'atteinte possible des béliers (le fossé supposé comblé), était complétement massive dans cette hauteur et dans toute la puissance de la largeur des citernes et du corridor inférieurs.

Puis, au-dessus de cette partie massive, le mur dans son épaisseur intérieure se divisait en voûtes, en grandes chambres, par séries, chambres ou salles dans lesquelles logeaient les soldats. Il pouvait y avoir une ou deux rangées de ces salles, soit un ou deux étages superposés, comme le dit Appien.

La partie du mur faisant le fond des salles, du côté du dehors, était encore très-épaisse et percée de meurtrières dans chaque chambre.

Au-dessus étaient les courtines et les créneaux.

Les tours rondes ou carrées qui flanquaient le mur à des distances régulières, de deux plèthres en deux plèthres[1], soit 62^m,16, pour prendre les assaillants en

---

[1] Appien, liv. VIII, chap. xcv : Τούτων δ'ἕκασ7ον ἦν ὕψος μὲν σηηχῶν τριάκοντα, χωρὶς ἐπάλξεών τε καὶ σύργων, οἱ ἐκ διπλέθρου διασ7ήματος αὐτοῖς τετρώροφοι σεριέκειντο, βάθος δὲ σοδῶν τριάκοντα.

«Quorum cujusque altitudo triginta cubitorum erat, absque propugnaculis et turribus (quæ binorum jugerum spatiis inter se distabant, singulæ contignationum quatuor); latitudo autem pedum triginta.»

flanc, étaient plus élevées d'un ou de deux étages de voûtes que les murs; et leur plate-forme supérieure portait soit une baliste, soit une catapulte[1].

On comprend facilement, sur ces données, que la largeur et la profondeur de ces salles du haut étaient complétement indépendantes de celles des citernes sises sous terre, puisqu'un puissant massif les séparait. Il ne semble donc pas rigoureusement logique de dire que la même répartition (celle des citernes) dût se répéter aux étages supérieurs; autrement dit, que l'ordonnance souterraine dût décider de celle du haut des murailles.

L'explorateur de la Byrsa de Carthage dit encore :

« Le mur de cette citadelle contenant des parties
« pleines et des parties vides qui se succèdent......
« offrait à l'ennemi un mur de 2 mètres d'épaisseur....
« derrière lequel était un corridor large de 1^m,90, entre
« ce mur et les chambres demi-circulaires. »

L'auteur parle ici des citernes, ainsi que je viens de l'expliquer, croyant parler des chambres de la garnison; mais, même dans son hypothèse, ce mur de 2 mètres d'épaisseur eût opposé une bien faible résistance aux coups d'un bélier mis en mouvement par six mille paires de bras vigoureux[2]. En effet, le résultat des ef-

---

[1] Voir la note D, à la fin. Voir aussi le dessin des murs, planche VIII.

[2] Appien, liv. VIII, chap. xcviii. Siége de Carthage par les consuls Censorinus et Manilius.

forts d'un homme tirant horizontalement est accepté, en mécanique, comme équivalant en moyenne à 12 kilogrammes : chaque coup de l'un des béliers de Censorinus équivalait donc à une force de choc de 72,000 kilogrammes, ou, si l'on veut, abstraction faite du frottement des rouleaux, à 70,360 kilogrammes net; soit une force double pour chaque coup simultané des deux béliers, 140,720 kilogrammes.

Comme point de comparaison pris dans nos forces d'attaque modernes, je dirai, d'après renseignements pris auprès d'un officier d'artillerie distingué par son savoir, qu'un boulet de 24 kilogrammes, lancé par une pièce rayée en batterie à distance de tir favorable, produit contre la résistance un effort de choc de 110,000 kilogrammes environ.

Il fallait donc une résistance bien autrement puissante que celle d'un mur de 2 mètres d'épaisseur à opposer aux machines de guerre que tant d'habiles ingénieurs de l'antiquité avaient perfectionnées!

Les murs de Carthage, comme aussi ceux qui s'élevaient au-dessus des citernes militaires de Byrsa, devaient avoir leurs 9 mètres en massif plein.

Ceux de Thapsus, dont j'ai étudié les débris et les restes, avaient $6^m,40$ au-dessus des citernes.

La réflexion que fait l'auteur des Fouilles [1], lorsqu'il

[1] Page 61.

dit à propos des grandes citernes publiques de Carthage : « N'est-il pas singulier que la même définition « se puisse appliquer aux constructions de Byrsa? Une « série de salles égales, parallèles, ouvrant sur un cor- « ridor commun.... » eût dû l'éclairer ; il touchait presque la vérité du doigt.

J'arrête ici cette digression : si je donne tous ces détails, si je me suis permis une critique loyale, c'est que, malgré mon désir de ne point entrer en contestation avec un savant d'une grande autorité, je devais cependant présenter la défense de mes observations et de mes découvertes personnelles, puisque, chargé d'une mission qui m'a amené sur un terrain déjà exploré en quelques points, j'arrivais à des conclusions différentes de celles ayant cours.

J'avais enfin à justifier mon dissentiment, pour ne pas faillir à la haute confiance dont j'avais été honoré.

PALAIS AMIRAL.

Avant de présenter la description de cet édifice, si remarquable sous bien des rapports, je crois devoir rappeler ici succinctement ce que j'ai déjà dit au commencement de cette notice sur les moyens d'étude que j'ai employés.

Non-seulement j'ai mis à découvert toutes les traces, tous les contours de murs restés à fleur de sol ou sous terre, mais j'ai de plus mesuré rigoureusement, sur toutes leurs faces, tous les fragments restés debout comme aussi tous les blocs écroulés. J'ai comparé les arrachements, les cassures, pour retrouver l'indice, la contre-partie, la preuve enfin des emplacements primitifs; j'ai pris avec soin les cordes de segments et les flèches de toutes les courbes, des voûtes, *intrados* et *extrados*, selon la possibilité; les hauteurs et les largeurs des baies de fenêtres et des portes [1].

Des tranchées profondes m'ont fixé sur les points où s'arrêtaient les quais, et où, par conséquent, se mouvaient les eaux du port, de l'euripe.

J'ai conservé tous les papiers de ces tracés, les cotes d'étude et de levés topographiques, les cotes de nivellement enfin, comme preuves à l'appui, et afin qu'il ne puisse rester aucun doute sur l'exactitude de mes travaux.

J'ai procédé de même pour tous les autres édifices et les murs.

Il est à faire, au sujet des édifices publics, une remarque qui n'a échappé à aucun archéologue. Chaque peuple, à tous les âges et sous tous les climats, a imprimé à ses édifices le cachet particulier à son génie national, c'est-à-dire à ses besoins dominants, subordon-

---

[1] Voir les dessins de tous les blocs tombés ou encore debout, planches I, II et III.

nant en outre la forme aux diverses nécessités climatériques.

Ainsi, par exemple, chez les peuples anciens de l'Inde
asiatique, peuples habitant des plaines et des vallées
chaudes, inondées des flots de la lumière brûlante du
soleil, les constructions étaient épaisses, les toits aigus
et les dômes surélevés et massifs, pour réfracter par cette
épaisseur la chaleur torride qui plombait sur ces édifices; les bords des toitures dépassaient de beaucoup,
au dehors, l'aplomb des murs de cours ou d'enceintes,
pour éloigner le plus possible les rayons solaires. Puis
l'ornementation, semée à profusion, était toute à jour,
pour solliciter la circulation de l'air qui rafraîchissait
l'intérieur des salles.

En Égypte, l'architecture ancienne est lourde, très-
massive; les édifices, élevés, percés de peu ou point
de fenêtres, sont en pierres de dimensions énormes.

C'est que là il fallait aussi se garantir des ardeurs
d'un soleil tropical, puis en même temps des terribles
vents du khâmsinn, chargés de sables. Et puis la nature
des matériaux, granits et porphyres, se fût peu prêtée
à des formes légères.

Chez ce peuple, agriculteur et aimant les sciences,
le décor des murailles rappelle partout ces deux ten-
dances nationales.

Chez les Romains, peuple militaire avant tout, qui

tenait en grand honneur la vie des camps et les péri-
péties du champ de bataille, la généralité des édifices
publics portait l'empreinte des lieux consacrés aux dis-
tractions, aux jouissances de toute nature que recher-
chait le guerrier pour se reposer des rudes travaux de
la guerre, pendant les courts instants de la paix. Ce
sont des cirques, des théâtres, des thermes, des gymnases, des amphithéâtres, etc. édifices à ciel ouvert, par
la raison que le climat d'Italie, bien que chaud, ne
nécessite nullement l'abri contre un soleil meurtrier;
un simple velum suffisait. Puis, tous ces édifices étaient
richement décorés, d'abord parce que les matériaux décoratifs abondaient sur le sol, ensuite parce qu'il semble
qu'on avait hâte de jouir vite et beaucoup; en effet, au
premier moment, la guerre incessante pouvait rappeler
au loin.

En Afrique, chez les Phéniciens, peuple essentielle-
-ment marin, commerçant et industriel, mais marin surtout, l'aspect des édifices principaux devait refléter les
habitudes maritimes. C'est aussi ce qui avait lieu dans
tous les emporia.

Là, deux grandes préoccupations dominaient tout :
les besoins relatifs à la navigation d'abord, puis le soin
de se procurer l'eau douce, qui manque en Afrique : en
fait, les grands édifices, dans toutes les villes côtières,
étaient les ports et les citernes.

Aussi voyons-nous qu'à Utique comme à Carthage,
comme dans les autres emporia, les grands monuments,
ceux pour lesquels on n'épargnait ni soins ni dépenses,
étaient les ports et les citernes publiques.

Aucun édifice n'était élevé pour les plaisirs, du
moins nous n'en avons pas connaissance. En effet, les
Carthaginois, les Phéniciens, étaient presque toujours
en mer, soit sur la flotte, soit sur les navires en expédition commerciale. A leur retour, ils devaient faire
probablement un court séjour au sein de la famille.

L'édifice par excellence, à Utique comme à Carthage,
était le port, ainsi que le palais qui en faisait le centre.
Mais à Utique, sur ce palais même dont il est question,
se reflétait le goût rudimentaire des antiques marins
des vieux temps : nul décor ; des murs puissants, mais
nus ; en un mot, tout ce qui était strictement utile pour
la défense et pour la prévoyance des besoins maritimes ;
sur le haut du palais, tout est terrasses et dômes, par la
raison que leur surface alimentait les citernes sises sous
l'édifice, d'où l'on puisait l'eau maintenue fraîche pendant les chaleurs.

Les Romains empruntèrent aux Étrusques et aux
Grecs, à la suite d'un long contact, le goût des arts et
des formes élégantes ; les Phéniciens, plus exclusifs,
conservèrent, paraît-il, dans leur architecture, les traditions de la mère patrie et de l'Égypte, aux conces-

sions près que nécessitait le climat africain. Peut-être aussi leur goût se fût-il épuré postérieurement, si leur autonomie n'avait cessé par une terrible catastrophe, 146 ans avant l'ère chrétienne.

Je vais exposer ce que nous pouvons juger de leur passé, plusieurs siècles avant cette catastrophe politique, d'après un spécimen qui paraît unique jusqu'à présent.

Le palais Amiral se composait d'un corps de logis principal, flanqué de six tours rondes et de quatre bastions ou forts latéraux [1].

Le corps principal, vaste parallélogramme irrégulier, portait une tour ronde à chaque angle extérieur.

Le centre était une cour rectangulaire sur laquelle donnaient toutes les baies de portes et de fenêtres des différentes salles de l'édifice.

Tout autour de l'intérieur de cette cour, régnait une galerie à piliers supportant deux étages de voûtes.

Au Nord du palais, une grande porte surmontée d'un large balcon et protégée par deux tours engagées, pareilles à celles des angles extérieurs, s'ouvrait sur un bassin réservé à l'amiral ou au service maritime, enclavé dans le port, avec lequel il communiquait.

A l'opposé, au Sud, une avant-cour, précédée d'une

---

[1] Planche V, fig. 1, 2 et 3. — Planche VI, fig. 1 et 2.

haute porte fortifiée et appuyée sur deux tours rondes, semblables aux autres, était protégée par des murs crénelés et engagés dans la façade du palais.

De cette porte on débouchait sur un embarcadère, large et aboutissant à un terre-plein, langue de terre ou tænia, qui établissait une communication entre le palais, le fond du port et la ville[1].

A l'Est et à l'Ouest du palais, deux forts bastions aux angles arrondis extérieurement, comme ceux du port l'étaient intérieurement, faisaient annexes à l'édifice. Ces deux bastions se composaient d'une large courtine à trois faces, portée en dedans sur voûtes et piliers. Une cour faisait le centre. Sur la courtine ou plate-forme, crénelée tout autour, étaient sans doute les machines de guerre.

Deux fortins carrés, têtes de môles, un peu moins élevés, précédaient les bastions du côté de la haute mer, et de leur face antérieure partait le petit môle qui isolait le bassin réservé à l'amiral.

Le pied des gros murs, tant de l'édifice principal que des dépendances, était séparé de l'euripe par un quai continu, en Sud-Est et Ouest, recouvrant des séries de petites citernes parallèles.

Le palais proprement dit ne formait pas, à l'exté-

---

[1] Planches V et VI. Marquée x sur les plans.

rieur, un parallélogramme rectangle, comme la cour intérieure; il affectait la forme d'un bouclier de l'espèce dite *scutum*.

Ainsi il avait sur son axe de Nord en Sud, au centre, $52^m,40$, et seulement 45 mètres sur les deux faces extérieures parallèles, de l'Est et de l'Ouest.

Le grand axe, d'Est en Ouest, avait $70^m,20$.

Tous les gros murs extérieurs s'élevaient en retraite, c'est-à-dire en se rétrécissant vers le haut assez fortement, comme dans les monuments égyptiens. La cour intérieure avait 33 mètres d'Est en Ouest, et 20 mètres de Nord en Sud. Les piliers de la galerie avaient $2^m,20$ de largeur en façade, sur 1 mètre d'épaisseur, et leur écartement, à certains points, était de $3^m,20$.

Cette galerie était à deux étages : à la hauteur de $5^m,60$ était un plancher, et au-dessus les voûtes qui portaient la terrasse.

Ces voûtes avaient $1^m,60$ de rayon[1].

[1] Il paraît que, pendant la période romaine, les voûtes en sphère et les voûtes en berceau menaçaient ruine; car on voit sur les débris restants qu'elles furent rasées, sinon toutes, au moins une partie. Sur les surfaces coupées on appliqua un enduit de ciment et de tuileaux rouges concassés, tel que celui dont les Romains faisaient usage pour la réparation des citernes phéniciennes ou pour celles qu'ils construisirent eux-mêmes en Afrique. Il est probable qu'à partir de ce moment les voûtes furent remplacées par des terrasses. Il ne serait même pas impossible que, pendant la longue occupation romaine, le palais entier, vieil édifice phénicien qui n'avait plus sa raison d'être au milieu des habitudes romaines, ait été mis hors d'usage, si ce n'est peut-être utilisé pour servir de prison ou de magasin de dépôts.

Au centre de chaque voûte, entre les paliers, et au fond, à 60 centimètres au-dessus du plancher, était percée une fenêtre de 65 centimètres de large sur $1^m,40$ de haut; ces fenêtres éclairaient les salles intérieures.

Sous le plancher étaient d'autres ouvertures, sortes de jours de souffrance, de 65 centimètres de haut sur 70 de large.

Les salles qui se trouvaient dans les angles du palais étaient rondes, et leurs voûtes semi-sphériques; le diamètre de ces salles était de 10 mètres. Les autres salles, plus grandes et plus longues, étaient également couvertes par des voûtes massives, en blocage partout, et les extrémités des voûtes, en cul-de-four ou quart de sphère.

[Toutes les voûtes de citernes phéniciennes, à Utique comme ailleurs, citernes privées surtout, offraient les mêmes formes.]

Le sol des chambres était en belles dalles plates.

A la naissance du mur circulaire des salles, au-dessus du dallage, régnait une moulure en saillie sur la pièce, sorte de grossière doucine renversée : cette même moulure se répétait, dans les mêmes conditions, à $3^m,03$ au-dessus du sol, le bas affleurant le mur, et le haut décidant une retraite de 23 centimètres. De cette retraite le mur s'élevait de nouveau à $1^m,50$; à ce dernier point naissait la voûte.

La hauteur totale des salles, du dallage à l'intrados des voûtes, était de 10^m,03 [1].

Ces salles rondes s'élevaient sur des étages inférieurs, en sous-sol, dont les restes de voûtes accusent un même diamètre. Entre le sol des salles du rez-de-chaussée et l'intrados des voûtes du sous-sol, l'épaisseur est de 76 centimètres au point de centre.

A quel usage étaient affectées ces salles souterraines? Servaient-elles de cachot aux prisonniers d'État, ou de magasins d'armes? Il devait y en avoir autant que de salles supérieures. Il est peu probable qu'elles aient servi de citernes ou réservoirs d'eau, car, selon l'usage constant alors, les citernes devaient être sous les cours, où l'on trouvait la facilité d'y puiser par l'espace qui régnait autour des orifices.

Aux quatre angles du palais étaient engagées quatre tours rondes de 5 mètres de diamètre à la base.

Deux autres tours, de mêmes dimensions, s'élevaient, ainsi qu'il est dit plus haut, à droite et à gauche de la porte du palais donnant sur la mer, au nord. L'amiral pouvait sortir par là pour visiter le port ou monter sur la galère amirale, lorsqu'il partait pour une expédition.

Ces tours étaient en blocage plein, comme tous les murs : pas une pierre de taille.

[1] Planche III, fig. 10.

A même le massif des six tours, était ménagé, dans chacune, un escalier à spirales rectangulaires et à paliers, large de 75 centimètres.

Il reste encore la base de cinq des tours, et quelques degrés ou marches et paliers dans chacune; plus, le haut d'une sixième, écroulé avec un énorme bloc massif de mur du devant du palais, regardant la mer.

On montait par ces divers escaliers sur les terrasses élevées du palais, ainsi que dans certains réduits supérieurs [1].

D'autres escaliers, de mêmes dimensions (75 centimètres) et à paliers, se trouvaient ménagés dans l'épaisseur des gros murs; quelques étroites meurtrières leur donnaient du jour. Entre ces escaliers et le dehors, à certaine hauteur au-dessus des quais et de la mer, les murs conservaient encore, presque en haut, $1^m,15$ d'épaisseur près des meurtrières [2].

---

[1] Planches V et VI. — Les tours sont marquées *bbbb*.

Ce fait, de la création de six tours destinées à servir uniquement de cages d'escaliers, me paraît caractéristique.

Je dis uniquement, car il est évident que leur sommet ou plate-forme supérieure n'était pas disposé, comme le haut des tours des grands murs de villes, à porter une machine de guerre. Ayant 5 mètres à la base, le sommet ne devait guère avoir plus de $3^m,50$ à 4 mètres au plus, à cause de la retraite. De cette largeur il faut encore extraire au moins $1^m,20$ pour garde-fous ou créneaux. Or quelle machine mettre sur le diamètre de $2^m,30$ à $2^m,50$ au plus restant pour la plate-forme?

Les tours qui flanquaient les grands murs de ville et portaient des machines de défense avaient généralement 9 à 10 mètres à leur base.

[2] Planches I, II et III.

Les escaliers des tours, dont l'entrée prenait issue par les avant-cours, étaient peut-être affectés au service des soldats, toujours mercenaires étrangers; et ceux qui étaient dans l'épaisseur des murs donnant sur la cour intérieure du palais étaient réservés, peut-être, pour les chefs.

Le sol de la cour intérieure du palais était à 4 mètres au-dessus des eaux de l'euripe.

Les terrasses supérieures, sous les créneaux, en étaient à 15^m,50; et les grands quais du port, au-dessus des cales, à 7^m,30.

Du haut de ces terrasses on dominait le port, l'arsenal, la mer, ainsi que les bas quartiers de la ville.

La porte de la façade Nord était au fond d'un hémicycle enclavé entre deux tours : cet hémicycle, peu profond, 1^m,20 environ au centre, était encadré par un arceau en petites pierres de taille carrées, appuyé en retraite sur les tours, à fleur de mur, sans reliefs ni moulures.

Cet arceau, plat, sans moulure, sans saillie et sans décor aucun, ainsi que l'hémicycle en blocage à petites assises de parement sans formes, portait une chambre ou balcon couvert, sans murs sur le devant, vers la mer, et ayant 5^m,20 de large sur 2^m,50 de profondeur et 2^m,85 de haut. Un toit en voûte l'abritait[1].

---

[1] Planche II, fig, 1, 1 *bis* et 1 *ter*.

De ce balcon, situé immédiatement sous la terrasse, et auquel on montait par l'une des tours latérales, l'amiral découvrait le devant du port, et sa vue plongeait au loin sur la haute mer[1].

Au fond de ce balcon, au centre, un autre escalier, large de 1^m,20, conduisait au-dessus, aux terrasses, par quelques degrés pris dans l'épaisseur des murs. Sa profondeur était celle de l'épaisseur de la muraille à cette hauteur, 2^m,70.

Un exhaussement du quai, sous la grande porte en hémicycle, donne à penser qu'elle ouvrait sur un escalier ou rampe faisant embarcadère et aboutissant au bassin réservé, parallèle à la façade du palais.

Ce bassin, clos comme je l'ai dit par un môle bas, avait dans œuvre 65 mètres de large sur 23^m,25 d'écartement à partir de la rampe ou embarcadère.

Le môle, étroit et assez bas, autant qu'il m'a été possible d'en juger par les amorces restantes, était revêtu de parements en pierres de taille, à face lisse, cubes carrés. Il m'a paru avoir subi des remaniements.

Aux deux points de sa jonction avec le palais étaient deux fortins ou terrasses fortifiées, annexés sous les bastions latéraux à angles ronds, mais moins élevés qu'eux, à en juger par ce qui reste. Ces deux fortins ou

---

[1] J'ai vu une de ces entrées; peut-être y arrivait-on également par l'autre tour.

terrasses mesuraient 17 mètres sur la face de devant, et 15^m,20 sur les flancs.

De la façade de devant partait le môle bas.

Nous avons vu qu'au Sud, c'est-à-dire du côté qui regardait la ville, une avant-cour précédait le palais. Cette avant-cour avait 9^m,50 entre la grande porte avancée, flanquée de tours, et la seconde porte Sud du palais même. Sa largeur était celle de la façade du palais.

Cette cour était divisée en trois parties par des murs à l'Est et à l'Ouest, murs de 60 centimètres. Dans celle afférente au palais s'élevaient, à droite et à gauche, des logis; l'espace libre avait 34^m,25 sur 7^m,40.

Au-dessus de la grande porte avancée était une plate-forme sur laquelle on montait par une des tours laté-rales. Il est possible que cette plate-forme fût destinée à porter une machine de guerre pour défendre toute attaque pouvant se présenter par la tænia qui joignait le palais à la terre ferme.

La puissance moyenne du mur de la façade Nord re-gardant la mer était, au pied d'œuvre, de 4^m,50.

Le mur de la cour du centre du palais avait 1^m,75.

Les quais de la partie Sud, en dehors et autour de l'avant-cour, avaient 6 mètres de large; la chaussée couvrait des séries de citernes accouplées deux par deux : ces citernes avaient, sous voûte, 2^m,10 de large sur 5^m,50 de long.

Je n'ai pas pu m'assurer de leur profondeur, que je crois devoir être de 5 mètres au moins.

L'aspect d'ensemble de ce monument devait être très-sévère. C'était, en réalité, une forteresse plutôt qu'un palais. On voit que la préoccupation dominante de ceux qui l'avaient édifié avait eu pour objet une solidité à toute épreuve alliée à tous les moyens de défense que le génie des fortifications des temps antiques avait pu suggérer. Les murs extérieurs, en effet, étaient d'une grande force de résistance, surtout dans le bas, au-dessus des eaux, là où un bélier d'attaque installé sur des navires ou radeaux ennemis, joints ensemble, aurait pu les battre en brèche. Le vide des cages d'escaliers, si exigu déjà, est, en vertu de ce principe et par surcroît de précautions, tout à fait nul en bas, car là ils prennent issue par la cour intérieure, traversant les massifs qui séparent les salles, et ne se rapprochent des murs extérieurs que vers le haut, hors de toute atteinte des béliers. La grande élévation des murailles en rendait l'escalade dangereuse et difficile : dangereuse, parce que les assaillants se trouvaient de tous côtés exposés au tir des créneaux qui les prenaient dessus, devant et de face, et du saillant des tours qui les découvraient de flanc; difficile, par la raison que le pied des échelles ne pouvait être que sur des navires que la mobilité de l'eau rendait instables. De plus, ces murs extérieurs n'offraient pas de prise par les baies de fenêtres, les salles prenant leur jour par la cour intérieure.

Le système de voûtes épaisses couvrant toutes les salles liait fortement entre eux tous les murs de l'édifice, d'autant plus que ces voûtes, demi-sphériques ou en berceau et quarts de sphères, n'exerçaient nulle poussée contre les murs.

Ce mode de maçonnerie en blocage avait bien, il est vrai, comme inconvénient une grande lourdeur; mais il avait cet avantage dans l'ensemble, que l'édifice entier était comme un immense bloc de maçonnerie tenace, un monolithe en quelque sorte, une gigantesque pierre dans laquelle on aurait évidé ou taillé à même les cours, les salles, les portes, les fenêtres, les cages d'escaliers, etc.; chaque détail était intimement solidaire de l'ensemble.

Les rares moulures qui rompaient plus que sobrement à l'œil la froide nudité des murs étaient invariablement les mêmes : doucines renversées au dedans des salles, et boudins au dehors des murs extérieurs; moulures dans le sens horizontal seulement, et n'ayant de remarquable que leur forme molle, presque indécise, effort de décoration inexpérimentée d'un art évidemment dans l'enfance, sur des assises de pierre à grain grossier et semé de cavités [1].

---

[1] Planche III. La figure 7 représente une des pierres de taille terminée en doucine; et la figure 9, le profil d'un boudin.

Nulle part, sur les parois, il n'y a trace de ce stucage couleur d'ocre qui, plus tard, paraît-il, décora les édifices carthaginois. On n'y voit même pas la moindre apparence de crépissage en mortier dans l'intérieur des salles; les petites assises irrégulières en pierres, sans forme, sont à nu aussi bien à l'intérieur qu'à l'extérieur.

On est induit à supposer que les Phéniciens tendaient en nattes ornementées, ou en étoffes, en tapis, les murs intérieurs des salles, surtout d'après ce que nous apprend Diodore de Sicile de l'usage qu'ils avaient des tentures, soit en peaux, soit en étoffes, sur leurs navires, comme aussi, pour témoigner d'un deuil, sur les grands édifices et les murs[1]. Le même historien dit, à propos des funérailles d'Héphestion, que les tapisseries de Tyr étaient fort estimées[2].

Cette vaste construction, massive et sévère; ce rare et presque sauvage décor architectural; ces grandes salles nues, à peine éclairées par un jour parcimonieux, à l'aspect sombre et imposant, sous les voûtes desquelles la voix devait être retentissante; ce manque complet de tout marbre, de tout stucage, de toute répartition dont les détails facilitent la vie et adoucissent le travail quotidien; tout cet ensemble fait évidemment remonter la fondation de ce monument à une haute

---

[1] Diodore, liv. XX.
[2] *Idem,* liv. XVII.

antiquité, quelques siècles sans doute avant celui de Carthage, qui lui-même existait déjà, d'après des documents certains [1], il y a vingt-trois siècles.

Telles, ou à peu près, devaient être ces places fortes, ces châteaux, dont il est parlé dans la Bible, au temps où le peuple élu pénétrait en masse et le glaive en main sur la terre promise par le Seigneur, sous la conduite de son audacieux chef, Jesu ou Josué, quatorze siècles avant notre ère. On sent que les maîtres ès œuvres qui, plus tard, élevèrent ce palais des suffètes à Utique, avaient hérité des données générales de leurs aïeux de Palestine, et y avaient joint les perfectionnements que la science des fortifications avait pu faire jusqu'à eux.

Néanmoins, malgré cette solidité indestructible de la masse, certaines parties de l'édifice uticéen, celles, par exemple, qui se trouvaient les plus exposées aux chocs réitérés et journaliers, telles que les angles des baies de portes, de fenêtres, de passages, etc. ou sur lesquelles l'action inévitable du temps avait le plus de prise, durent subir des dégradations partielles. Les Romains, en faisant d'Utique leur place d'armes en Afrique, eurent à se charger des réparations indispensables, soit aux voûtes, soit aux angles, aux piliers,

---

[1] 446 ans avant Jésus-Christ et 1868 ans après Jésus-Christ donnent un total de 2314 ans. — Justin, Trogue-Pompée.

aux quais, etc.; et en effet la main romaine est évidente dans toutes ces restaurations partielles, mais elle n'est que là [1].

C'était déjà un très-antique édifice lorsque la colonisation romaine vint remplacer l'empire phénicien en Afrique, ou, pour mieux parler, lorsque cette colonisation prit un premier développement, à peu près vers le commencement de notre ère; son mode de fortification devait, à cette époque même, être bien suranné, à ce point que Caton, une quarantaine d'années avant, pendant la guerre de César en Afrique, avait dû faire rajeunir toutes les autres fortifications d'Utique. Mais il eût fallu raser complétement la masse résistante du palais et en arracher péniblement les profondes fondations, pour reconstruire un édifice plus moderne et autrement coordonné. On dut se contenter de la réparer et de l'entretenir.

Ces remaniements romains sont faits par assises en pierres plates, de quelques centimètres seulement d'épaisseur, taillées sur la face et les côtés, beaucoup plus grandes que les petites pierres inégales des parements phéniciens. Elles sont d'un ton généralement clair, qui, même malgré le temps, tranche encore nettement sur les vieux murs d'un gris foncé ou brun. Le mortier qui les lie est d'un grain moins fin, bien que également très-

[1] Restauration romaine, planche III, figure 4.

consistant. Il y a cette différence notable, que le ciment ou mortier phénicien est d'une pâte légèrement brune, tellement fine qu'on n'en distingue pas le grain dont la couleur est la même que celle de la pierre; les deux ne font qu'un à la vue; tandis que le ciment ou mortier romain est blanc à la cassure, et la pierre est jaune.

Les voûtes réparées sont en voussoirs, ce qui n'est pas dans les autres voûtes qui n'ont pas subi de réparations. Il est en outre une autre remarque à faire : ces voussoirs, bien que taillés, ne sont pas juxtaposés l'un à l'autre par la coupe convergente des pierres que consolide celle dite *la clef de voûte* au sommet, comme dans toutes les voûtes romaines postérieures à cette époque. Les voussoirs, très-minces, sont très-légèrement convergents, et un lit égal, ou remplissage en mortier d'au moins 6 à 8 centimètres d'épaisseur, les sépare l'un de l'autre, méthode de voûte romaine incomplète, plus récente que la voûte phénicienne en blocage, mais beaucoup plus ancienne que la belle voûte à plein cintre et à voussoirs en grandes pierres bien régulièrement convergentes et juxtaposées. Le sol des terrasses a également été refait à plusieurs époques. Les dernières surfaces sont en tuileaux rouges pilés et chaux hydraulique; d'autres, un peu plus anciennes, sont en pouzzolane : deux modes qui distinguent les

enduits romains. Le peu de traces restant sur quelques
bords ou à quelques angles des terrassements phéniciens sont d'une pâte gris brun à texture fine.

A tous les points de vue, l'étude des restes de cet antique monument était intéressante; aussi demandait-
elle, je crois, tout le soin minutieux que j'y ai apporté.

Il me reste à ajouter une dernière et courte réflexion.

Par la nature de sa construction, et dans sa forme
d'ensemble aussi bien que dans ses détails, cet édifice
n'a rien de romain.

D'abord on sait que les Romains étaient loin d'être
un peuple marin, et qu'ils n'eurent de flotte qu'à partir
de l'époque des guerres puniques; or l'édifice en question remonte évidemment à une époque de beaucoup
antérieure. Ensuite il n'y a pas d'exemple, que nous sa-
chions, que, plus tard, lorsqu'ils eurent à s'occuper de
constructions hydrauliques, de ports, de créations maritimes, ils aient jamais réservé au centre de ces ports
un îlot portant un palais Amiral; tandis qu'au contraire
c'était un principe fondamental chez les Phéniciens, qui,
dès l'origine des temps, en avaient ainsi disposé dans
toutes leurs colonies, à l'exemple de la mère patrie.

Enfin, dans le cas où, exceptionellement, les Romains
en auraient élevé un dans le port d'Utique par imitation, ou bien encore dans la supposition qu'ils en eussent

réédifié un au lieu et place de l'antique palais phénicien délabré, il eût certainement porté le cachet
de l'architecture romaine; il eût été percé de fenêtres;
les salles eussent été carrées ou longues, mais à angles
droits, et on aurait profilé des moulures tant à l'intérieur qu'à l'extérieur. Ils l'auraient construit en pierres
de taille, comme tous leurs autres édifices à Utique; les
voûtes eussent été par voussoirs et assises régulières. Le
palais d'Utique ne ressemble en rien à tout cela, ni par
le fond ni par la forme. Il a un type à part, exceptionnel, s'éloignant complétement, dans tous ses détails,
même de l'édifice le plus ancien de Rome, le Tabula-
rium des Tarquins, qui déjà à cette époque accusait
une sorte de dorique grec [1]. L'édifice uticéen repousse
brutalement les marques de tout ordre architectural
connu, au point de vue du décor comme de l'ensemble.
Enfin, en tout état de choses, s'il était admissible qu'il
eût été construit par les Romains, ce n'eût pu être
que quelque temps après la prise de Carthage, un peu
avant les empereurs. Or les constructions romaines de
cette date sont connues, et n'offrent aucune espèce de
rapprochement avec l'édifice uticéen.

Par tous ces motifs, j'ai la conviction que ce palais
représente un monument de style phénicien d'une très-

---

[1] Tarquin l'Ancien, l'an de Rome 136; 616 ans avant Jésus-Christ. —
Tarquin le Superbe chassé de Rome en 244; 508 avant Jésus-Christ.

haute antiquité, abstraction faite, bien entendu, des réparations partielles de l'époque romaine. Je crois devoir rappeler une dernière fois que les détails, soit de bâtisse, soit de forme, caractères architectoniques que je viens de décrire d'après mes observations et mes études, n'excèdent pas le cadre des emporia, c'est-à-dire des constructions élevées par la race phénicienne dans leurs comptoirs maritimes de l'antique Libye. Je n'ai nullement entendu citer l'édifice uticéen comme le spécimen certain de l'architecture des Tyriens et des Sidoniens, de ce peuple si renommé pour son habileté dans les arts, que Salomon n'hésita pas à s'adresser à lui de préférence à toute autre nation, et il y en avait cependant d'avancées alors en civilisation, pour en obtenir les maîtres qui édifièrent le célèbre temple de Jérusalem.

Il est fort possible que les émigrants de Tyr, colons phéniciens en Afrique, aient affecté aux édifices qu'ils y élevèrent un mode de bâtisse et de répartition d'ensemble tout autre que le type général qui était en cours dans la mère patrie, en Asie Mineure; et cela par la raison que les matériaux, ainsi que les conditions climatériques, n'étaient plus les mêmes. Tout comme il est possible cependant aussi qu'il y ait eu certaine coordination, certains rapports de détails distributifs ou décoratifs, entre les deux systèmes d'architecture.

C'est un point que le temps seul, peut-être, ou bien le hasard des découvertes, pourra éclaircir.

Malgré tant de fouilles et de résultats heureusement obtenus, je désirais pousser les investigations plus profondément encore sous le sol, jusqu'au pied des fondements; il y avait probablement là encore beaucoup de choses à apprendre; mais, par des considérations inutiles à rapporter ici, j'en ai été empêché par le gouvernement tunisien.

FORTERESSE.

Les quartiers et édifices d'Utique s'échelonnaient par gradins, comme un amphithéâtre, des rivages de la mer jusqu'aux sommets de deux collines; sur le haut plateau de la dernière, de celle qui était la plus rapprochée de la mer, s'élevait la citadelle, Byrsa ou Acropole.

Tite-Live en fait mention [1].

La forme d'ensemble de cette forteresse était un parallélogramme, dont les quatre côtés avaient : celui du Nord-Est, 70 mètres; celui du Sud-Est, 94 mètres; celui du Nord-Ouest, 82 mètres; celui du Sud-Ouest, 70 mètres : soit 6,232 mètres carrés de superficie; les cinq huitièmes d'un hectare environ pour le fort proprement dit, c'est-à-dire sans les dépendances.

_____
[1] Tite-Live, liv. XXIX.

Le pied des murs, au Nord-Ouest et au Sud-Ouest, était précédé de fossés larges de 13 mètres.

L'élévation abrupte de la montagne, au Nord-Est et au Sud-Est, formait, par son escarpement, une défense naturelle.

Au Nord-Est, le pied des murailles était à $20^m,50$ au-dessus du sol déjà élevé de la ville en cet endroit, et à 16 mètres au Sud-Est.

Le bas de la citadelle, ou le pied de ses murs, était à la hauteur absolue de $32^m,85$ au-dessus de la mer.

Cette citadelle, formant à peu près le centre de la ville, se composait de quatre hautes murailles, larges courtines crénelées, couvrant les voûtes, logements de la garnison, et reliées par quatre tours aux angles. A l'intérieur, quelques bâtiments étaient annexés aux murs : logements des chefs peut-être, ou magasins d'armes.

Au centre s'élevait un édifice, un temple probablement comme à Carthage, comme aussi à Hadrumète, à Thapsus, etc. J'ai trouvé sous le sol de son emplacement, à peu de profondeur, des sculptures en marbre gris, attestant la finesse et le bon goût des artistes de la Grèce, fragments divers de frises et de chapiteaux d'ordre corinthien. La riche décoration ionique du port de guerre de Carthage semble autoriser la supposition que

ces détails du temple de la citadelle d'Utique aient pu
être exécutés pendant la période phénicienne.

Les dimensions de ce temple paraissent avoir été peu
étendues, car le sous-dallage qui existe encore a $12^m,20$
sur 9 mètres dans œuvre, c'est-à-dire en dedans des
murs. Rien n'indique qu'au dehors il y ait eu un péristyle.

J'ai également trouvé les restes d'un temple sous le
sol actuel de la Kasbâa de Sousa, assise sur le même
emplacement qu'occupait jadis la citadelle phénicienne
d'Hadrumète [1]. Ce dernier temple avait été décoré de
colonnes élevées par assises, en calcaire grossier très-
poreux; mais chaque colonne était recouverte tout autour d'un épais stucage en chaux fine et couleur d'ocre
jaune foncé. Les moulures des chapiteaux étaient un.
simple boudin sous la plinthe, dénuée elle-même de
cette gracieuse coupe qui distinguait le chapiteau dorique et toscan des anciens temps; elles n'appartiennent à aucun ordre connu.

Dans la citadelle phénicienne de Thapsus s'élevait
également un temple : ce temple était remarquable par
ses dimensions grandioses; il occupait presque la moitié
de la vaste forteresse. Je n'y ai vu aucune trace de colonnes; mais ses voûtes puissantes accusent le double
but de son édification, un temple en-dessous et un fort
au-dessus. Là, comme partout du reste où j'ai visité des

____

[1] Sousa, ville arabe située sur la côte Est de la Régence.

vestiges d'édifices religieux phéniciens, j'ai remarqué ce
stucage couleur d'ocre jaune. On serait tenté d'en conclure que cette couleur était l'indice d'une peinture sacrée, à l'époque purement phénicienne.

Sur la face Nord-Est, dans la forteresse d'Utique, un
angle rentrant donnait issue sur une rampe parallèle
au mur et conduisant à deux autres rampes : cette série de descentes à pentes douces aboutissait en bas de
la citadelle dans les dépendances. Au coude qui de la
première rampe débouchait sur la seconde, à l'angle, et
à mi-distance environ entre la base du fort et le pied
de la montagne, était un petit temple, un édicule, avec
un autel et une statue.

Le fort de l'île en avait également un dans les mêmes
conditions à son angle Est.

Les dépendances de la forteresse, en bas, se composaient, à l'Est, d'un large plateau entouré de chambres
ou magasins; au Sud-Est, des logements ou magasins
également, mais en gradins ménagés sur le flanc de
l'escarpement, et en dessous desquels se trouvaient deux
rangées de grandes citernes.

La rangée de devant formait six citernes en blocage,
de main phénicienne; on avait annexé derrière, pendant
la période romaine, six autres citernes, beaucoup plus
grandes, et alimentées par un aqueduc passant le long
du fossé, au pied des grands murs du fort. La cons-

truction de ces dernières citernes, par assises régulières à moellons smillés, les voûtes par voussoirs bien taillés, aussi bien que les heureuses proportions de l'ensemble, indiquent l'époque où l'art architectural chez les Romains était dans son plus beau siècle. Les voûtes des citernes phéniciennes contiguës étaient en blocage, comme les pieds-droits, et en cul-de-four; les voûtes romaines étaient en berceau et à vives arêtes.

De hautes murailles et un fossé séparaient ces dépendances des quartiers de la ville.

Les citernes phéniciennes avaient 4^m,5o chacune sur leurs deux axes, dans œuvre; les citernes romaines avaient chacune 3^m,2o de large sur 13^m,3o de long, dans œuvre également.

La citadelle avait quatre portes : deux attenantes à la forteresse même, et deux aux murs d'enceinte des dépendances.

De ces dernières, celle du Nord-Est donnait issue de l'esplanade dans la ville, et elle était décorée de deux fortes colonnes engagées dans le mur ainsi qu'en retour dans la baie de la porte.

La seconde porte, située sur le côté Sud des citernes, conduisait vers une porte de ville, celle, je crois, que les Commentaires désignent sous le nom de *Bellica*. Je n'ai pas pu m'assurer si elle était décorée de colonnes comme celle du Nord-Est.

Le mur d'enceinte et de défense des dépendances avait 2ᵐ,20 d'épaisseur.

Une croyance moderne assez généralement répandue, mais que rien ne justifie, fait de cette citadelle le théâtre de la mort du célèbre Caton.

Les détails fournis dans sa biographie par Plutarque démentent, au contraire, cette version, et font voir qu'il se donna la mort dans une maison privée qu'il habitait dans la ville et qui paraît avoir été assez proche du port.

THÉÂTRE.

C'était un magnifique édifice de construction romaine. Il est certain qu'il existait déjà en l'an 46 avant Jésus-Christ, à l'époque de la guerre de Curion en Afrique, guerre qui précéda, comme on sait, celle de Jules César ; les Commentaires en font mention à propos de l'emplacement du camp de Varus sous Utique. Ils disent :

« La position en était forte : il était défendu par la « ville même d'un côté, et de l'autre par un théâtre « bâti devant la ville, et dont la vaste construction ren- « dait l'accès du camp difficile et étroit[1]. »

[1] « ..... una ex parte ipso oppido Utica, altera theatro, quod est ante « oppidum, substructionibus ejus operis maximis aditu ad castra difficili et « angusto. » (C. J. Cæsar. *De bello civili,* lib. II, cap. xxv.)

Ce passage des Commentaires établit nettement la position du théâtre hors la ville; les restes en sont encore parfaitement visibles.

En outre, ces détails prouvent également que le grand faubourg romain, hors les murs, n'existait pas encore, puisque les armées ennemies campent et se livrent bataille sur son emplacement.

Les restes de ce théâtre sont : un haut tumulus en fer à cheval, où les murs circulaires de soutenement percent çà et là; des blocs de voûtes et autres écroulés; des colonnes brisées, et les traces d'un portique.

C'était bien, en effet, une vaste construction, assez récente probablement à l'époque où Curion la vit, car il n'est guère probable que les Uticéens l'eussent élevée au temps de leur autonomie, l'usage des théâtres et des jeux publics en général ne paraissant pas avoir été dans les mœurs asiatiques, mœurs fortement empreintes d'un haut caractère religieux chez les races phéniciennes; tandis qu'au contraire les Latins transportaient avec eux la passion qu'ils avaient pour les jeux scéniques. Il y avait déjà un assez grand nombre de riches Romains établis à cette époque à Utique, puisque trois cents d'entre eux[1] représentèrent auprès de Caton, gouverneur d'Utique pour les Pompéiens, le Conseil qui

[1] Plutarque, *Vie de Caton.* — C. J. César, *Commentaires sur la guerre d'Afrique,* chap. LXXXVIII.

veillait sur les intérêts romains du parti de Scipion et des fils de Pompée.

Il est donc assez rationnel d'admettre que, depuis la prise de Carthage et sa destruction, qui dataient déjà d'un siècle, les Romains, dont l'influence s'établissait lentement mais sûrement en Afrique, y développaient peu à peu, pour leur race du moins, les jouissances auxquelles ils étaient habitués en Italie. Il est plus difficile de savoir si l'amphithéâtre et le cirque existaient aussi à cette époque; dans tous les cas, ces divers édifices ont dû être à peu près contemporains, ou élevés à peu de temps l'un de l'autre, car leurs constructions dénotent une même époque.

Le théâtre était un édifice semi-circulaire, comme tous les théâtres grecs et latins[1], et précédé d'un portique, ainsi que l'indiquent les ruines. Il avait 95 mètres de diamètre, de Nord en Sud, devant l'orchestre. De nombreux fragments de marbre, épars sur le sol, témoignent d'un grand luxe décoratif, au moins pour les stalles inférieures, réservées aux personnages d'un rang élevé. La forme haute et les dimensions considérables des ruines du théâtre semblent autoriser la supposition qu'une galerie couverte le couronnait, comme dans tous les riches théâtres.

---

[1] Celui d'Hadrumète était d'une forme exceptionelle, devant servir à la fois de théâtre et d'amphithéâtre.

Entre le front du proscenium et la façade extérieure. du portique regardant la mer, il y a 60 mètres : cet espace comprenait la scena, les postscenia, et le portique. A cet endroit gisent sur le sol de nombreux tronçons de colonnes de porphyre rouge antique, porphyre d'Égypte à grain fin, d'un brillant poli, et de 0^m,84 de diamètre [1], ce qui fait 8^m,40 pour la hauteur de la colonne entière, soit 7 mètres pour le fût monolithe si elle a appartenu à l'ordre corinthien ou à l'ordre composite, puisque, comme chacun sait, la colonne entière portait 20 modules, dont 16 ou 12 parties pour le fût seul.

La richesse de sculpture des débris de marbre épars sur le sol permet également de croire au décor de l'un de ces deux ordres; mais les fragments sont si complétement mutilés, qu'il est impossible d'en préciser un.

Il n'eût pas été sans intérêt de savoir si ces colonnes ont décoré la scène ou le portique; mais l'endroit où gisent les tronçons mutilés, à peu près équidistant, laisse dans le doute. Néanmoins je penche pour la première supposition, par la raison qu'il en eût fallu davantage pour le tour du portique, et leur poids énorme ne permet guère de croire qu'on en ait transporté beaucoup au loin.

Il n'y a sur le sol que quinze ou seize tronçons; on

---

[1] Une coudée et trois quarts.

15.

peut raisonnablement admettre qu'ils représentent de six à huit colonnes.

En tout état de choses, le choix de cette matière, belle et rare de tout temps, et les frais considérables qu'a dû nécessiter son transport d'Égypte à Utique, prouvent que ce théâtre était somptueusement décoré.

Ce grand luxe d'un théâtre public à Utique, ville de 28 à 30,000 âmes seulement à cette époque, selon des calculs de probabilité, peut paraître surprenant au premier abord; mais il ne faut pas perdre de vue qu'au temps où les colons romains élevèrent dans cette ville un cirque, un amphithéâtre, des temples, un théâtre, etc. Carthage n'était pas encore sortie de ses ruines. La Colonia Junonia, que les Gracques avaient commencé à fonder sur les décombres encore fumants de la grande cité phénicienne, en dépit des imprécations solennelles fulminées par le sénat de Rome, n'était alors qu'une assez chétive bourgade presque sans nom, sans ports, sans forteresse, sans murailles [1], en un mot sans importance aucune. On ne songeait guère alors à y relever ces grands édifices qui plus tard rendirent tant de lustre à la Carthage romaine.

A l'époque de la guerre de Curion, et pendant long-

---

[1] Les murs de Carthage ne furent relevés qu'en l'an 424, sous l'empereur Théodose le Jeune. (*Chronique de saint Prosper.*) — Selon Aurelius Victor, ce fut sous l'empereur Dioclétien.

temps encore après, Utique était la place forte, la ville préférée des Romains en Afrique. On doutait de l'avenir de Carthage, tant les anathèmes sénatoriaux avaient frappé l'esprit des citoyens religieux. Il ne fallut pas moins que la puissance du génie sans préjugés de César, et toute l'autorité de ses hautes vues politiques, pour faire préluder sérieusement à la résurrection de cette grande ville.

C'est évidemment à ces circonstances qu'Utique dut les beaux monuments romains qui la décorèrent, ainsi que les faubourgs qui accrurent sa population latine.

Mais, entre la guerre de César dans le Byzacium et l'éclat futur de Carthage, de longs et sanglants drames devaient encore se dérouler sur le sol africain ; de terribles luttes, de profondes convulsions, provoquées par d'illustres et vaillants chefs indigènes, qui défendirent avec plus d'intrépidité que de bonheur la patrie africaine contre l'asservissement de Rome, devaient agiter profondément cette terre brûlante.

Utique resta pendant longtemps l'aire d'où les aigles romaines surveillaient attentivement les fiévreuses populations libyennes, décidées à fondre sur elles au moindre symptôme, à la première velléité d'indépendance. Cette importance temporaire lui valut des monuments dont les pareils ne se voyaient qu'à Rome même.

ÉDIFICES.

Non loin du théâtre, un peu plus à l'Est, à 126 mètres de distance, sont les ruines d'un édifice phénicien qui paraît avoir été considérable. Il se composait, autant que l'état des ruines permet de le préciser, d'une cour carrée entourée de salles, et le tout enceint de fortes murailles, exactement sur le type du palais Amiral, type qui, du reste, se retrouve, pour la disposition des logements, dans les constructions privées de la vieille ville.

La cour, dont le solide dallage a résisté à l'action du temps et des dévastations, a 19 mètres de large sur 13 dans œuvre. Tout autour, sur les quatre faces, étaient des salles ayant 18 mètres de profondeur entre la cour et le mur d'enceinte, et donnant toutes issue sur la cour.

L'aspect est celui d'un château fort, ayant 42 mètres sur 70.

Contiguë à l'édifice, en dehors, était une tour ronde, engagée dans le mur d'enceinte, de 5 mètres de diamètre à sa base, et dont l'intérieur, de $1^m,80$ de diamètre, contient un escalier en spirale. Les murs ont $1^m,60$ d'épaisseur.

Un autre édifice de dimensions médiocres, assis sur

des citernes, à 3^m,4o de cette tour, et de construction postérieure, c'est-à-dire de main romaine, était tout proche, ainsi que quelques dépendances semées autour.

L'examen de cette tour, annexée par exception contre un des flancs de l'édifice au lieu d'être à l'un des angles, qui paraissent en avoir été dépourvus, sa situation au bord de la mer et à l'extrémité la plus avancée hors de la ville, du côté de la mer et de Carthage, la forme particulière de la cage de l'escalier, qui laisse un vide au centre, m'ont fait soupçonner qu'elle a pu être un sémaphore, une de ces tours affectées aux signaux, élevées sur les littoraux, quatre ou cinq siècles avant notre ère, pour le service des transmissions télégraphiques, par les Phéniciens en Sicile et en Afrique.

Cette expression, « transmissions télégraphiques, » en parlant d'une époque si éloignée de nous, il y a vingt-trois siècles environ, paraît au premier abord bien étrange, car il semble que son acception soit toute moderne. Aussi me serais-je gardé de la risquer sans l'attestation, sinon de l'expression en elle-même, au moins du fait, par un ancien écrivain dont je vais invoquer l'autorité. Cet ingénieux mode de correspondance à distances fort éloignées, peu connu, je pense, et si nous devons en croire l'auteur en question, est cependant assez remarquable pour nous donner une idée

du génie inventif d'un peuple que les Romains nous
ont bien peu laissé connaître.

Je cite *in extenso* le passage de Polyen.

Vers le commencement du ive siècle avant Jésus-
Christ, les Carthaginois, alors dans toute la force de
leur puissance, voulaient achever l'entière conquête de
la Sicile, dont ils possédaient presque les quatre cin-
quièmes. Syracuse à peu près seule résistait, et Denys,
son chef, soutenait péniblement la lutte contre les Carthaginois. Cette longue guerre, toute de surprises, de
ruses, et remplie d'événements imprévus, fatiguait
extrêmement ces derniers, tant à cause de la distance
de l'Afrique dont ils tiraient leurs ressources par mer,
que par l'incertitude surtout où l'on se trouvait fréquemment à Carthage même sur la nature des besoins de
l'armée en Sicile, besoins dont l'espèce variait souvent
à l'improviste. Pour remédier à ces inconvénients, et
dans l'espoir d'en terminer promptement, les Phéniciens firent ce qui suit :

« Pendant qu'ils faisaient la guerre en Sicile, dit
« Polyen [1], les Carthaginois s'avisèrent, pour avoir
« promptement toute sorte de secours de la Libye, de
« fabriquer deux horloges d'eau de pareille structure.
« La hauteur de chacune était divisée en plusieurs cer-
« cles. Sur l'un ils avaient écrit : Il faut des vaisseaux.

_____
[1] Polyen, liv. VI, chap. xvi.

« Sur d'autres : Il faut de l'or, des machines, des vi-
« vres, des bêtes de sommes, de l'infanterie, de la ca-
« valerie, etc. etc.

« De ces deux horloges d'eau ainsi marquées, ils en
« gardèrent une en Sicile et envoyèrent l'autre à Car-
« thage, avec ordre, quand on verrait un feu allumé,
« de prendre bien garde au cercle où s'arrêterait l'eau
« quand on allumerait le second feu. Par ce moyen, on
« savait à Carthage, en un instant, ce qu'on demandait
« en Sicile, et on l'envoyait sur-le-champ.

« C'est ainsi que les Phéniciens vinrent à bout d'avoir
« très-promptement tous les secours dont ils avaient be-
« soin pour soutenir la guerre. »

Tel est le récit de Polyen.

Ces détails, qui jettent un jour tout nouveau sur les
moyens de transmission dont disposaient les anciens
peuples, nous suggèrent, sur la possibilité de leur application, quelques courtes observations.

De l'extrême pointe du *promontorium Hermœum*
(pointe du cap Bon) à la pointe opposée en Sicile, la
distance est de 134 kilomètres.

L'île de Pantelleria coupait cette distance entre les
deux caps à peu près en deux; elle est très-élevée au-
dessus de la mer, et, dans l'hypothèse de ce récit, aurait pu être un point intermédiaire pour les feux.

On aurait donc pu, paraît-il, la nuit, par un temps

clair, voir les signaux d'un côté et de l'autre. De là, on transmettait rapidement les nouvelles à Carthage même. La tour en question, près d'Utique, au bord de la mer, a pu être une tour affectée à pareil usage.

Utique fut pendant longtemps une ville d'assez grande importance pour avoir eu des moyens de cette nature à sa disposition.

Certains instruments de précision, du reste, semblent avoir été familiers aux Phéniciens, à en juger par le cadran solaire qu'ils établirent dans la ville de Catane, et, plus anciennement encore, par celui qu'ils firent pour Achaz, roi de Judée [1].

Enfin, à 40 mètres de cette tour, plus à l'Est encore, et dans la même direction, un dernier édifice, élevé sur des murs larges et ressemblant à un quai en retour, semble avoir clos, sur ce point, la série des constructions *extra muros* dépendant de la ville phénicienne. Je serais porté à croire qu'à ce point aboutissait la troisième enceinte, le vallum; car, à partir de là, le terrain infléchit et est couvert de marais; ces marais, et la nature du sol en contre-bas, où croissent des joncs marins sur un terrain de sables et de débris d'algues anciennes, indiquent qu'anciennement la mer s'étendait jusque-là.

[1] Voir la note E, à la fin.

AMPHITHÉÂTRE.

C'était un vaste et splendide monument, construit dans la ville même, et digne, aussi bien que le théâtre, de figurer parmi les édifices de Rome.

Il y a ici une observation à présenter. Partout, en Afrique, les théâtres étaient dans les villes, et les amphithéâtres, vastes édifices dont les abords avaient besoin de larges dégagements, étaient hors des villes. Le plus beau et le plus grand de tous, celui de Thysdrus (El-Djem actuellement), plus grand même que le Colysée de Rome, obéissait à cet usage. J'ai levé les plans de ceux d'Hadrumète, de Leptis-Parva, de Thapsus, de Tuburbo minus, de Bararus, et enfin de Thysdrus; tous étaient *extra muros*.

Celui d'Utique, seul, fait exception.

On serait tenté de penser que cet amphithéâtre, à Utique, ayant été construit le premier dans la ville, il ne s'y trouva plus un espace de terrain convenable pour ériger un théâtre, et que par suite on dut le construire, ainsi que le cirque, hors de la ville, au bord de la mer.

L'amphithéâtre avait, sur son grand axe, de Nord en Sud, 118 mètres de long, et 98 mètres sur le petit axe.

L'arène avait 38 mètres sur 30.

Une belle galerie couverte couronnait la cavea; cette

galerie avait 6ᵐ,4o hors œuvre; et les deux murs de soutenement, 1ᵐ,6o d'épaisseur chacun.

Deux larges précinctions séparaient les rangées de gradins.

Le périmètre de l'arène était, paraît-il, garni de colonnes en marbre noir, soutenant une haute grille en fer ou en bronze tout autour; deux de ces colonnes existent encore avec leurs encoches ou trous de scellement.

Les stalles du bas étaient décorées de marbres variés.

L'entrée de l'arène était au Sud, sous une large galerie en voûte couverte par des gradins.

Ce qui distingue cet édifice romain de beaucoup d'autres amphithéâtres ce n'est pas seulement la richesse de son décor, c'est surtout cette particularité imitée de certains théâtres grecs, que la vaste cavea tout entière était creusée dans le massif d'une montagne au centre, celle des théâtres grecs l'étant dans un des versants.

La galerie couverte supérieure faisait seule saillie au-dessus du sommet.

Cette disposition a dû amener une grande économie dans l'ensemble de la construction.

On pénétrait dans le bas de la cavea et sur l'arène par deux hautes tranchées, à ciel ouvert, pratiquées au Nord et au Sud; à ces tranchées aboutissaient deux rues assez spacieuses. Celle du Nord conduisait de l'amphithéâtre au port de guerre, et celle du Sud vers deux portes de ville assez proches.

A 8 mètres de l'édifice, au Nord, et franchissant la tranchée sur des arceaux élevés, passait un aqueduc : sa hauteur atteignait le pied de la grande galerie couverte. Une prise d'eau de cet aqueduc parvenait dans l'amphithéâtre sous la galerie couverte.

A 25 mètres de distance, à l'Ouest, étaient les grandes citernes publiques, sur le plateau de la montagne. Sur ce plateau, autour de la galerie, en écartement, sont, à fleur de sol, des murs de maisons privées : peut-être sont-ce les restes de ces établissements publics où les spectateurs venaient se rafraîchir ou se reposer des émotions de l'arène. De ce point, la vue est merveilleuse : on avait sous ses pieds la majeure partie de la ville, le grand port, presque tous les temples, et enfin la vue de la mer, limitée au loin seulement par le promontoire d'Apollon. C'était, en somme, un lieu de divertissement admirablement choisi.

CIRQUE.

Le cirque ou hippodrome était très-vaste : 562 mètres de long et $76^m,60$ de large.

Contigu et parallèle au rivage du golfe, il était distant de 88 mètres de la porte de l'arsenal maritime et du port de guerre.

Les cirques romains, en Afrique, étaient généralement très-grands, car j'en ai mesuré un autre, à Thysdrus (El-Djem), qui avait 527 mètres de long sur 95 mètres de large.

Dans celui d'Utique, la spina commençait à 44 mètres de la grande voûte du *castellum*, de la *Porta triumphalis*, située au Sud-Ouest, et finissait à 36 mètres de l'extrémité circulaire opposée, près de la ville.

Le *castellum* et les *carceres* étaient les parties les plus éloignées de la ville.

Extérieurement à l'édifice, et de 7^m,80 en 7^m,80, des contre-forts ou étais, semi-circulaires, en maçonnerie, appuyaient le grand mur d'enceinte. Le peu de puissance relative de ce mur, qui n'a pas plus de 75 centimètres d'épaisseur, a pu nécessiter ce renfort, soit au point de vue de l'économie dans la construction, soit pour le cas où l'on aurait élévé une galerie couverte au-dessus des gradins. Du reste ces contre-forts, vus à distance, ne manquaient pas d'une certaine élégance d'ensemble. En outre, il n'est pas impossible qu'ils aient servi, comme il arrivait assez fréquemment à certaine hauteur, de base ou de piédestal pour supporter des bustes ou des emblèmes.

Beaucoup de débris de marbres de diverses qualités sont épars sur le sol ; les gradins inférieurs en étaient probablement décorés.

Près du castellum était un puits de 3ᵐ,5o de diamètre dans œuvre; il devait être affecté au service des
écuries, des *carceres*, et sa proximité de la mer fait
admettre qu'il donnait de l'eau douce, puisque les bords
de la mer, sur les rives africaines, offrent généralement
des puits d'eau douce à de très-faibles profondeurs.

Les débris d'une belle colonne en granit gris clair,
à grain fin et bien poli, de 62 centimètres de diamètre,
gisent sur le sol près de la spina du côté du castellum.

On y voit aussi un socle de statue.

La loge du magistrat ou du proconsul était au Sud.

La situation du cirque, au bord même de la mer,
devait procurer une certaine fraîcheur aux spectateurs
sous ces chaudes latitudes, d'autant plus que les cirques,
en général, n'étaient pas très-élevés.

NÉCROPOLE ROMAINE.

Le cirque, à sa droite en sortant de la ville, était
contigu à la mer, comme il a été dit; à sa gauche, il
formait la limite d'une vaste nécropole.

La Via Sacra, partant d'une des portes de la ville, la
première de ce côté après celle de l'arsenal, longeait
la gauche du cirque et traçait la limite Nord de la nécropole. Son étendue, depuis cette porte de ville jusqu'à l'autre extrémité, bien au delà du cirque, était
de 85o mètres sur une largeur de 4oo mètres. Cet es-

pace comprenait les bas versants sis entre la mer et la chaîne de montagnes parallèle à la mer, sur l'extrémité de laquelle était Utique.

Parmi les tombes antiques restées de bout, et ce sont généralement celles qui bordent la Via Sacra, il en est de fort belles disposées en hypogées : beaucoup étaient décorées de marbres, de bas-reliefs et de colonnes. Quelques-unes ont jusqu'à 15 mètres sur 16 dans œuvre. Je n'ai trouvé qu'un seul fragment d'inscription sur ce vaste champ de sépulture que la charrue fouille depuis plusieurs siècles : elle paraît, d'après la forme des lettres, dater du ɪ[er] siècle, et porte le nom d'un *l. gravius romanus*..... Une autre, trouvée *intra muros*, non loin de là, sur la hauteur, et près de l'antique mur de la ville, donne le nom d'un *sacerdos*. Les restes d'un temple sont proches de ce dernier endroit.

Cette nécropole, exclusivement romaine, longeait la route qui, le long du golfe, conduisait vers Cotuza, Membrone, Tuniza et Ruscinona, d'une part; d'autre part, une bifurcation au pied des montagnes, de l'autre côté du golfe, conduisait à Hippo-Diarrhytos.

Au point où finissait la nécropole, se trouvait, au bord de la Via Sacra, un large puits d'eau douce. Bien qu'il soit tout dégradé aujourd'hui, les fellah's arabes des environs viennent encore de loin y puiser de l'eau.

NÉCROPOLE PHÉNICIENNE.

Je n'ai pu découvrir avec certitude où étaient situées les antiques sépultures des Uticéens. Tout néanmoins me porte à croire qu'il y a eu deux nécropoles phéniciennes, toutes deux sur des sommets élevés, selon l'usage des races de la Palestine en Afrique.

L'une d'elles devait être sur le sommet de la grande forteresse, près de l'Acropole; l'autre sur la hauteur qui, dans l'île, formait un vaste plateau dénudé entre les fortifications.

Quelques cippes entiers, à moulures bien profilées, des fragments de pierres tumulaires romaines, se rencontrent sur ces terrains et font naître la pensée que les premiers colons latins à Utique inhumèrent leurs morts parmi les sépultures phéniciennes pendant les premiers temps. J'ai été à même de faire cette remarque sur plusieurs points du Zeugis et du Byzacium.

Plus tard, lorsque le nombre des colons fut assez considérable, ils créèrent des nécropoles à part, comme celle dont j'ai parlé plus haut près du cirque d'Utique. La nécropole romaine d'Hadrumète présente des types bien remarquables sous tous les rapports; mais ce n'est pas ici le lieu d'en parler. Il est douteux que cette nécropole romaine à Utique existât à l'époque de la guerre

de Curion ou de César; car, lorsque la cavalerie pom-
péienne, échappée au désastre de Thapsus, vint camper
pendant un jour ou deux sous les murs d'Utique et par-
lementer avec Caton, son campement devait être là où
fut cette nécropole. Plutarque dit :

« Caton ne laissa qu'une seule porte de la ville ou-
« verte, celle qui était près du port[1]... »

C'est précisément de cette porte que part la Via
Sacra, et ce fut la seule par laquelle purent sortir les
cavaliers qui venaient de piller les maisons des Uticéens; c'est enfin par cette porte que l'on se dirigeait
vers Vacca et la Mauritanie, où ces cavaliers avaient
l'intention de se rendre.

Il est peu probable que, suivis de près par Messala,
préfet de la cavalerie de César et qui précédait le dic-
tateur, ils aient campé de l'autre côté des montagnes,
dans la plaine, par la raison qu'ils eussent été exposés
à avoir toute retraite coupée.

La forme élégante des cippes romains et des restes
de tombes gisants encore sur les terrains que je crois
avoir été ceux des nécropoles phéniciennes, forme accusant, comme les inscriptions, l'apogée des arts au
premier siècle de l'empire, autorise à croire qu'à l'époque
de la guerre de César les Romains ensevelissaient leurs
morts dans ces deux champs de sépultures uticéennes.

____
[1] Plutarque, *Vie de Caton.*

Ce ne fut que plus tard, peu après la création du grand faubourg romain hors d'Utique, que la nécropole romaine dut se créer également.

PORTES DE VILLE.

D'après les tracés du terrain, il devait y en avoir cinq ; voici leur situation :

1° Une, particulière à l'arsenal, porte monumentale, car des tronçons de colonnes en pierre gisent sur son emplacement. Elle donnait en face du cirque, près de la mer.

2° Une autre, un peu plus loin, d'où partait la Via Sacra.

Ces deux portes étaient entre les montagnes et le golfe, à l'Ouest de la ville.

Celle de l'Arsenal, ainsi que je viens de le dire, était décorée de colonnes, ou bien contiguë à un temple à péristyle.

Celle de la Via Sacra était près de l'un des embranchements du grand aqueduc ; et il est à remarquer à ce sujet que les deux extrémités de la nécropole romaine se trouvaient ainsi pourvues d'eau douce.

3° Une autre porte, sous un château fort, était de l'autre côté des montagnes, au Sud. A cette porte aboutissait une voie romaine, empierrée, conduisant à Carthage par le pont de Cigiza, et en Numidie.

16.

Il y a des restes d'assez fortes constructions en dehors de cette porte.

4° Une autre, entre deux forts, débouchait en face du ravin qui fut le champ de bataille entre Varus et Curion.

Par là on se rendait dans les nombreuses villas qui couvraient la plaine, et vers un village antique. C'était également une route qui conduisait à Carthage par le littoral.

Cette route était la plus courte entre les deux villes, mais elle devait être peu fréquentée, à cause des difficultés que présentait la barre mobile formée à l'embouchure du Bagrada. Encore à présent, bien que ce fleuve ait changé de lit et qu'il soit moins considérable que dans les temps anciens, cette route est peu en usage.

Il paraît probable que c'était cette porte qui s'appelait *Bellica*[1], nom qu'elle devait sans doute au proche voisinage de la forteresse.

5° Enfin on voit les vestiges d'une porte, à l'angle Nord-Est de la ville, donnant sur le port marchand et vers le théâtre au bord de la mer.

Quant au passage journalier entre la ville et l'île, il devait se faire à travers le port au moyen de bateaux.

---

[1] *Commentaires de César.* — Hirtius, *Guerre d'Afrique*, chap. LXXXVII.

GRANDES CITERNES.

Elles s'élevaient près du grand amphithéâtre, sur le sommet de la colline.

Les pentes du large plateau développé autour de ces citernes, ainsi que la surface même aplanie de leurs voûtes, les alimentaient d'eau, sous la période phénicienne, pendant la saison des pluies hivernales annuelles.

Cette expression *s'élevaient* pourrait paraître un contre-sens à propos de citernes, si nous ne savions qu'au-dessus de leur surface supérieure, chez les anciens, s'élevaient en effet des galeries couvertes, qui les protégeaient contre les ardeurs du soleil. Plusieurs orifices ou margelles, réservées à même l'intrados des voûtes, permettaient de puiser dans chacune, à l'abri de la chaleur, sous cette galerie supérieure, qui régnait tout autour et sur toute la surface. J'ai étudié cette disposition aux grandes-citernes de Thapsus.

Les citernes rurales faisaient exception, et non-seulement n'avaient pas de galerie supérieure, mais étaient même à ciel ouvert à l'époque phénicienne, comme j'ai pu m'en assurer en visitant trois spécimens existants encore[1]. L'époque romaine couvrit les siennes.

Cette ressource des eaux pluviales périodiques, la

[1] Un près de Sousa, un près de Mehedia, un près d'autres ruines.

seule à laquelle les Phéniciens aient eu recours pendant une longue suite de siècles, offrait quelques inconvénients. Le premier était le manque d'eau même,
lorsque pendant une ou deux années consécutives les
pluies d'hiver faisaient défaut. Ce fait, bien que rare,
est néanmoins consigné à diverses reprises dans l'histoire, une fois entre autres à l'époque de l'arrivée de
l'empereur Adrien en Afrique, son arrivée, disent les
auteurs [1], coïncidant avec les premières pluies, qui
tombèrent abondamment après une sécheresse de cinq
années. Ce fait se passait en l'an 129.

Un autre inconvénient était l'amas de boues que les
eaux entraînaient avec elles et déposaient au fond des
citernes et des grands réservoirs, amas considérable
qu'il fallait extraire assez fréquemment.

Chez un peuple aussi éminemment industrieux que
les Phéniciens, un inconvénient aussi capital que le
manque de pureté des eaux avait dû faire sentir de
bonne heure le besoin d'y remédier. En effet, la disposition des grandes citernes publiques, en général, était
telle, que les eaux déposées et surnageant limpides
après quelque temps de repos étaient décantées au
moyen de petits orifices percés en échelonnement perpendiculaire à même les murs ; un autre réservoir servait de filtre, d'où on les puisait pures pour les be-

<hr>

[1] Dion Cassius, Spartianus, etc.

soins des habitants. En outre, lorsque la disposition du terrain avait permis, comme à Utique, à Carthage, à Hadrumète, etc. que ces vastes réservoirs fussent construits sur un terrain en exhaussement de la ville, des conduites en terre cuite ou en maçonnerie les distribuaient dans les divers quartiers en contre-bas. Des robinets, *epistomia*, placés en bas du filtre, facilitaient la répartition, tantôt sur un quartier, tantôt sur un autre. Dans les temps reculés, ces robinets furent en pierre; postérieurement, ils furent en bronze.

J'ai trouvé des uns et des autres.

Ces robinets en pierre[1], curieux à voir par ce seul fait de leur espèce, se mouvaient dans un bloc de même nature, percé à jour d'outre en outre sur un même axe pour le passage de l'eau, et correspondant à une ouverture égale évidée dans le robinet, selon qu'on mettait les axes ouverts en regard.

La tête du robinet était carrée, de tout le diamètre de la partie ronde; on la faisait mouvoir sans doute au moyen d'une clef ou levier en bois. J'en ai vu de 20 et de 12 centimètres de diamètre.

Les robinets en métal, en bronze, d'une époque postérieure, beaucoup plus petits de dimensions, mais de même forme, aboutissaient à d'épaisses conduites en plomb.

[1] Planche III. fig. 2.

Il paraît probable qu'autrefois les pluies, en Afrique, ont été plus fréquentes ou plus abondantes qu'à .notre époque ; c'est du moins ce que l'on peut conclure d'une citation faite par un auteur sarrasin[1] quelque temps après la conquête. Cet auteur, dit, à propos des guerres soutenues par la fameuse Kahêna contre les envahisseurs musulmans, que, jusqu'à l'époque de cette terrible guerre d'extermination, l'Afrique, depuis les Syrthes jusqu'à la Mauritanie, était ombragée par de nombreuses forêts et couverte de villes et de bourgs ; mais que la Kahêna et ses compagnons africains détruisirent les forêts, tarirent les sources et les puits, anéantirent toute végétation, pour arrêter, par l'aspect d'un désert et de toutes les privations qu'une désolante nudité entraîne, le torrent des envahisseurs musulmans qui se ruait sur l'Afrique par ordre des kalifes d'Orient[2].

Si ce dire est exact, quels qu'aient été en réalité les auteurs de ces dévastations, il serait en effet possible que les pluies eussent été moins rares alors qu'aujourd'hui, puisque l'un des résultats de l'abondance de la végétation est de retenir en plus grande quantité les eaux sur le sol qu'elle couvre.

Quoi qu'il en soit, sous ces régions tropicales, il

---

[1] *Ibn Schêbâth*, traduction de M. Rousseau.

[2] Dans Diodore de Sicile, le récit des guerres d'Agathoclès témoigne aussi de l'extrême fertilité du territoire et de sa luxuriante végétation.

paraît qu'il y avait néanmoins parfois des périodes de sécheresse, puisqu'elles sont consignées dans les annales africaines.

Lorsqu'ils eurent bien affermi leur domination, les Romains, pour obvier à ces inconvénients et assurer l'alimentation régulière des grands réservoirs publics, créèrent en Afrique les aqueducs. A l'aménagement des eaux pluviales ils ajoutèrent la ressource plus certaine des eaux de sources. Ces dernières étaient à la fois plus saines et non moins abondantes. L'inconvénient le plus sérieux de ce système se manifestait pendant les guerres, l'ennemi coupant ces aqueducs dès les débuts d'un siége.

Utique en eut un, comme Carthage et tant d'autres villes; peut-être même l'eut-elle une des premières, eu égard à sa prépondérance comme principale place d'armes des Romains en Afrique.

Cet aqueduc, qui subsiste encore presque en entier, avait 11 kilomètres et demi de parcours[1].

Il prenait naissance dans les gorges des hautes montagnes situées de l'autre côté du golfe[2], assez proche de la ville antique de Cotuza[3], côtoyait les versants de

---

[1] Planche III, fig. 6 et 6 *bis*.

[2] A la Kêschbaâta, actuellement.

[3] El Aâlia actuelle. Shaw donne une inscription qu'il y a vue et qui portait son ancien nom.

ces hauteurs sous terre, franchissait ensuite deux profonds ravins sur trois rangées de belles arcades superposées, et arrivait dans Utique par le dessus des hauteurs, passant au niveau des voûtes qui couvraient les grandes citernes publiques et tout proche de la galerie couverte de l'amphithéâtre. Là il bifurquait. Un des embranchements descendait vers le port de guerre et l'arsenal; l'autre, franchissant une rue encaissée, la Via Bellica peut-être, sur une haute arcade, plongeait sous la surface de la colline dont le plateau élevé portait la forteresse. Il alimentait les grandes citernes militaires que cette forteresse contenait.

Peut-être allait-il au delà parmi les édifices publics de la ville; mais ces dernières traces, ont disparu.

Le canal même de l'aqueduc, dans œuvre, avait 50 centimètres de haut sur 48 centimètres de large.

Les traces sédimentaires laissées sur les parois par le passage des eaux atteignent 18 centimètres de hauteur.

La pente générale était de un millimètre et huit dixièmes par mètre courant, autant que j'ai pu m'en assurer par des calculs de nivellement.

Les grandes citernes occupaient ensemble une surface de 1,980 mètres carrés, encastrée dans le sol, le dessus étant en affleurement; le cube total était de 11,150 mètres. Il y en avait six, correspondant l'une avec l'autre au moyen de petites voûtes sises en contre-bas, c'est-à-dire au-dessus des radiers.

Elles avaient chacune 41^m,20 de long, 5^m,95 de large, et 7^m,60 de haut sous l'intrados, dans œuvre.

Deux sont encore entières ; les quatre autres sont plus ou moins endommagées et dégradées.

Lorsque l'aqueduc fut construit, un petit canal, annexé à chaque citerne, y amena l'eau ; l'orifice d'écoulement existe encore presque au niveau des radiers.

Au-dessus des voûtes étaient des constructions dont l'arrachement a laissé des traces ; mais elles ont disparu.

Il y avait trois margelles au-dessus de chaque citerne.

Les petites voûtes de communication, par double série au bas des citernes, ont été refaites par voussoirs pendant l'occupation romaine, ainsi qu'une partie des grandes voûtes. Mais le crépissage intérieur, très-résistant, gris de couleur, presque chaux pure, et stuqué, est resté à peu près partout tel qu'il était à l'époque phénicienne.

On peut observer, sous l'intrados des voûtes restantes où l'enduit est tombé, le mode qui a présidé à la construction de ces grandes voûtes ; on les avançait sur cintres par zones d'un mètre et demi environ de largeur.

GRANDES MURAILLES.

Les grands murs, détruits comme ceux de toutes les places fortes du Zeugis et du Byzacium par les Vandales, en 440, et dont il reste peu de vestiges sous le sol, pouvaient bien, en effet, avoir besoin de réparations à l'époque de la guerre de César et de Curion, car ils comptaient alors huit à dix siècles peut-être d'existence, étant antérieurs à la fondation de Carthage.

Plutarque, dans la *Vie de Caton*, dit que la place était très-forte, très-bien munie et d'une haute importance pour ceux qui en étaient maîtres. Il ajoute que « Caton la munit et la fortifia encore considérablement, « répara les murailles, haussa les tours, et la revêtit au « dehors d'un fossé profond, défendu d'espace en espace « par de bons forts. »

Dans les Commentaires, Hirtius dit que ces fortifications étaient *magnifiques*[1].

C'était aussi l'opinion de Jules César.

De ces magnifiques fortifications, de ces hautes et puissantes murailles qui devaient défier César et sa fortune, il reste à peine quelques rares traces; mais elles sont heureusement assez caractéristiques pour que les personnes déjà exercées par des études analogues sur

---

[1] « Quodque Uticam mirificis operibus munierat turresque auxerat..... » (*De bello Africano*, cap. LXXXVIII.)

d'autres points où les fragments sont plus complets, puissent les reconstituer en entier.

A un endroit surtout, au Sud, et à un autre, à l'Ouest, dans la ville, puis à beaucoup de places dans l'île, on trouve sous·terre des séries de ces petites citernes militaires qui étaient toujours ménagées dans l'épaisseur massive des énormes fondations de ces murs si larges ($\upsilon\psi\eta\lambda\grave{\alpha}$ $\tau\varepsilon\acute{\iota}\chi\eta$, selon Polybe et Appien). Ces petites citernes sont de grandeur uniforme et les unes contre les autres, comme les grains d'un collier. A beaucoup de places, il reste des traces pareilles; mais, aux endroits dont je parle, il en reste des séries entières. Ces citernes, qui ont toutes régulièrement $4^m,10$ de long et $2^m,78$ de large, voûtées en cul de four, et séparées les unes des autres par des épaisseurs de maçonnerie de $1^m,43$, donnent partout une largeur de $6^m,60$ pour l'épaisseur supérieure de la muraille qu'elles portaient. Le fossé qui précédait dehors, comblé aujourd'hui, sert de route.

Au-dessus de ces citernes, contre le fossé, s'élevait la partie pleine du mur qui devait résister aux attaques du bélier. Puis, au-dessus de cette partie massive, s'élevaient une et deux rangées superposées de chambres voûtées, magasins et logements de la garnison.

Enfin une courtine, crénelée au dehors, couronnait le tout.

De distance en distance, des tours avançaient en saillie extérieure du mur, pour prendre les assaillants en flanc.

Ces tours, sur leur plate-forme, portaient des machines de défense, et la distance entre les tours était calculée de façon que le tir des machines pût se croiser sur les assaillants [1].

Les dimensions connues des murs de Carthage pourront proportionnellement nous donner celles des murs d'Utique, en ayant déjà la base, 6^m,60 d'épaisseur au pied.

C'était pour les murs de Carthage 10^m,40 environ.

Ils avaient 30 coudées de haut [2] (16^m,50) sous les créneaux, y compris les deux étages de voûtes pour la garnison.

En défalquant les hauteurs de ces deux étages, ainsi que l'épaisseur nécessaire de la courtine, il restait 8 mètres environ d'élévation pour la partie massive.

Ils avaient d'épaisseur trente pieds romains, βάθος δὲ ποδῶν τριάκοντα, dit Appien, soit 9 mètres en haut et beaucoup plus à la base [3].

---

[1] Planche VIII.

[2] La coudée *sacrée* valait 55 centimètres; la coudée ordinaire, 48 centimètres. Les mesures tunisiennes, le pic arabe et le pic handazé, ont conservé assez exactement la dimension des deux coudées antiques : le pic ordinaire, 48 centimètres; le pic handazé, 56 centimètres.

[3] Voir la note H, à la fin.

Les tours étaient espacées de deux plèthres[1], 62^m,16.

En admettant ces mêmes mesures proportionnelles pour les fortifications d'Utique, ces dernières avaient :

En épaisseur, 6^m,60 ;

En hauteur totale, sous les créneaux, 10^m,45 ;

Et en hauteur massive, pleine, entre voûtes et citernes, 6^m,75 à 7 mètres.

Les tours conservaient le même écartement.

Le fossé de Carthage avait 11 à 12 mètres de largeur, selon quelques indices fournis par le terrain.

Peut-être celui d'Utique avait-il la même largeur.

Ces fortifications étaient réellement formidables, bien qu'elles fussent moins puissantes que celles de Carthage. Mais il faut ajouter aussi que ces dernières paraissent avoir été une exception par leurs gigantesques dimensions.

Il fallut quatre années entières, tout le génie de Scipion, toute la persévérance d'une vaillante armée romaine parfaitement aguerrie, et, plus que tout cela encore, l'épuisement complet de ressources, d'hommes et de chefs, où se trouvèrent les défenseurs, pour que cette célèbre place de guerre pût être prise de force.

Les défenses d'Hadrumète, de Thapsus, de Leptis, de Thysdrus, etc. dont j'ai étudié les restes, avaient les mêmes dimensions que celles d'Utique ; c'était partout

---

[1] Le plèthre (πλέθρον) valait 31^m,080.

une épaisseur de 6^m,20 à 6^m,60 au pied des murs, et les autres dimensions en mêmes proportions. On peut donc en conclure que ces dimensions étaient celles des plus fortes places de guerre des temps anciens.

Nous pouvons affirmer, sans crainte d'être taxé d'exagération, que l'art de la défense des places était fort avancé dans les âges antiques, et qu'il ne fallait rien moins que la grande habileté des plus illustres capitaines, ayant à leur disposition de puissants moyens d'attaque, pour les emporter de vive force.

A part l'emploi de la poudre et les conséquences qu'elle entraîne, tout ce qui est mis en usage aujourd'hui pour l'attaque et la défense se faisait à peu près également dans l'antiquité. Le bélier remplaçait le canon; et le calcul comparatif que j'ai établi plus haut démontre que son choc était aussi puissant que celui de certains boulets.

On ouvrait des tranchées et on procédait par parallèles pour approcher de la place; comme aujourd'hui, on minait les remparts à certaines profondeurs, non pas, bien entendu, pour les faire sauter, mais de façon à produire sous leurs fondements un large éboulement qui ouvrait une brèche à l'assaut.

A la mine les assiégés opposaient la contre-mine.

Les machines de guerre étaient fort ingénieuses et de deux sortes : les unes, de grandes dimensions et fixes,

restaient en permanence sur les tours ou les remparts;
les autres, qui ne différaient que par leurs proportions
plus petites et portatives, scorpions, carro-balistes, car-
ro-catapultes, etc. mises sur des roues et traînées par
des chevaux, accompagnaient les armées à la guerre.
Ces diverses machines faisaient l'office de notre artillerie de places et de notre artillerie de campagne.

En somme, les moyens d'attaque et de défense
étaient, il est vrai, beaucoup plus longs dans leurs
effets, exigeaient infiniment plus de monde et avaient
une portée considérablement plus restreinte; mais ils
étaient aussi savants et presque aussi puissants dans leurs
efforts et leurs résultats en beaucoup de circonstances.

César, ce grand génie militaire des temps passés,
bien muni de machines de guerre cependant, ne put
emporter d'emblée ni Uzita, ni Hadrumète, ni Thysdrus, ni Thapsus, villes dont les fortifications étaient
les mêmes que celles d'Utique; et lui-même, solidement retranché, bien que passagèrement et avec très-
peu de monde, par des moyens analogues, sur un petit
point du littoral près de Ruspina, ne put être forcé
par les cent vingt mille hommes de Scipion Metellus et
de Labienus.

Une chose m'a surpris à Utique : je n'y ai pas vu de
traces marquées de cette deuxième et de cette troisième
enceinte de fortifications avancées qu'avait Carthage,

et que j'ai pu étudier à Hadrumète, à Thapsus et ailleurs.

La deuxième ligne de fortifications[1], généralement
distante de 30 à 40 mètres en avant des grands murs,
se composait d'un large fossé derrière lequel s'élevait
une banquette.

Le mur extérieur de cette banquette, faisant face à
l'ennemi, avait, au-dessus du fossé, de 4 à 5 mètres
de haut, et était crénelé[2].

Derrière ces créneaux, la courtine continue était un
remblai de terre fortement damé entre deux murs.

En contre-bas de ce second mur intérieur, était un
corridor à ciel ouvert, ou étroit chemin de ronde, séparé
du glacis de la place par un mur assez bas.

La largeur de cette première fortification avancée
était la même que celle du pied des grands murs,
6^m,50. Dessous, en substruction, étaient de petites citernes par séries continues, pareilles à celles qui étaient
sous les grandes murailles.

J'ai vu ces détails à Hadrumète et à Thapsus.

Cette deuxième ligne faisait, comme les grands murs,
le tour de la place.

La troisième ligne de fortification était simplement
un fossé précédant une banquette en terre palissadée,

---

[1] Deuxième ligne de fortifications, ἐπιτείχισμα βραχύ. (Polybe et Appien.)
[2] Planche VIII.

fortification passagère[1] comme celle des camps retranchés, et se développant à 3o ou 4o mètres environ en avant de la deuxième ligne.

Il en reste encore des parties considérables à Thapsus.

Des dispositions analogues à celles de la deuxième ligne existaient dans Utique, de chaque côté du canal qui formait le port marchand[2]; mais je n'en ai pas vu de traces hors de la ville, où cependant ces fortifications ont dû certainement exister pendant la période phénicienne.

Il est présumable que les Romains, qui n'avaient pas l'usage de ce triple mode de défenses, en avaient supprimé deux lorsque la ville devint leur place forte, et qu'ils élevèrent le grand faubourg et la nécropole sur leur emplacement.

ÎLE D'UTIQUE.

Certains indices désignent cette île comme ayant été le berceau d'Utique.

Mais, quelles qu'aient pu être sur ce point les dispositions originaires des habitations des colons primitifs, nous ne pouvons connaître que celles qui lui donnèrent la physionomie qu'elle a eue dans les derniers temps,

---

[1] Τὴν τάφρον.... Polybe, etc. — (3ᵉ fortification.)

[2] Cette fortification, destinée à protéger les quais, paraît être le παρατείχισμα βραχύ dont parlent Appien et Polybe à propos du siége de Carthage. Il fallait en effet l'emploi du bélier pour pouvoir y pratiquer une brèche. (Appien, liv. VIII, chap. cxxiv.)

c'est-à-dire celle que les débris de l'époque romaine nous montrent.

L'île formait un plateau assez élevé au-dessus de la mer, et de 350 mètres sur 250 de superficie, parfaitement fortifié sur tout son périmètre, et contenant, sur une petite échelle, tout ce qui peut être nécessaire à la vie politique d'une cité : forteresses, port de guerre et port marchand, vastes quais, palais, bains, gymnase, temples, marché, nécropole, tout s'y trouvait.

L'aspect des ruines imposantes de la dernière époque fait naître immédiatement la pensée que là était, pour ainsi dire, le cœur d'Utique, le séjour favori et privilégié de l'élite de la population uticéenne, alors qu'elle était devenue romaine.

Les édifices, vastes, y sont relativement en plus grand nombre et plus somptueux que dans la ville même.

On y jouissait, de tous côtés, des brises fraîches de la mer, si appréciées sous un climat brûlant, et de la vue panoramique de la cité, du continent, des rives du golfe et de la haute mer.

Là, toutes les ruines ont un aspect monumental, et le peu d'habitations privées qui s'y trouvaient témoignent de larges dimensions.

Les débris de colonnes en marbre, en pierre calcaire et en granit, comme aussi les fragments de marbres aux plus riches ciselures, la pierre de taille profilée en

moulures pour corniches ou entablements, les pavages
en mosaïques d'époques diverses, y foisonnent.

Enfin le périmètre entier, encadré par de puissantes
fortifications, avait ses larges et solides bases élevées
de 10 à 12 mètres au-dessus de la mer.

En ensemble et vu de dehors, c'était en quelque sorte
un immense château fort, sentinelle avancée de la cité
du côté de la mer, et qui protégeait l'entrée ainsi que
la sortie du port marchand, dans lequel les navires
se trouvaient complétement à l'abri, non-seulement de
toute attaque ennemie, mais encore de tous les caprices
des vents et de la mer.

Cette île, au dedans, devait avoir l'aspect d'un lieu
consacré à la fois aux grandes affaires, aux plaisirs et à
la religion. Point d'habitations vulgaires. Des thermes
spacieux et magnifiquement décorés des plus beaux
marbres, où les gens riches venaient sans doute se dé-
lasser; puis des temples et des palais. Les sénateurs s'y
rassemblaient, dit Plutarque, dans le temple de Jupiter,
pour y délibérer en secret. En effet, vers le centre de
l'île s'élevait un monument grandiose de 54 mètres sur
52 de superficie. Au centre était une vaste salle aux parois revêtues de marbre, et dallée de même. Une belle
galerie à colonnes l'entourait, large de 8^m,40. Sous
cette galerie, qui faisait le tour de l'édifice, c'est-à-dire
sous ses quatre faces répondant exactement aux quatre

points cardinaux, étaient quatre séries de citernes. Les colonnes, en granit gris clair, à grain serré et bien poli, avaient 80 centimètres de diamètre; quelques fragments épars sur le sol conservent des vestiges d'ordre dorique : ces monolithes auraient eu alors 6^m,40 de hauteur de fût[1].

Un soubassement à marches précédait le péristyle. Il y avait quatre portes; à chacune d'elles deux colonnes étaient légèrement engagées dans les murs.

Était-ce là le temple de Jupiter dont parle Plutarque dans la *Vie de Caton*, et où, pendant le séjour du célèbre Romain à Utique, le Sénat se réunissait en séances secrètes, dans les circonstances exceptionnelles? ou bien un édifice consacré aux grandes réunions, à l'époque où les proconsuls d'Afrique résidaient à Utique?

Une légende accréditée parmi les Arabes le nomme *Palais du Sultan*.

Cependant il y avait aussi dans la ville, sur le continent, un vaste édifice, précédé d'un péristyle et situé sur l'agora, sur la place. Celui-là a bien pu aussi être le temple de Jupiter dans lequel Caton assembla les Trois cents, avant l'arrivée de César, vainqueur à Thapsus et en marche sur Utique.

Ce bel édifice, à colonnes de granit, était contigu à un palais, précédé sur la voie publique d'un large esca-

---

[1] 16 modules.

lier engagé entre deux massifs de forme semi-circulaire,
embases probables de statues. Doit-on y voir la de-
meure proconsulaire, ou celle du vicaire de la province? Il communiquait, à sa gauche, avec l'édifice à
colonnes, et, à sa droite, avec un autre édifice également
spacieux et dont les murs sont puissants. La disposition particulière, en sous-sol, de ce dernier édifice, fait
naître le soupçon que là furent des prisons.

Au Sud de l'île étaient les bains. Leur construction
est d'époque romaine également. Ils ont été splendides,
car, parmi leurs ruines bouleversées, se trouvent éparses
à chaque pas des frises en marbre admirablement
sculptées, d'ordre corinthien, des tronçons de colonnes
cannelées, des fragments de statues, des restes de beaux
dallages, des canaux, le tout en marbre blanc.

A l'Est de l'île était le petit port dont j'ai parlé. Son
bassin, de 100 mètres sur 33, était au pied des fortifications de l'île. Deux forts avancés en protégeaient
l'entrée. Contre le fort Sud-Est était un temple au pavage en mosaïque fine, semé de fleurs bleues. Sa situation, près de l'entrée du port marchand, autorise à supposer qu'il était dédié à Vénus Amphitrite, selon les
usages de cette époque.

Le port marchand, sans annexes, était un canal ou
euripe de 300 mètres de long sur 40 mètres de large,
dans lequel on entrait par un goulet entre deux forts.

à l'Ouest, et qui aboutissait à un large bassin. En retour de ce bassin, une autre passe débouchait dans la mer sous le fort Nord-Est de l'île.

Les quais de droite et de gauche de l'euripe méritent une description particulière. A droite de l'euripe, par conséquent du côté de la ville, un quai large de 10^m,70 était presque à fleur d'eau, entre le canal et un parapet crénelé. Ce parapet, élevé d'environ 4 mètres, bordait une courtine large de 15^m,50. En dessous était un chemin de ronde, voie publique que bordaient à droite les maisons de la ville. Ce chemin de ronde avait 5 mètres de large. Le terre-plein et les murs de soutenement de cette large courtine, dans les fondements et sur toute la longueur, soit sur 300 mètres, recouvraient une triple rangée de petites citernes, larges chacune de 2^m,80 sur 3^m,50 de long, dans œuvre[1].

Du côté de l'île, à gauche, était un autre quai de 10^m,70, à fleur d'eau; au-dessus régnait également un parapet crénelé, pareil et parallèle à celui de la ville, ainsi qu'une courtine de 15^m,80. Les citernes qu'il recouvrait étaient à une seule rangée, larges de 3^m,50 et longues de 7 mètres, dans œuvre. Le dessus de ces deux quais, selon l'usage phénicien, devait servir de mar-

---

[1] On est autorisé à supposer que l'eau contenue dans ce nombre considérable de citernes était destinée à l'alimentation des navires marchands, à l'époque phénicienne, où les aqueducs n'existaient pas.

ché, ainsi qu'en témoigne Appien[1] pour les mêmes quais à Carthage. ‒

De très-nombreux tronçons de colonnes en pierre de taille, semés le long de cette courtine, dans l'île, font penser qu'une longue colonnade a pu la couvrir, à une époque postérieure sans doute à l'autonomie uti-céenne. En effet, ce mode de défense est d'origine toute phénicienne, et le récit d'Appien[2], pris dans Polybe, ne laisse pas douter qu'une fortification pareille ne protégeât également les quais de Carthage; il nomme cette fortification ϖαρατείχισμα βραχύ. Ce retranchement permanent, qui était peu ou point en usage chez les Romains, et dans tous les cas avait de bien moindres dimensions[3], a pu être utilisé par eux à Utique, lorsque cette ville fut devenue leur place d'armes en Afrique, et servir d'emplacement à une promenade couverte. S'il en a réellement été ainsi que nous semblons autorisé à l'admettre, ce portique, d'un développement rectiligne de 300 mètres de longueur, devait être d'un merveilleux effet, et d'une utilité non moins hautement appréciable sous ces chaudes latitudes. Parmi les assises de colonne éparses qui ont 55 centimètres de diamètre, ce qui

---

[1] Appien, *Guerres puniques*, VIII, cxxiii et cxxiv.

[2] *Ibid.*

[3] Le vallum des grands camps stationnaires des Romains était sur ce principe, mais moins puissant, et précédé d'un glacis palissadé. (Appien, *Guerres puniques*, VIII, cxxiii.)

donne 3^m,85 de hauteur pour chaque colonne[1], se trouve un chapiteau d'ordre toscan.

A l'angle du fort Est de l'île était un petit temple, au pavage en fine mosaïque, semi-circulaire, la face tournée vers l'Est, pareil en un mot à celui qui était à l'angle Est de la forteresse de la ville, et, comme lui, également situé à mi-hauteur de la pente.

Les grandes fortifications qui défendaient la tête de l'île du côté de la haute mer avaient 16 mètres de large, et étaient assises sur deux rangées de petites citernes ayant, dans œuvre, 4 mètres sur 1^m,65 chacune.

En bas, au pied, un quai de 15 mètres, couvrant aussi une double rangée de citernes, précédait les hautes murailles. Vue de la mer, cette tête de l'île présentait comme trois immenses gradins, trois puissantes lignes de fortifications superposées l'une à l'autre.

A leur base régnait une large file de gros blocs équarris et joints sans ciment, sorte de brise-lames.

OBSERVATIONS GÉNÉRALES.

Ici se terminent les études que j'ai été à même de faire sur Utique.

Sans doute, au point de vue archéologique, il reste encore beaucoup à faire, puisque je n'ai pas été libre de fouiller le sol partout et autant qu'il eût pu être néces-

---

[1] L'ordre toscan a 14 modules.

saire; mais au moins les résultats que j'ai obtenus pourront servir de jalons pour des découvertes ultérieures.

Peut-être le lecteur aura-t-il fait la remarque que parfois, dans tout ce qui précède, j'ai touché à des sujets historiques ou à leurs aperçus physiologiques. Mais il faut observer qu'il n'était guère possible de tenter cet essai sans entrer dans quelques considérations appartenant à l'histoire de l'empire des Phéniciens et des Carthaginois en Afrique, et à leurs conquêtes au dehors. L'histoire particulière d'Utique se lie si intimement avec celle de Carthage et des autres emporia, que faire autrement ne se pouvait pas, quelque restreint du reste que fût le cadre dans lequel il fallait renfermer mon travail.

Pour achever cet essai, ou pour mieux dire cette esquisse, il reste à présenter une considération prise au point de vue général de l'histoire et de la physiologie des emporia phéniciens en Afrique. Cette considération frappe l'esprit, quelque préoccupé que l'on puisse être de l'étude des localités et de celle des diverses races qui se sont tour à tour fixées depuis tant de siècles sur le sol libyque. C'est une étrange destinée que celle sous laquelle est inexorablement courbée cette vaste lisière nord de la grande péninsule africaine, lisière comprise entre les solitudes de Barca, l'océan Atlantique et cet autre océan de sables, le Sahâra! Depuis le jour où pour la première fois le pied d'une créature humaine s'y est posé, elle a presque sans relâche été le théâtre de dévastations acharnées, de luttes effroyables entre les différentes races envahissantes, se précipitant l'une sur l'autre et l'une après l'autre, luttes chaque fois plus ardentes et plus terribles que les précédentes. Il semble que la Providence l'ait vouée fatalement aux convulsions sans paix ni trêve. On est tenté de croire que le Destin ait prononcé un immuable arrêt contre les descendants de la race brune, qui, la première peut-être, a anéanti la fraction de la race noire qui se trouvait isolée du reste des noirs de l'intérieur par la zone saharienne. A partir de cette époque inconnue, toutes les races brunes et blanches sont venues l'une après l'autre apporter la destruction et des fers à chacune de celles qui les avaient précédées : Indiens, Égyptiens, Pélages, Médo-Perses, Phéniciens, Romains, Vandales, Sarrasins et Turcs.

Est-il réservé à la France de savoir y fonder une œuvre durable de fusion et de prospérité?

Mais, sans chercher à pénétrer les mystères de l'intervention divine dans la marche des choses humaines, peut-être pourrions-nous trouver, dans des causes plus à portée de notre examen, la solution de ce grand et remarquable problème du Nord de l'Afrique. Nous pourrions, par exemple, admettre que cette lisière africaine, peuplée exceptionnellement par les blancs, doit les terribles alternatives de conquêtes, d'indépendances momentanées et de longues servitudes dans lesquelles elle se débat de mémoire d'homme, aux premières invasions elles-mêmes.

Prenant naissance dans les profondes méfiances, vivaces encore à présent même, entre les descendances des races envahissantes et celles des races refoulées, se sont développés et pour ainsi dire ancrés dans le sol même :

1° L'état d'hostilité séculaire entre les diverses descendances, qui repoussent avec passion tout contact, tout amalgame entre elles;

2° Le fractionnement temporaire du sol;

3° L'indifférence où sont ces diverses races pour une patrie toujours provisoire;

4° Enfin, cet état social par fractionnements, où chacun vit pour ainsi dire au jour le jour, oublieux des enseignements du passé et insoucieux de l'avenir par indifférence ou par fatalisme.

Il est hors de doute que toute nation conquérante, pénétrant à son tour sur cette partie du sol africain avec des moyens d'attaque plus nouveaux et plus perfectionnés que ceux que possèdent ces peuples isolés du monde et arriérés, a rencontré dans tous ces éléments d'instabilité, dans cet esprit d'inquiète mobilité, le moyen d'opposer d'abord les unes aux autres ces races fractionnées et jalouses, puis d'asseoir à la longue un empire absolu sur toutes.

Une seule chose s'est immobilisée dans ce faisceau sans lien de tant de races diverses, c'est l'esprit et la forme de toutes les mauvaises traditions du passé, et cela aussi complétement que s'est fait l'oubli des grandeurs qui ont pu les compenser jadis.

Ce faisceau, ces groupes composés d'éléments si hétérogènes, forment les populations actuelles de toute la zone littoral.

C'est parmi ces groupes que se retrouve le reflet traditionel des antiques coutumes phéniciennes et de quelques-unes des coutumes romaines, mélangées d'un peu d'arabe et de turc.

Quant à la zone sahârienne, elle offre un spectacle bien autrement étrange encore. Elle nous montre les antiques et nombreuses tribus qui l'habitent, depuis les côtes marocaines sur l'Océan jusqu'à l'Égypte, vivant encore des mêmes mœurs qu'avaient importées les tribus atlantes, leurs ancêtres, dès les âges antédiluviens. Une suite de siècles considérable a passé sur ces tribus berbères, sans altérer, ou à peine, leurs coutumes originaires, ni même leurs appellations.

Les civilisations apportées en Afrique par de grands peuples conquérants, à différents âges, ont vainement tenté de pénétrer au milieu d'elles.

N'est-ce pas un contraste saisissant que cette atti-
tude immuable d'une des plus vieilles races du monde,
repoussant avec une persistance que rien n'ébranle,
depuis cinquante siècles et bien plus peut-être, tout contact avec les autres races? Et cela aux portes de notre
Europe actuelle!

Cette souche, antique parmi les plus antiques souches
humaines, qui a pu résister aux entraînements des civilisations phénicienne, grecque et romaine, restera-
t-elle aussi impénétrable à la civilisation française, vis-
à-vis de laquelle elle se trouve à présent?

Elle ne viendra certes pas à nous, car l'esprit de ses
traditions nous repousse; mais saurons-nous la faire
sortir de son immobilité?

Là est un grand problème social dont la solution
semble nous être dévolue.

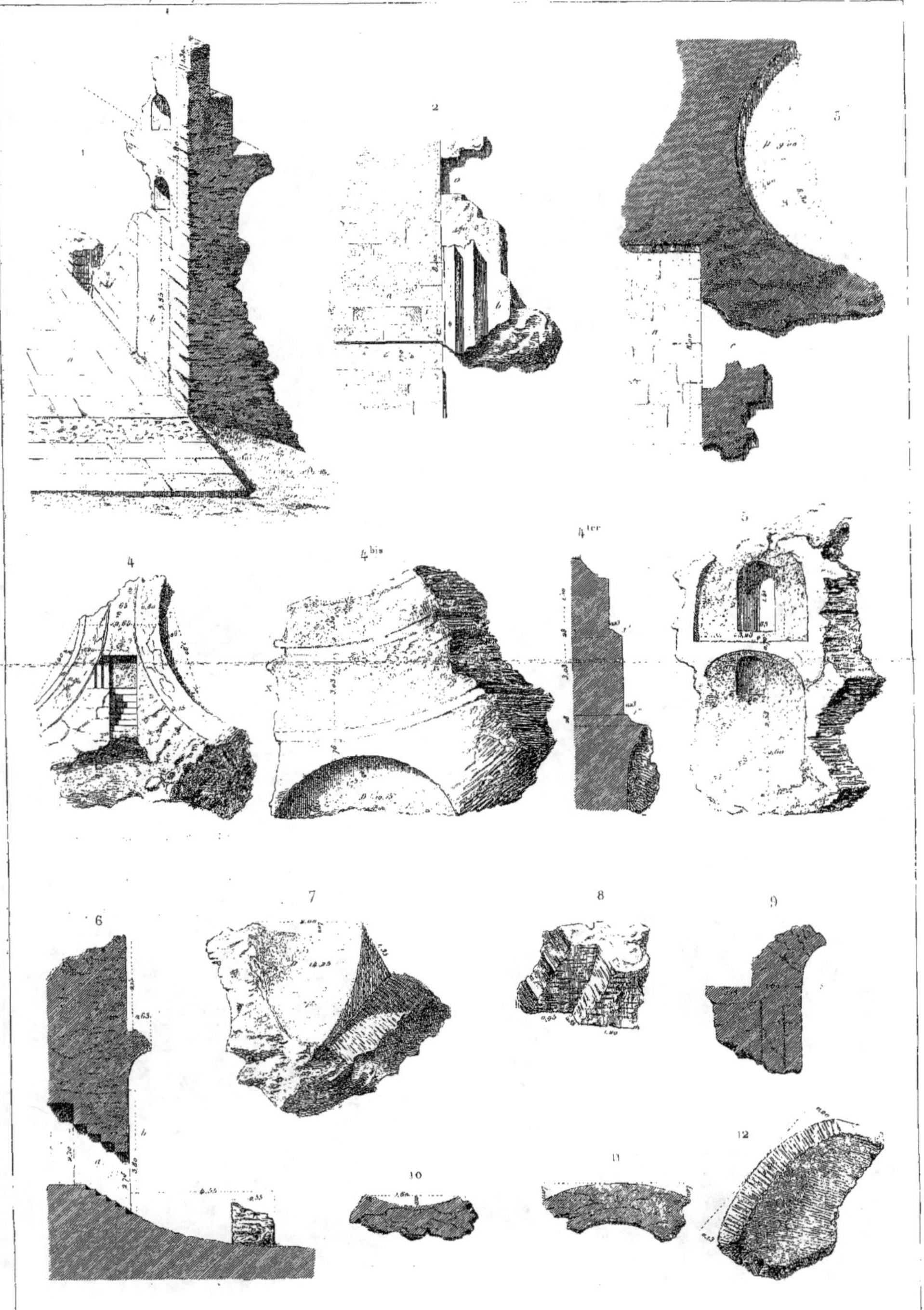

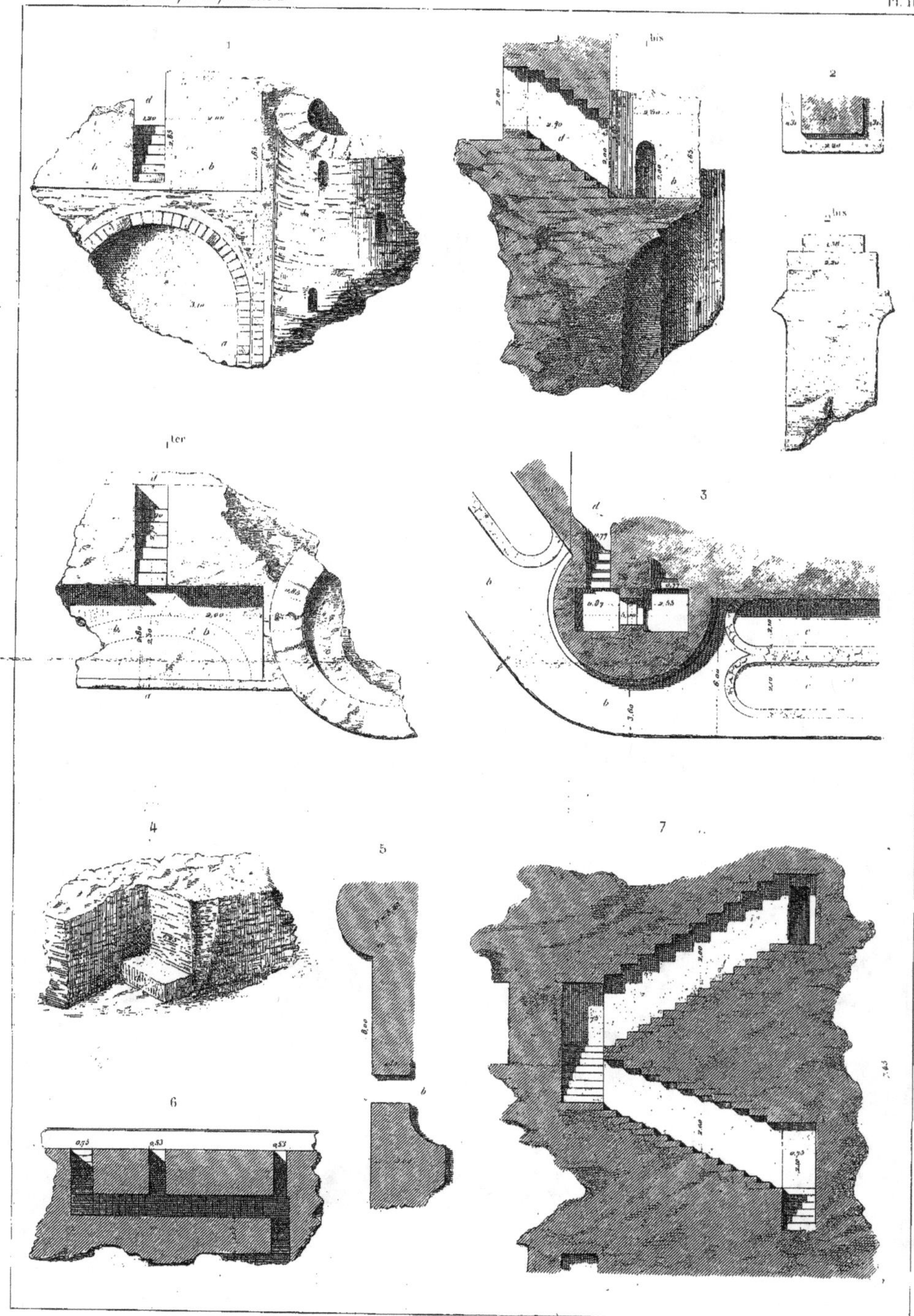

CITERNE D'EAU PHÉNICIENNE

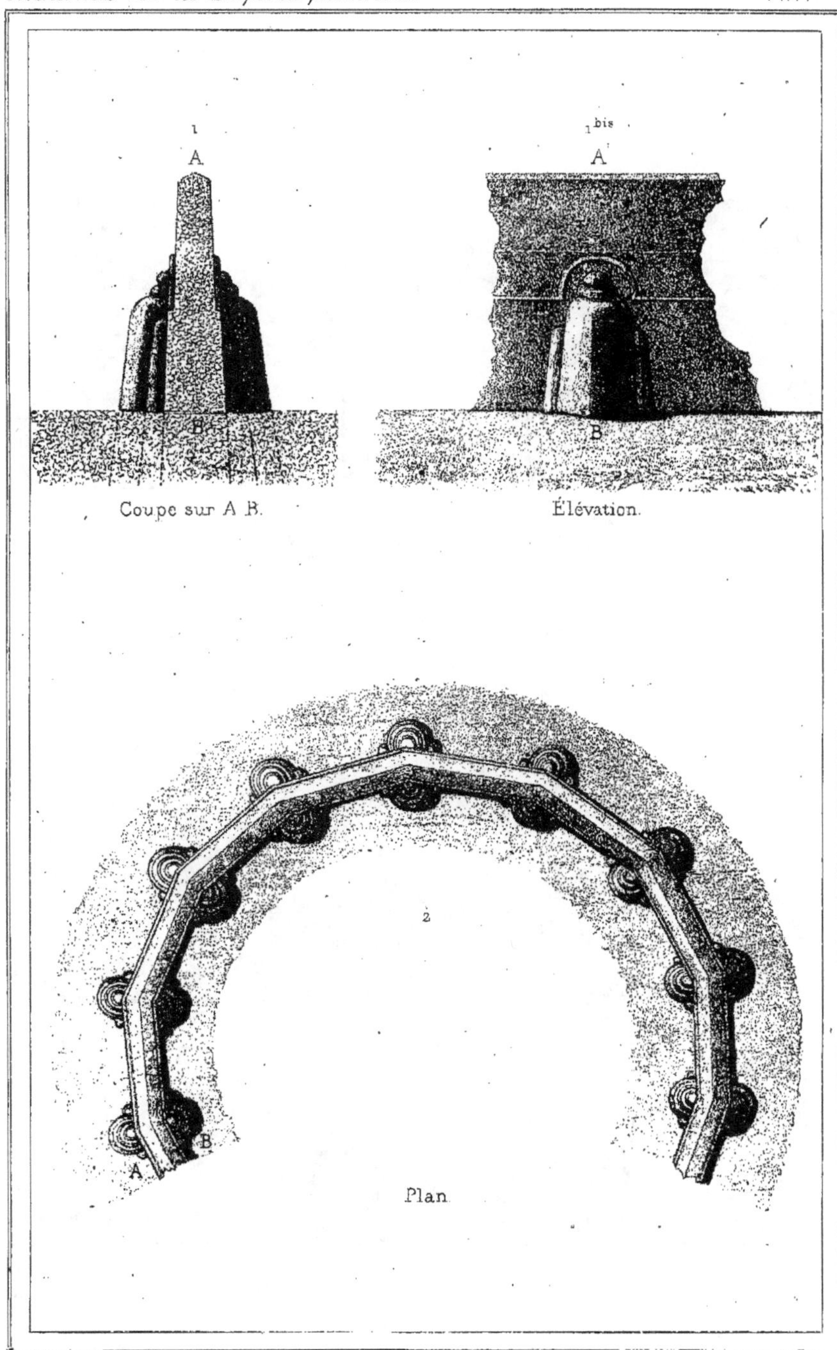

1
A
Coupe sur A B.
1 bis
A'
Élévation.
2
B
A
Plan.

PALAIS AMIRAL

Fig. 1.

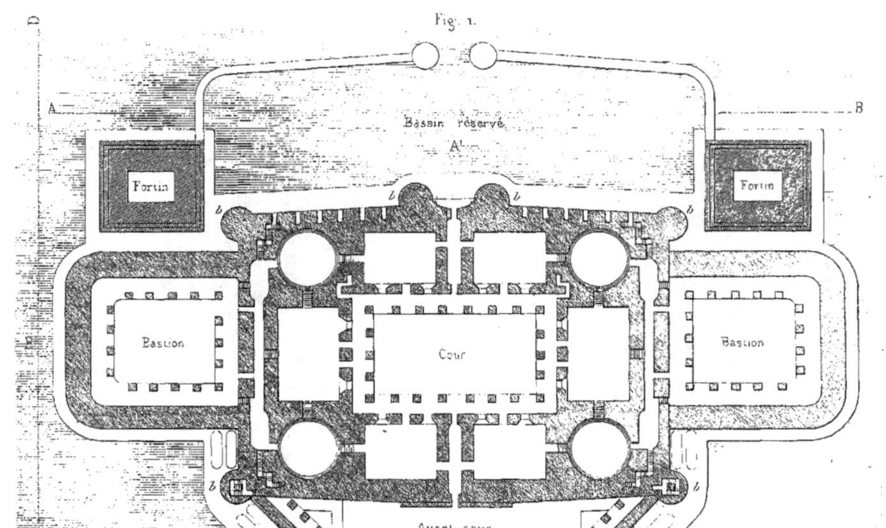

Plan du rez-de-chaussée

Fig. 2.

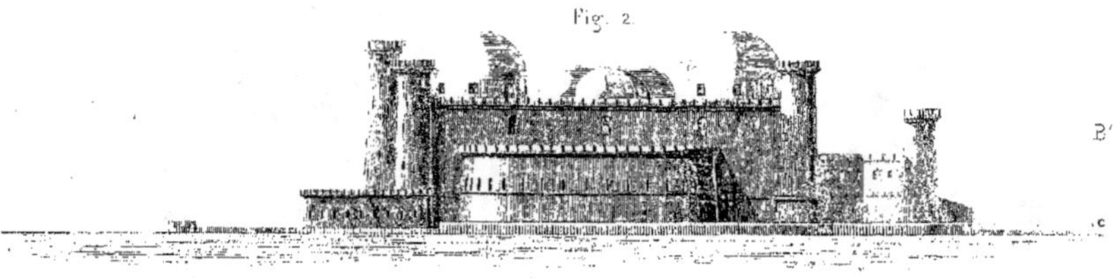

Élévation sur CD

Fig. 3.

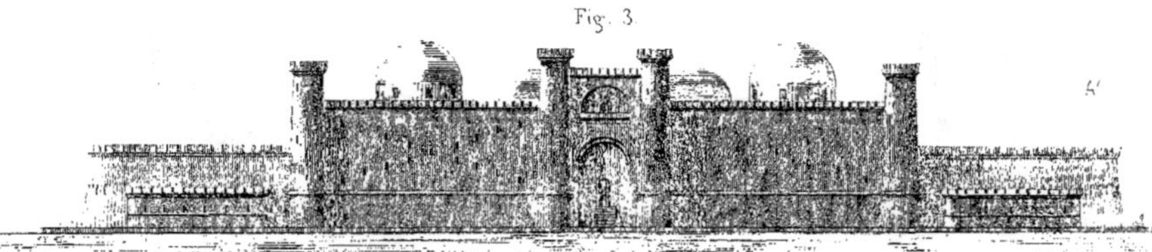

Façade Nord du Palais, Élévation sur A B

PALAIS AMIRAL
Fig. 1.

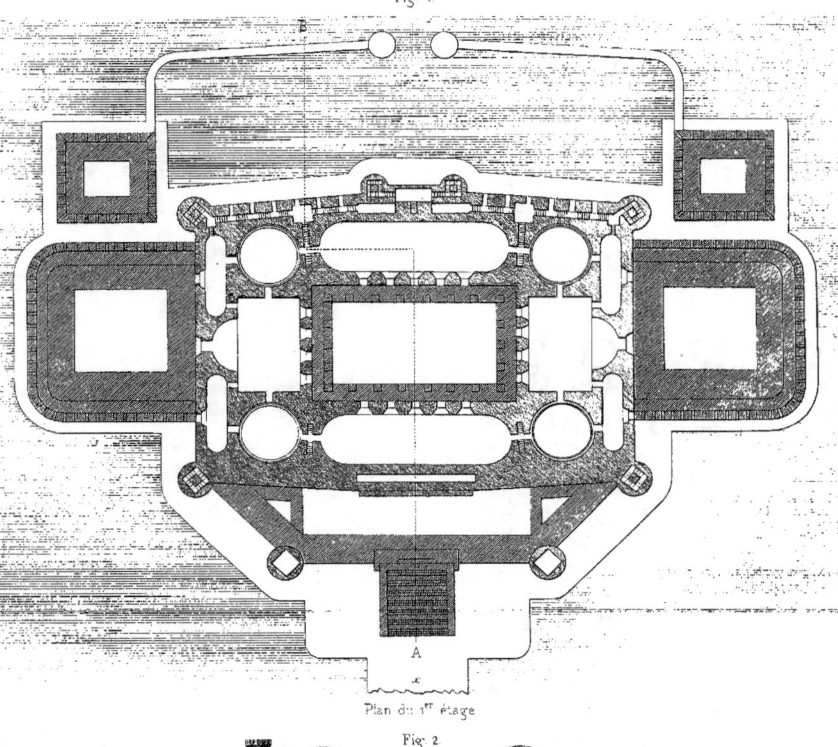

Plan du 1er étage

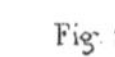
Fig. 2.

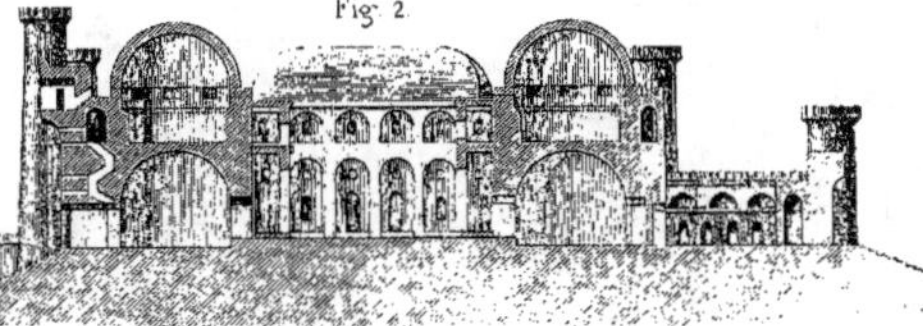

Coupe de l'élévation sur A.B

Fig. 3.

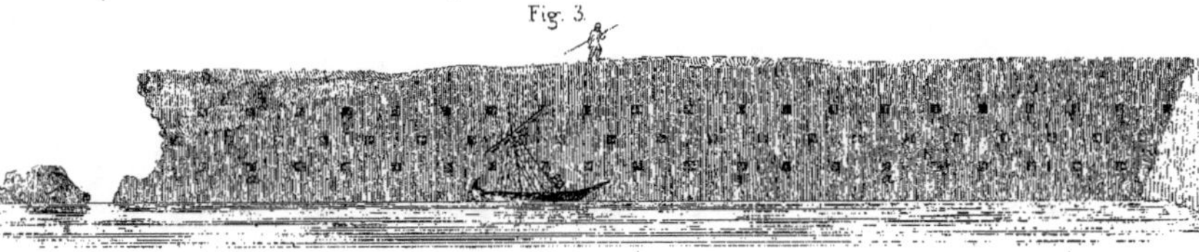

Grand môle de Thapsus, Elévation.

Fig. 3bis

Grand môle de Thapsus, Plan des évents

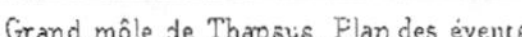

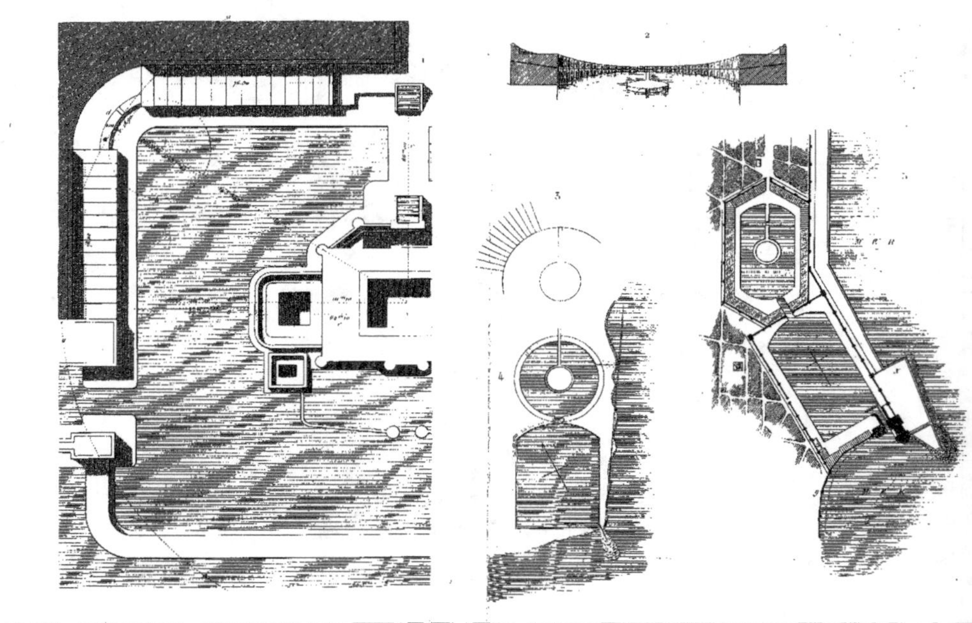

MURAILLES DE THAPSUS. VUE INTÉRIEURE ET EXTÉRIEURE.

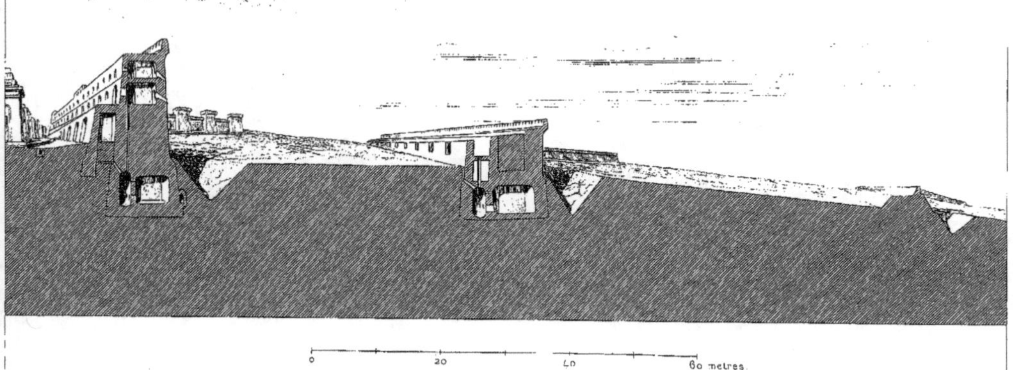

MURAILLES DE THAPSUS. TRIPLE LIGNE DE FORTIFICATIONS.

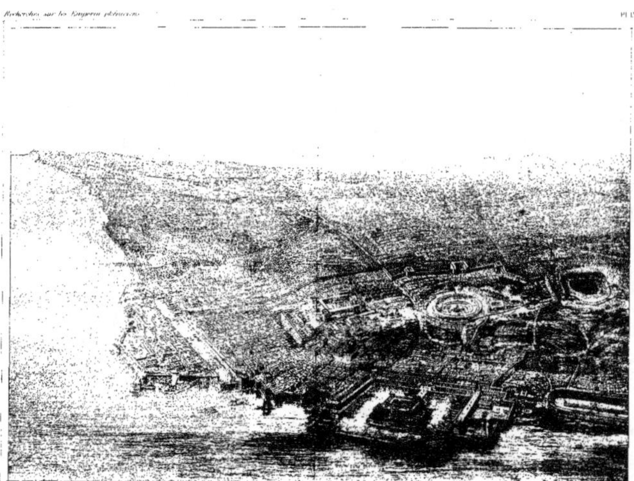

NOTES.

NOTE A.

Une courte note relative aux matériaux employés dans les constructions, à Utique et à Carthage, trouvera ici quelque opportunité.

J'ai été pendant plusieurs années ingénieur de la Régence, circonstance qui me met à même de consigner les observations que j'ai pu faire sur ce sujet.

Il existe, non loin de Carthage et de Tunis, des carrières de calcaire à grain fin, dont l'exploitation paraît avoir été pratiquée dès les temps les plus reculés. Ce calcaire, à texture aussi fine que la pierre dite *lithographique*, se délite plus ou moins rapidement, selon le strate dont il provient, lorsqu'il est exposé aux influences alternatives des vents venant de la mer et de la chaleur solaire.

On ne l'exploite à présent que pour en faire de la chaux, ou pour l'employer dans les bâtisses dont les murs doivent être revêtus d'un crépi en mortier.

Dans les constructions phéniciennes en blocage, on employait de petites pierres provenant d'un tuf calcaire de formation récente, dont le banc fort étendu couvrait presque toutes les parties des côtes Nord et Est du Zeugis et du Byzacium [1]. On voit que ce banc a été exploité et qu'il a disparu même, sur de grandes surfaces, aux environs de toutes les villes antiques, et les excavations ont fait place à des marais partiels, comme à Thapsus, par exemple. Dans les nécropoles, les hypogées étaient ménagés sous ce banc.

Mais il existe encore presque partout ailleurs.

Son épaisseur varie, selon les endroits, depuis $0^m,40$ jusqu'à

____

[1] Pline en parle.

1^m,5o de puissance; son grain, fin, serré et brun aux surfaces supérieures, est de plus en plus gros, peu agrégé et blanc mat en dessous.

Il recouvre généralement des bancs épais d'argiles smectiques, ou des marnes, parfois blanches, parfois irisées.

Ce détail explique en partie la nécessité où se trouvèrent les Phéniciens, dans les premiers siècles de leur établissement en Afrique, d'édifier leurs murs en blocage, c'est-à-dire de n'utiliser ces matériaux, les seuls à leur portée, qu'à la condition de les tenir noyés complétement au milieu d'un excellent mortier.

Pline atteste ce fait[1], de l'emploi du tuf par Carthage et les autres villes phéniciennes d'Afrique.

Mais on comprend moins ce qu'il ajoute : « qu'on enduisait les « édifices de poix ou de bitume, parce que la chaux en attaquait « les pierres . . . . »

J'ai, comme ingénieur, employé ces mêmes matériaux dans des constructions importantes en Tunisie, et j'ai pu m'assurer, par des expériences réitérées, que le contact du mortier, loin de leur nuire lorsqu'ils sont employés comme moellons, les préserve au contraire de toute détérioration.

L'assertion de Pline ne me paraît donc compréhensible qu'en ce sens, que les Phéniciens revêtaient d'un enduit de bitume les surfaces extérieures des murs élevés avec ce calcaire à grain fin; employé en pierres de taille, à larges surfaces lisses[2], surfaces exposées alors à l'action délitante des vents chargés de principes saumâtres et des rayons soit solaires, soit lunaires.

Le bitume, dans ce cas, faisait l'office de notre peinture à l'huile moderne au dehors des maisons.

Cependant, si tous les murs de la ville étaient restés sous l'aspect général de la couleur brun-noir du bitume, l'effet en eût été affreusement triste à l'œil, et, de plus, cette couche de matière grasse et molle eût incontestablement fondu annuellement à l'ardente

---

[1] Pline, *Histoire naturelle*, liv. XXXVI, chap. xxii.
[2] Le *saxo quadrato* d'Orose.

chaleur du soleil d'été. Il faut donc de toute nécessité admettre que, lorsque ce badigeonnage de goudron ou d'asphalte était sec, on le recouvrait, comme il est encore d'usage en Afrique, d'une seconde couche de chaux blanche éteinte. L'effet de cette seconde application était d'abord de réfracter la chaleur solaire, puis de donner un aspect de propreté et un éclat d'ensemble beaucoup plus convenables à l'œil. Cet antique usage existe encore et date de temps immémorial en Afrique.

Orose affirme que les grands murs de Carthage étaient à parements, ou peut-être même tout entiers en pierres de taille. Ce fait n'est pas à révoquer en doute, mais il nous laisse indécis sur le lieu de la provenance de ces pierres.

Si les Carthaginois ont utilisé les magnifiques bancs de calcaire à grain fin susceptible de se déliter, que j'ai cités plus haut et qui se trouvent à peu de distance de la ville antique, il y avait en effet nécessité absolue de protéger leur surface extérieure au moyen de ces couches annuelles de goudron et de blanc de chaux grasse.

La citation de Pline tend à faire admettre ce fait.

Mais ces pierres de taille pouvaient aussi avoir une autre provenance ; elles pouvaient venir, par exemple, de l'île de Melita (Malte), l'une des possessions les plus rapprochées des Phéniciens.

Il n'est pas douteux qu'ils en aient extrait et transporté en Afrique une quantité considérable pendant plusieurs siècles, car j'ai trouvé cette pierre si reconnaissable, et en grand nombre, parmi les ruines de villes antiques sur toute l'étendue des littoraux du Zeugis et du Byzacium. Je me suis assuré, en outre, que cette pierre n'a pas d'analogue dans la régence de Tunis.

Toutes les inscriptions en langue carthaginoise, celles du moins qui ont été trouvées jusqu'à ce jour, sont gravées sur cette pierre de Malte, ainsi que la presque totalité des stèles votives phéniciennes.

Ces pierres des grands murs pouvaient également avoir été extraites d'une antique exploitation, continuée jusqu'à nos jours, et pratiquée sur le littoral Est du Byzacium, près de l'ancienne Zella, assez proche de la ville actuelle de Méhédia. L'endroit de ces carrières se nomme, en arabe, *Roudjich*, et la pierre qu'on en extrait et qui s'exporte encore au loin, par terre et par mer, est un excellent calcaire coquillier à grain assez fort. Très-tendre à débiter en blocs dans les strates de la carrière, comme la pierre de Malte, comme elle aussi elle acquiert une grande dureté avec le temps, et ne se délite sous aucune influence. Enfin il n'est pas impossible non plus qu'on les ait extraites des Latomiæ, de ces antiques carrières dont parle Diodore de Sicile, situées au bord de la mer, proche de l'endroit où Agathoclès opéra son débarquement[1] près de quatre siècles avant notre ère; cet endroit se trouve à l'extrémité du cap Bon, l'ancien promontoire d'Hermès.

Les Romains, qui employèrent la pierre de taille dans presque toutes leurs constructions en Afrique, ont dû les extraire de ces trois provenances principales pour les villes du littoral, selon leur situation dans le pays; mais nulle part, que je sache du moins, ils n'ont construit avec le calcaire à grain fin des environs de Tunis.

Néanmoins on l'a utilisé pour en faire les larges dalles plates qui couvraient le sol des rues dans les cités phéniciennes, en choisissant les meilleurs strates.

Le dallage des précinctions, les degrés d'escaliers, et les gradins-siéges dans les théâtres, amphithéâtres et cirques, étaient de de la même pierre.

Les environs de Carthage fournissent aussi un calcaire métamorphique, nommé dans le pays *kaddêhl*, sorte de marbre à gros grain, à apparençe graniteuse; il est blanc et rosé de couleur, et fort en usage. Il est possible que certains édifices à Carthage en aient été décorés; mais il est douteux que sa très-grande dureté ait permis de l'employer pour les grands murs de Carthage.

J'ai vu enfin d'antiques carrières de marbres de natures diverses sur quelques points de la Régence; mais la haute végétation qui

---

[1] En 390 avant Jésus-Christ.

les couvre fait voir que leur exploitation a été abandonnée depuis
bon nombre de siècles.

Note B.

J'ai complétement levé et dressé au $\frac{1}{3000}$ le plan de la ville
de Thapsus et environs, jusqu'au delà du célèbre champ de bataille. Je puis donc offrir ici quelques observations relatives à cette
étude.

QUAIS DU PORT DE GUERRE DE THAPSUS.

Les quais du port de guerre, aujourd'hui enfouis complétement
sous terre, et dont l'emplacement n'est désigné que par une légère dépression du sol, étaient construits en blocage, comme l'immense môle qui, au Nord, en protégeait la passe.

Shaw, qui a visité ces ruines avant 1727, époque où, paraît-
il, on en voyait encore des traces à fleur de sol, s'exprime ainsi :

« Il y reste encore, en dépit du temps et de la mer, une grande
« partie du Cothôn, lequel était bâti dans des espèces de châssis
« comme les murs de Tlemsem. Les matières dont il est bâti sont
« de petites pierres et du mortier si bien liés et cimentés qu'un
« rocher ne saurait être plus dur et plus solide. »

C'est bien là une désignation exacte du blocage phénicien.

Il est peu supposable qu'ici Shaw fasse allusion au grand môle,
qui, par ses dispositions, n'offre aucune ressemblance à un port,
à un Cothôn.

L'étude et les fouilles du port et de la ville de Thapsus m'ont
présenté des résultats d'un très-vif intérêt, car, outre les détails
tout particuliers ou même exceptionnels de certains édifices, tels
que le grand môle, l'acrópole, l'étendue progressive des murs
d'enceinte, etc. j'ai eu la bonne fortune d'y découvrir des fragments
de grandes fortifications, identiques, sauf les dimensions, avec
ce qu'Appien, Polybe, Orose, et autres auteurs anciens, nous ont
appris des fortifications si célèbres de Carthage.

J'y ai trouvé les trois lignes de défense :

1° Les grands murs de la place même, — ὑψηλὰ τείχη.

2° La ligne de fortifications intermédiaires, — ἐπιτείχισμα βραχύ.

3° La troisième ligne la plus avancée, le vallum, — τάφρον.

J'y ai acquis plus que la conviction, j'ai acquis la preuve que la *triple enceinte* n'était nullement un mode de fortifications exceptionnel pour Carthage, mais bien l'application d'un système de défense commun à toutes les grandes ou fortes places de guerre des Phéniciens en Afrique.

A ma connaissance, Utique, Hadrumète, Thapsus et Thysdrus, puis enfin, selon les auteurs anciens, Carthage, étaient entourées de cette triple enceinte.

Mais à Utique les deux défenses extérieures du système phénicien disparurent de bonne heure; c'est-à-dire très-probablement dès que les Romains en firent leur place d'armes, après la prise de Carthage. Sur leur emplacement ils fondèrent, d'un côté de la ville, deux vastes faubourgs, et, de l'autre, une nécropole et le cirque.

Les amorces seules restent au bord de la mer, là où se trouvent les ruines de l'édifice phénicien, château avec une tour, ou sémaphore, dont j'ai donné plus haut la description.

Sauf ces deux exceptions, à Utique et à Carthage, on retrouve des traces de triples enceintes dans les environs des autres villes fortes d'origine phénicienne du Zeugis et du Byzacium.

Note C.

Quelques voyageurs modernes se sont efforcés de jeter un peu de lumière sur la question si pleine d'intérêt de l'empire phénicien en Afrique. Par opposition cependant, un d'eux paraît vouloir la rejeter à tout jamais dans les ténèbres. D'après la simple autorité, selon lui, de quelques similitudes de détails topographiques, Carthage se trouve brusquement transplantée à Bougie.

Voilà certes un déplacement bien inattendu, et surtout bien surprenant, car il fait bon marché de tous les auteurs et géographes de l'antiquité, enjambe sans façon par-dessus les longitudes et latitudes jusqu'à présent acceptées, faute de mieux, paraît-il, et taille en plein drap dans les mers, les continents et les dentelures des littoraux, à la répartition et à la forme arrêtée desquels nous avions cru jusqu'à ce jour.

J'ai, pendant le séjour nécessité par mes études en Afrique, été bien étonné d'apprendre qu'un décret solennel, signé Rabusson, inséré au *Moniteur universel* à la date du 13 octobre 1864, *in extenso* et en plusieurs colonnes, ordonnait la translation de Carthage, d'Utique, etc. à 80 lieues plus à l'Ouest.

Le pays entier, Zeugis et Byzacium, était invité tout naturellement à suivre ces deux métropoles.

C'est là, à coup sûr, une application large de la loi toute moderne d'expropriation pour cause d'utilité publique, faite pour la première fois à la science.

Pour mon compte, j'ai à me féliciter que l'application du décret n'ait pas été immédiate, et qu'il m'ait été laissé d'avoir encore pu étudier à leur place ancienne les restes et les vestiges, concordants jusqu'à présent avec les récits des vieux auteurs, de tant de villes célèbres, de tant de localités séculaires, témoins d'un si grand nombre de hauts faits historiques.

C'est une bonne fortune que ne paraissent pas destinés à retrouver mes successeurs en recherches archéologiques.

Pour lever tous les doutes qu'il cherche à faire surgir, il serait fort à désirer que M. Rabusson voulût bien s'entendre avec tous les auteurs des temps anciens, comme aussi avec la géographie et la topographie. Nous le prierions ensuite de vouloir bien, après un examen mûr et des critiques consciencieuses, rectifier point par point toutes les erreurs auxquelles nous avons traditionnellement donné créance jusqu'à ce jour.

Nous hâtons cette dernière publication de tous nos vœux, pour notre instruction d'abord, et puis aussi pour ne pas laisser dans un doute plein d'anxiété tant de vénérables restes de cités antiques encore debout, tant de monuments rendus tremblants par leur grand âge, n'ayant guère de solide que leur persuasion d'être en pays natal, jusqu'à preuve du contraire par M. Rabusson.

Note D.

La nécessité de surélévation des tours se comprend.

Le projectile lancé par la machine, soit pierre, soit faisceau de pieux armés de pointes de fer, décrivait une trajectoire d'autant plus courte que le point de départ où était la force d'impulsion était plus rapproché du sol. La longueur de portée du tir dépendait donc de la hauteur où se trouvait la machine.

Ces engins de guerre antiques, fixes sur leur plate-forme par leur poids considérable et leur nature, n'étaient pas maniables comme nos engins modernes, nos canons, par exemple, dont la mobilité de base (celle des deux tourillons) permet de diriger le pointage au-dessus comme au-dessous de l'horizontale, de façon que la fin de la trajectoire puisse être reculée ou rapprochée à volonté; en un mot, que le but que doit frapper le projectile puisse être atteint, selon les besoins, à une distance plus éloignée ou plus courte.

Ce qui semble autoriser la supposition que ces machines n'étaient pas disposées, dans les temps très-anciens du moins, de façon à pouvoir permettre d'allonger le tir en exhaussant à volonté, par plus ou moins d'inclinaison, le point de départ du projectile, en un mot qu'elles n'étaient pas susceptibles d'un mouvement graduel de hausse ou de baisse, est ce fait de surélévation par un, deux ou plusieurs étages, des tours qui les portaient. En effet, plus les tours étaient élevées, plus la trajectoire était allongée naturellement [1].

Par contre, il semble probable qu'elles possédaient le mouve-

[1] L'écartement des deux lignes de fortifications extérieures était calculé sur la portée de cette trajectoire, qui dépendait elle-même de la hauteur des tours. Les défenseurs

ment de rotation sur elles-mêmes, comme les grands affûts de nos pièces de côtes; car sans cela le saillant des tours n'eût réellement offert qu'une protection bien peu efficace au moment d'une vigoureuse escalade.

L'usage de ces machines de guerre, ou pour mieux dire de défense, perfectionnées graduellement, s'est maintenu jusqu'à l'époque où l'on a appliqué la poudre comme force de projection. Pendant le moyen âge, elles défendaient les châteaux sous le nom de *karkamuses,* de *fauconneaux,* etc.

Note E.

Cette méthode de transmission télégraphique eut bientôt de nombreux imitateurs chez les autres nations. Les Grecs surtout imaginèrent ensuite d'autres systèmes plus ou moins perfectionnés. Polybe en cite plusieurs, qui étaient en application 250 ans après l'invention phénicienne.

Il ne serait peut-être pas sans intérêt, à notre époque où l'art télégraphique paraît être arrivé à son apogée de perfectionnement, de lire le détail de celui de ces systèmes antiques qui paraissait, à l'époque de Polybe, réunir les meilleures conditions.

Je laisse parler l'historien [1] :

« La dernière méthode a pour auteurs Cléoxène et Démoclite; « mais nous (les Romains) l'avons perfectionnée.

« Elle est certaine et soumise à des règles fixes, et par son « moyen on peut avertir de tout ce qui se passe. Elle demande « seulement beaucoup de vigilance et d'attention. Voici en quoi « elle consiste :

« Que l'on prenne toutes les lettres de l'alphabet, et qu'on en « fasse cinq classes, en mettant cinq lettres dans chacune. Il y en

de ces deux lignes, ἐπιτείχισμα βραχύ et τάφρον, devaient avoir, en cas de besoin, leur retraite protégée par le tir des machines que portaient les tours des grandes murailles, ὑψηλὰ τείχη.

[1] Polybe, *Histoire générale de la république romaine,* liv. X, frag. xLV, xLVI.

« aura une qui n'aura que quatre lettres ; mais cela est sans au-
« cune conséquence pour le but que l'on se propose.

« Que ceux qui seront désignés pour donner et recevoir les si-
« gnaux écrivent sur cinq tablettes ces cinq classes de lettres, et
« conviennent ensuite entre eux que celui qui devra donner le
« signal lèvera d'abord deux fanaux à la fois, et qu'il les tiendra
« levés jusqu'à ce que de l'autre côté on en ait aussi levé deux,
« afin que de part et d'autre on soit averti que l'on est prêt.

« Que, les fanaux baissés, celui qui donnera le signal élève
« ses fanaux par sa gauche pour faire connaître quelle tablette il
« doit regarder ; en sorte que, si c'est la première, il n'en élève
« qu'un ; si c'est la seconde, il en élève deux. et ainsi du reste ; et
« qu'il fasse de même par sa droite, pour marquer à celui qui re-
« çoit le signal quelle lettre d'une tablette il faudra qu'il observe
« et qu'il écrive.

« Après ces conventions, chacun s'étant mis à son poste, il fau-
« dra que les deux hommes chargés des signaux aient chacun *une*
« *lunette garnie de deux tuyaux,* afin que celui qui les donne voie
« par l'un la droite, et par l'autre la gauche de celui qui doit lui
« répondre. Près de cette *lunette,* ces tablettes, dont nous venons
« de parler, doivent être plantées droites en terre, et qu'à droite
« et à gauche on élève une palissade de 10 pieds de longueur, et
« environ de la hauteur d'un homme, afin que les fanaux élevés
« au-dessus donnent par leur lumière un signal indubitable, et
« qu'en les baissant elles se trouvent tout à fait cachées.

« Tout cet apprêt disposé avec soin de part et d'autre, supposé
« par exemple que l'on veuille annoncer que quelques auxiliaires,
« au nombre d'environ 100 hommes, sont passés dans les rangs en-
« nemis, on choisira d'abord les mots qui expriment cela avec le
« moins de lettres qu'il sera possible, comme *100 Krétois ont dé-*
« *serté,* ce qui exprime la même chose avec moitié moins de lettres.

« On écrira cela sur une petite tablette, et ensuite on l'annon-
« cera de cette manière :

« La première lettre est un *K*, qui est dans la seconde série

« des lettres de l'alphabet et sur la seconde tablette. On élèvera
« donc à gauche deux fanaux pour marquer à celui qui reçoit le
« signal que c'est la seconde tablette qu'il doit examiner; et à
« droite cinq, qui lui feront connaître que c'est un *K*, la cinquième
« lettre de la seconde série, qu'il doit écrire sur une petite tablette.

« Ensuite quatre fanaux seront élevés à gauche, pour désigner
« la lettre *R*, qui est dans la quatrième série; puis deux à droite,
« pour avertir que cette lettre est la seconde de cette quatrième
« série. Celui qui observe ces signaux devra donc écrire un *R* sur
« la tablette, etc.

« Par cette méthode, il n'arrive rien qu'on ne puisse annoncer
« d'une manière fixe et déterminée.

« Si l'on y emploie plusieurs fanaux, c'est parce que chaque
« lettre demande à être indiquée deux fois; mais, d'un autre côté,
« si l'on apporte les précautions nécessaires, on en sera satisfait.

« Toutefois, que l'on se serve de l'une ou l'autre méthode, il
« faut s'y être exercé avant de s'en servir, afin que, l'occasion se
« présentant, on soit en état, sans faire de fautes, de s'instruire
« réciproquement de ce qu'il importe de savoir. »

Polybe termine cette description très-claire des moyens télégraphiques en usage alors par cette réflexion philosophique :

« Les sciences, dans notre siècle, ont été portées à un si haut
« degré de perfection, qu'il n'y en a presque point dont on ne se
« pût instruire avec règle et avec méthode; ce qui fait une des
« plus belles parties d'une histoire bien composée. »

Ainsi, dans tous les siècles, on se croyait près de la perfection.

Nous pouvons considérer cette méthode de transmission par
mots et par phrases comme très-imparfaite comparativement à
nos moyens actuels; mais il faut se reporter au temps, car il n'y a
pas moins de 1728 ans.

Nos moyens actuels de transmission à l'aide de l'électricité ne
remontent guère au delà d'une vingtaine d'années; nous pouvons
donc, croyons-nous, avouer que, pendant les dix-sept siècles d'intervalle, la télégraphie n'avait pas fait de remarquables progrès.

Il est une observation à faire à propos du passage descriptif de Polybe, en dehors du mode de transmission en lui-même : c'est que ce passage établit qu'on se servait alors de longues-vues, de lunettes doubles, parallèles ou divergentes, dans chaque poste télégraphique.

La notion de cet instrument est bien certainement ce qui surprend le plus dans cet exposé.

Si extraordinaire que puisse paraître cette assertion, il faut cependant la prendre dans le sens que Polybe lui donne ; et rappelons-nous que cet historien jouit à juste titre de toute la confiance des savants modernes.

Je ferai en outre observer qu'il n'en parle pas comme d'une invention nouvelle de son temps, et que le sens de sa phrase donne au contraire à entendre que cet instrument d'optique était en usage et bien connu alors.

Sans nous permettre aucune affirmation à ce sujet, nous pouvons néanmoins, à cause de l'étrangeté du fait, rappeler que le verre, ainsi qu'un grand nombre de ses applications à l'industrie, avait été inventé déjà bien longtemps, plusieurs siècles, avant cette époque par les Phéniciens ; que les Grecs avaient appris d'eux l'art de ces fabrications, et que nous en avons pour preuve les moyens, verres grossissants ou pour mieux dire globes de verres remplis d'eau, dont ils se servaient comme de loupes pour graver des sujets infiniment petits sur les pierres précieuses.

Nous avons de ces pierres gravées dans nos musées.

Il nous faut aujourd'hui l'aide des lentilles à grossissements très-puissants pour découvrir certains détails de ces antiques gravures sur pierres, très-communes dans les anciens temps.

J'ai eu occasion d'en admirer une en Afrique, trouvée, à ce que l'on m'a dit, dans les ruines d'Hadrumète. Cette merveille de l'antiquité est une cornaline rouge, ovoïde, de 17 à 18 millimètres sur 15 de surface totale. Sur ce champ si exigu est représenté, gravé en creux, un Neptune avec la cour du dieu des mers ; le char est une conque attelée de quatre chevaux marins ; Neptune est diadémé et porte le trident; des tritons sonnent de la trompe, et des naïades se jouent dans les flots autour du char de leur souverain. Chaque figure, admirable de proportions et de finesse d'exécution, est déjà microscopique, comme bien l'on pense; et cependant l'artiste grec a trouvé la possibilité d'indiquer, sous les sabots des pieds de devant des chevaux, les clous qui les fixent, parfaitement distincts à l'aide d'une loupe très-grossissante.

Sur le revers de la pierre est une inscription ou un nom grec, dont je regrette vivement d'avoir perdu la copie.

Cette pierre existe à Tunis; j'avance donc un fait que l'on peut vérifier.

Or la conclusion est que, aucune vue humaine ne pouvant atteindre à ce degré de puissance, il a fallu de toute nécessité que les anciens eussent en leur pouvoir des appareils remplaçant nos verres grossissants, pour être à même d'exécuter de semblables chefs-d'œuvre; que ces appareils ne pouvaient être évidemment que des instruments d'optique, et que, s'ils possédaient des instruments applicables à la gravure sur pierres fines, il n'est nullement improbable qu'ils en aient eu d'autres servant au rapprochement des choses vues à distance, c'est-à-dire des télescopes.

Cet exemple, que je cite à propos de l'art délicat de la gravure sur pierres précieuses, a également un analogue à propos du rapprochement des objets à distance; il nous est fourni par le passage de Polyen que j'ai cité. « Deux colonnes, dit-il, divisées par cercles « indiquant chacun la nature des choses dont on avait besoin, « étaient placées, l'une sur la pointe extrême de la Sicile, et l'autre « sur la pointe opposée du littoral en Afrique. » Or la distance entre ces deux points est de 134 kilomètres (un peu plus de 24 lieues marines).

Il était matériellement impossible que la vue naturelle pût franchir pareil intervalle, surtout pour compter l'ascension et l'extinction des fanaux indicateurs aux deux extrémités de la distance.

Il faut donc admettre que les Phéniciens, inventeurs de ce système de télégraphie, il y a deux mille deux cent soixante-huit ans, l'avaient basé sur la perception des deux côtes, des deux caps, au moyen de télescopes.

L'effet de la sphéricité des eaux était annihilé par le choix des deux caps, très-élevés tous deux.

J'ai eu occasion de monter sur l'un d'eux, l'ancien promontoire d'Hermès (cap Bon), et, par une belle journée, un temps très-clair, je n'ai pu apercevoir la côte de Sicile qu'au moyen d'un puissant télescope dont j'étais muni.

Enfin les expressions dont se sert Polybe accusent, à n'en guère douter, l'emploi des longues-vues ou télescopes :

. . . δεήσει πρῶτον μὲν διόπῖραν ἔχειν, δύο αὐλίσχους ἔχουσαν . . .

διόπῖραν, instrument, objet par lequel on voit; δύο αὐλίσχους, deux petits tubes, deux petites flûtes, etc.

C'est, selon toute apparence, désigner deux longues-vues; et le reste du passage nous dit qu'elles étaient parallèles ou divergentes, mais jumellées pour leur usage.

L'existence de ces instruments, à des époques si anciennes, ne doit pas nous surprendre outre mesure. Nous savons d'abord que l'usage du verre et de ses applications, ainsi que je l'ai dit plus haut, existait bien avant l'époque dont parle Polybe; et je possède en témoignage assez bon nombre de fragments de verre, intéressants à ce point de vue, que j'ai trouvés dans des ruines phéniciennes à d'assez grandes profondeurs sous le sol actuel.

Ensuite, il est démontré, par quantité d'objets antiques retrouvés, que les arts et diverses fabrications furent poussés très-loin à certaines époques des âges reculés.

L'histoire d'Archimède nous donne la preuve qu'il a existé des ingénieurs extrêmement remarquables, et qu'ils ont produit des instruments de précision très-habilement conçus et d'une très-grande puissance.

L'objection la plus sérieuse que l'on pourrait élever contre l'existence des télescopes chez les anciens, c'est qu'il ne paraît pas qu'ils aient connu la taille du verre, et qu'il ne leur a pas été possible, par conséquent, de tailler et de polir des verres lenticulaires pleins.

Cette objection, en effet, ne manque pas d'une certaine valeur, puisque l'on n'a rien trouvé jusqu'à présent qui atteste chez eux l'art de polir et de couper le verre[1]. Mais, à défaut de ce précieux moyen qui semble moderne, ils avaient une autre ressource à leur portée et qui a pu en tenir lieu : c'était l'emploi de fioles, de flacons, en verre très-mince, creux et ronds, dont les bords étaient aigus tout autour, et les faces convexes. Ils avaient la forme d'une lentille, et on les remplissait d'eau très-pure[2]. (Senèque[3], *Natural. quæst.*, liv. I, chap. VI, indique l'emploi usuel de ces globes de verre remplis d'eau, servant à grossir les objets.)

De nos jours encore, cet usage s'est perpétué dans certaines industries, et les ouvriers travaillent, le soir, à l'aide de la lumière tamisée à travers des globes de verre remplis d'eau. Dans ce liquide distillé est une quantité calculée de sulfate de cuivre, donnant à la lumière projetée par le globe, outre le grossissement proportionnel au diamètre, la teinte de la lumière solaire.

Voilà donc le moyen de remplacer nos verres lenticulaires pleins et taillés, bien attesté pour les anciens. Reste à examiner s'il était

---

[1] Cependant il est certain que quelques peuples antiques ont taillé et façonné les matières même les plus dures, telles, par exemple, que les pierres précieuses pour orner les bijoux, puis le jade, la cornaline, le jaspe, etc. Ces matières sont bien autrement résistantes à tailler et polir que le verre.

De plus, M. l'abbé Brasseur de Bourbourg et autres voyageurs ont vu des loupes ou lentilles en cristal de roche, *taillées et polies*, trouvées sous les ruines des plus antiques édifices au Mexique. L'usage de ces lentilles en cristal remonte, dit-on, à une époque bien autrement reculée que celle où les Phéniciens fabriquaient du verre à Tyr et à Sidon. Tout le monde a pu voir une demi-lune en cristal de roche, de la collection Boban, à l'exposition faite l'an dernier au Ministère de l'Instruction publique.

Les documents les plus anciens du Mexique parlent de coupes en cristal de roche taillées plus de vingt siècles avant notre ère.

[2] Cette forme en lentille était commune dans les vases antiques. J'en ai vu également en terre. Elle s'est conservée chez certains peuples en Afrique jusqu'à présent.

[3] Citation emprunté à M. Arth. Chevalier, habile ingénieur opticien, qui a fait un traité remarquable sur l'optique.

possible de l'appliquer à la construction des télescopes ; or, si nous prenons deux verres grossissants, deux loupes, ou deux fioles lenticulaires pleines d'eau, de diamètres différents, et que nous les placions à écartement convenable, le plus petit près de l'œil et le plus gros en avant, comme le fit un lunettier de Middelbourg en l'an 1600, nous aurons un oculaire et un objectif, et nous verrons les objets éloignés se rapprocher à l'instant même. Il ne s'agira plus que d'envelopper les verres ou les fioles lenticulaires dans un tube, pour isoler l'effet d'optique produit par les objets environnants.

Voilà un télescope trouvé, qu'il soit muni de verres pleins ou de fioles lenticulaires remplies d'eau.

Cette construction, d'une extrême simplicité, a pour inconvénient de renverser l'image des objets rapprochés; mais on se familiarise très-vite avec cet inconvénient, et de tous temps, aujourd'hui encore, les ingénieurs se servent de lunettes renversant les objets.

Cette simplicité même nous amène à conclure que, l'antiquité ayant produit tant de physiciens et d'ingénieurs célèbres, ce n'est pas, croyons-nous, leur faire un trop grand honneur que d'admettre leur connaissance du télescope, puisqu'ils en avaient les éléments sous la main.

Le passage de Polybe semble même l'attester.

On a écrit depuis, il est vrai, que ces instruments furent inventés pendant le moyen âge, vers l'an 1600, à Middelbourg, par Zaccharie Jans, lunettier, et que presque immédiatement l'illustre Galilée les perfectionna.

La vérité de cette assertion peut ne pas être contestable.

Mais rien n'est nouveau sous le soleil; et nous inventons journellement des choses que l'on découvre, un peu plus tard, décrites dans quelque fragment peu connu des récits du moyen âge ou des anciens. Nous pourrions citer bien des exemples, tels que la poudre, connue par les Chinois bien avant nous, le gaz éclairant, les miroirs, etc.

Il en est même que notre époque, si féconde cependant en

progrès qui semblent tenir du prodige, n'a néanmoins pas encore
su retrouver. J'en citerai une, parce qu'elle est venue sous mes yeux
à l'occasion de recherches sur le verre, fabrication qui est loin
d'avoir dit son dernier mot et dont le sujet nous occupe en ce
moment.

Dion Cassius (liv. LVII) rapporte l'anecdote suivante, qui eut
lieu en l'an 23 :

« Un architecte, à Rome, fut condamné à l'exil par Tibère pour
« avoir redressé avec une habileté admirable un grand bâtiment
« public qui penchait.

« Tibère lui fit donner de l'argent, mais, jaloux de sa réputa-
« tion, il le chassa de Rome.

« Quelque temps après, ce même architecte, étant venu le trou-
« ver, malgré sa défense, pour obtenir sa grâce, laissa tomber à des-
« sein, en sa présence, un magnifique vase en verre qu'il tenait à
« la main. Le vase se brisa. Mais, en ayant ramassé les fragments
« et les ayant un peu maniés, il montra à tous les assistants le vase
« bien entier et sans aucune fracture.

« Tibère, au lieu de le récompenser, le condamna à mort. »

Pline[1], dans son *Traité d'histoire naturelle,* assure également que
du temps de Tibère on avait trouvé le moyen de fabriquer du
verre qui se pliait et se maniait.

Voilà donc une matière dont l'existence et les propriétés dans les
temps antiques sont affirmées par deux témoins oculaires. Était-
ce bien réellement du verre, ou quelque substance transparente
et incolore? Peu importe; dans tous les cas, le fait qui en ressort
est qu'elle a existé, que cependant nous n'en avons aucune notion, et qu'elle reste encore à inventer de nouveau.

Ne pouvons-nous pas admettre également que les télescopes
aient été en usage chez les anciens; que cet usage se soit perdu
avec le temps comme tant d'autres choses, et qu'un heureux hasard
l'ait fait retrouver en l'an 1600?

[1] Pline, liv. XXXVI, chap. xxvi.

Note F.

Les beaux travaux de M. de Humboldt et ceux tout récents
de M. l'abbé Brasseur de Bourbourg, concernant l'incontestable
et excessive antiquité des races indo-américaines; les remarquables
dessins de M. de Waldeck, reproduisant les antiques édifices
qu'ont laissés ces races; les belles études de M. d'Eckstein et autres
savants sur ces mêmes sujets cosmogoniques d'un si puissant intérêt; la concordance surprenante qui s'établit peu à peu entre
les conclusions philologiques vers lesquelles les découvertes de
chaque jour nous amènent et l'interprétation des récits de Platon
sur l'Atlantide, de Diodore sur les peuples atlantes et leurs possessions, de Solin sur le déluge d'Ogygès, d'Hérodote sur l'origine des Égyptiens, d'Homère dans l'*Odyssée* et l'*Iliade,* etc. tout
cet ensemble de faits et d'études réunis paraît nous conduire vers
la preuve de très-antiques relations ayant existé entre les races in-
diennes de l'extrême Occident, de l'Amérique, et les races diverses, inconnues encore, qui peuplèrent, à l'origine, le périmètre
du bassin méditerranéen.

Parmi ces dernières races, notre pensée s'arrête tout naturellement, à propos du sujet qui nous occupe, sur les races berbères
ou libyennes, dont l'origine a déjà provoqué tant de recherches
et motivé tant d'écrits.

La pensée qui a présidé à ces diverses publications tend généralement à rattacher aux hauts plateaux de l'Asie ou à leurs
versants, à l'Est enfin, la filiation des peuples qui vinrent, par
migrations armées, s'implanter en Libye et former les groupes
berbères. En face de cette tendance commune, nous nous sommes
demandé sur quelles bases irréfutables reposent les investigations
des auteurs modernes qui s'efforcent de faire venir de l'Asie, de
l'Est, les races libyennes originaires, alors qu'aucun témoignage
ancien ne vient confirmer cette hypothèse, tandis qu'au contraire
de nombreux et très-anciens documents semblent attester explici-

tement que ces peuples libyens vinrent de l'Ouest, de l'Amérique, par la mer Atlantide.

Qu'on nous permette de rappeler ici brièvement quelques-uns de ces récits empruntés à Diodore de Sicile, Homère, Platon, etc. Puis à la citation des textes nous joindrons un aperçu géologique sur les terres libyennes, aperçu dont l'autorité appuie fortement, selon nous, l'appréciation des témoignages cités.

Le lecteur jugera.

Diodore dit que, de l'aveu des Grecs et des Égyptiens, une partie de la théogonie antique avec ses mythes, et toute une civilisation, furent apportées en Libye, d'où elles se propagèrent vers l'Est, vers l'Égypte, la Grèce et l'Asie. Il précise en outre que ce mouvement s'opéra vers l'Égypte d'abord, puis jusque dans les Indes orientales[1], c'est-à-dire d'Ouest en Est.

Ailleurs il désigne les noms de quatre des tribus berbères ou libyennes[2].

A propos des Amazones berbères, qu'il dit avoir été détruites plusieurs siècles avant la guerre de Troie, il donne la description de l'Atlantide, qu'il appelle aussi Hespérie, leur séjour, et dans laquelle se trouvaient de grandes villes. « Elles habitaient une île « nommée *Hespérie,* parce qu'elle *est située au couchant du lac Trito-* « *nide.* Ce lac prend, dit-on, son nom d'un fleuve appelé *Triton,* « qui s'y décharge. Il est dans le voisinage de l'Éthiopie (occiden- « tale, dit expressément Homère, *Odyssée*), au pied de la plus « haute montagne de ce pays-là, que les Grecs appellent *Atlas,* et « qui domine sur l'Océan. L'île d'Hespérie est fort grande[3]..... »

Et plus loin[4] :

« Les premiers peuples qu'elles attaquèrent furent les Atlantes[5].

---

[1] Diodore, liv. III, *Des Éthiopiens, des Libyens et des habitants des îles Atlantides,* chap. xxix et suivants.

[2] *Ibid.* chap. xxv.

[3] *Ibid.* chap. xxvii.

[4] *Ibid.* même chapitre.

[5] Hérodote (*Melpomène,* clxxxiv) écrit Adarantes, et ajoute que tous les hommes de cette race portaient ce même nom.

« Ils étaient les mieux policés de toute l'Afrique, et habitaient
« un pays riche et rempli de grandes villes. Ils prétendaient que
« c'est sur les côtes maritimes de leur pays que les dieux ont
« pris naissance, et cela s'accorde avec ce que les Grecs en ra-
« content. »

Ces Atlantes sont battus dans une grande bataille livrée près
de Cercène, la *Cercenitis* des Romains plus tard, et *al-Karkenny*
des Arabes actuels, sur la côte orientale de la régence de Tunis.

Enfin Diodore ajoute que le lac Tritonide a entièrement disparu par la rupture de tout le terrain qui le séparait de l'Océan.

Le même auteur, dans son troisième livre, et Homère, dans
l'*Iliade*, XIV, disent que les Atlantes habitent une contrée maritime et très-fertile. « Ils diffèrent de tous leurs voisins par leur
« piété envers les dieux et par leur hospitalité. Leur roi étendait
« son empire surtout du côté de l'*occident* et du septentrion[1]...... »
(l'Atlantide et l'Amérique à l'occident, l'Espagne et la Tyrrhénie
au nord, etc.)

Platon donne une description plus nette encore au sujet de
l'Atlantide. Il dit : « Une armée venue *à travers la mer Atlantique*
« envahissait l'Europe et l'Asie. Car cette mer était alors navigable,
« et il y avait au delà du détroit des Colonnes d'Hercule une île
« plus grande que la Libye et l'Asie (Mineure). De cette île on pou-
« vait facilement passer dans d'autres, et de celles-là *dans le conti-
« nent* qui borde tout autour la mer intérieure, car ce qui est de
« ce côté-ci du détroit dont nous parlons ressemble à un port
« ayant une entrée étroite. Mais de l'autre côté est une véritable
« mer, et la terre qui l'environne est un véritable continent. »

Voilà la situation géographique de l'Océan, de la Méditerranée,
des continents américains, des îles Atlantides et de la Libye, bien
nettement tracée.

« Dans cette île Atlantide régnaient des rois d'une grande et

---

[1] Diodore, liv. III, chap. xxix, rend ce témoignage avec plus de détails. — Homère
fait dire à Junon que les dieux et les hommes ont pris naissance du côté de l'Océan,
des terres occidentales. (*Iliade*, XIV, vers 311.)

« merveilleuse puissance, qui avaient sous leur domination l'île
« entière ainsi que plusieurs autres, et quelques parties du con-
« tinent (américain). En outre, de ce côté-ci du détroit, ils ré-
« gnaient encore sur la *Libye* jusqu'à l'Égypte, et sur l'Europe
« jusqu'à la Tyrrhénie (l'Étrurie?). »

Ici la filiation des habitants de la Libye, des Berbères, avec
les races indo-américaines nous semble clairement accusée.

« Dans la suite..... l'île Atlantide disparut sous la mer; aussi
« depuis ce temps, » etc.

J'emprunte à M. l'abbé Brasseur le passage suivant [1], relatif à
la valeur intrinsèque des documents cités : « Le récit de Platon,
« dit Bailly, a tous les caractères de la vérité; et la preuve que
« Platon a raconté et non imaginé, c'est que Homère, venu six
« siècles avant lui, Homère, versé dans la connaissance de la géo-
« graphie et des mœurs étrangères, a, dans l'*Odyssée,* parlé des
« Atlantes et de leur île. Le nom d'Atlas, ajoute-t-il, ou du peuple
« atlante, a retenti chez tous les peuples de l'antiquité [2]. »

Voici donc de bien anciens documents, donnés par les auteurs
orientaux des vieux âges, ne laissant guère de doutes sur l'existence et l'origine des races libyennes ou berbères à des époques
déjà antédiluviennes. Or l'Atlantide et les autres grandes îles inter-
océaniques ont pu disparaître lors du dernier ou avant-dernier
cataclysme; mais le Nord de l'Afrique, la Libye, peuplée par la
même race indo-occidentale et lui ayant appartenu, épargnée par
la catastrophe, est restée jusqu'à nos jours.

A ces éléments d'investigation sont venus tout récemment s'en
joindre de nouveaux fournis par d'autres auteurs des vieux âges,
mais auteurs occidentaux. Nous les trouvons dans des manuscrits
indo-américains d'une excessive antiquité, dit-on, car ils paraî-
traient remonter jusqu'à la grande période géologique *glaciaire,*

---

[1] *Relation des choses du Jucatan,* etc. par l'abbé Brasseur de Bourbourg, 1864.

[2] Homère parle des peuples déjà *antiques* à son époque, et qui avaient conservé la
mémoire de la célébrité acquise dans les âges plus anciens par le peuple atlante;
Homère lui-même date de près de vingt-huit siècles !

et à celle de puissantes commotions volcaniques, dont la chronologie de ces documents mêmes établit la date à 9973 ans avant l'ère
chrétienne, soit à 11,841 ans de nos jours[1]. La connaissance et
la traduction de ces nouvelles sources est due à la profonde érudition de M. l'abbé Brasseur, ainsi qu'à la persévérance de ses
longues recherches. Ces documents attesteraient un grand mouvement de migration, parti de l'Amérique équatoriale et se dirigeant,
à travers l'océan Atlantique, d'île en île, jusqu'à la terre noire
(l'Afrique-Nord), jusqu'en Égypte. Tout y est circonstancié, les
dates y sont fixées, et, de plus, ces documents, si nous admettons
leur précision, présentent une grande concordance non-seulement
entre l'époque de cette migration d'Occident en Orient (d'Amérique vers la Méditerranée et l'Afrique) et la naissance des premières chronologies égyptiennes, mais cette concordance comprend
même la forme du premier gouvernement théocratique de l'Égypte,
forme qui se dessine comme un calque de celle des Indo-Américains émigrants.

Ne semble-t-il pas avéré, d'après tout ce qui précède,

1° Qu'il a existé des terres inter-océaniques mettant en rapport,
dans les âges antédiluviens, les races indo-américaines de l'Ouest
avec quelques-unes des races sémites ou aryanes de l'Asie, de
l'Est ?

2° Que le Nord de l'Afrique, c'est-à-dire la Libye, l'Égypte, jus-
ques et y compris les bords de la mer Rouge, a été peuplé, à l'origine, par ces races indo-américaines auxquelles il a appartenu ?

A l'appui de cette dernière conclusion, on fait observer que
certaines étymologies des antiques langues africaines du Nord,
d'origine berbère ou phénicienne, se retrouvent dans les antiques
langues américaines. (Voir l'ouvrage de M. l'abbé Brasseur de
Bourbourg.)

Nous venons de faire l'examen très-abrégé des récits anciens,
récits concordants entre eux, soit qu'ils proviennent de sources
orientales, grecques et autres, soit de sources occidentales, amé-

____
[1] Ce fait géologique, s'il était démontré irréfutable, serait d'un immense intérêt.

ricaines. Nous allons maintenant présenter quelques observations
d'une autre nature, empruntées à la géographie et à la géologie.

Si nous examinons la configuration et les mouvements de sol
que présente le vaste continent africain au Nord, nous y recon-
naîtrons les traces bien évidentes des grands changements survenus pendant les derniers cataclysmes du globe. Cette partie Nord,
située entre le détroit de Gibraltar, l'Ouest et le Sud du Maroc et
le golfe de Tripoli (ancienne grande Syrte), est, dans son ensemble, un terrain en exhaussement très-prononcé, formé par les
saillies de la grande chaîne de l'Atlas et ses contre-forts, chaîne
courant du Sud-Ouest en Nord-Est, soit, autrement dit, des sommets des Canaries [1] vers ceux de la Sicile.

Plus bas, vers l'équateur, est une autre grande chaîne à peu
près parallèle, courant dans la même direction ; elle commence à
l'Ouest, au Sud du Sénégal et de la Sénégambie, aboutissant par
l'autre extrémité aux plateaux élevés d'Augilâh, l'antique et célèbre
oasis d'Ammon [2], et un peu plus loin aux sommets de l'Archipel grec.

La vaste étendue de terres basses situées entre ces deux chaînes
élevées et parallèles, ou bien, en d'autres termes, la dépression
du vaste bassin formé entre ces deux soulèvements est entièrement remplie par cette mer de sables fins, communément nommée le désert, le *Sahâra*.

En effet, l'immensité déserte de ces sables représente bien
évidemment le fond d'une mer, déversée soit dans l'océan Atlantique, soit dans la Méditerranée, à la suite des dernières convulsions de notre sphère. Il est bon d'observer que c'est là, à ce même
emplacement, que Diodore précise le souvenir de la mer de Pallas,
du Palus-Tritonis.

Cette partie Nord de l'Afrique (aujourd'hui Maroc, Algérie,
Tunisie et Tripolitaine), contiguë à l'Espagne ainsi qu'aux grandes
îles méditerranéennes, Corse, Sardaigne et Sicile, a dû évidemment, à certaines périodes géologiques, constituer une presqu'île

---

[1] Vestiges probables de l'Atlantide.

[2] Puis elle revient par un contre-fort en Sud, formant la vallée du Nil, à l'Ouest.

se rattachant à l'Égypte, presqu'île affectant la forme ou la courbe de deux cornes de taureau, ainsi que le dit expressément Diodore, livre III, ch. xxxv......... « Ammon, roi de Libye, laissa le gou-« vernement de cette *province,* qui avait la figure d'une corne de « bœuf, et qu'on appelait pour cette raison la Corne hespérienne, « contrée très-fertile, » etc. Elle a 46 degrés de longitude, soit 1,125 lieues de développement, d'Ouest en Est, sur 12 degrés de latitude, 300 lieues, de Nord en Sud, dans sa plus grande largeur.

La mer, dont les sables sahâriens sont le témoignage encore vivant, mer d'une étendue moyenne de 300 lieues de large, détachait donc cette partie Nord, cette presqu'île, du grand continent africain peuplé par la race noire.

Observons enfin que cette même terre Nord africaine, *cette Libye,* qui, à certains âges géologiques, a pu tout aussi bien appartenir aux continents européens, avant la rupture de l'isthme de Gibraltar, qu'au continent africain, a été habitée, de mémoire d'homme la plus reculée, par la race cuivrée ou brune, tandis que, de l'autre côté, au Sud de la mer tracée par les sables du Sahâra, tout le reste de l'immense continent africain jusqu'au cap de Bonne-Espérance a constamment été occupé par la race noire.

De nos jours, du reste, le même fait se continue, et les sables, témoins abandonnés par les flots qu'emporta une effroyable convulsion, maintiennent encore la barrière qui sépare la terre Nord, habitée par les blancs, du reste de l'Afrique, habité par les noirs.

Cette antique Libye, cette terre Nord des races berbères ou libyennes, d'après ces indices géologiques comme aussi d'après tous les divers témoignages anciens, devait être contiguë à l'Atlantide et aux autres grandes îles inter-océaniques habitées bien avant notre déluge par les races indo-américaines, îles qui reliaient les continents d'Amérique avec celui de l'Afrique et très-probablement ceux de l'Europe.

Mais il ne m'appartient pas de soulever ici le voile derrière lequel se cache la solution tant cherchée de ces dernières grandes

questions, bien que ce voile devienne de jour en jour plus trans-
parent. Je laisse aux profondes investigations faites par MM. de
Humboldt, Brasseur de Bourbourg, d'Eckstein et autres savants,
la tâche élevée et si pleine d'intérêt de produire cette vive lumière.

Je n'ai cherché qu'à appeler l'attention sur celles de ces questions pendantes qui se rattachent directement aux études que j'ai
faites en Afrique, savoir :

1° Cette terre Nord d'Afrique, que les circonstances géologiques délimitent encore exactement telle qu'elle le fut dans les
temps antédiluviens, est-elle bien la Libye que les témoignages
anciens décrivent voisine de la grande île Atlantide?

2° Élucider ce point : les races indo-américaines peuplèrent-
elles cette Libye dans les âges reculés? D'où il découlerait, par
conséquent, que les tribus berbères furent d'origine occidentale et
non asiatique.

Comme dernière observation, prise au point de vue archéologique, je rappellerai que ces peuples atlantes, puissants et civilisés, qui poussèrent leurs invasions jusqu'en Grèce, en Asie, et,
paraît-il, jusque dans les Indes orientales, invasions dont le souvenir resta pendant si longtemps empreint dans la mémoire des
Égyptiens et des Grecs, selon le témoignage des auteurs anciens,
appartinrent aux longues périodes de ce que nous appelons aujourd'hui *l'âge de pierre,* et qu'il n'est donc pas surprenant que
des témoins de ces périodes, tels que dolmens et autres, se rencontrent encore dans le Nord de l'Afrique.

Parmi les types berbères, descendances des Atlantes[1], généra-

---

[1] La leçon *Atlas,* d'où *Atlantes,* paraît être d'ethnique grecque. Comme étymologie
berbère, on trouve dans Suétone *Adyrinn,* pluriel de *Adrar;* dans d'autres auteurs, *Ad-
dyris, Âddâr,* etc. De ce dernier serait venu *Addyrantes,* ou *Adrantes,* et par corruption
Atlantes. Cette désignation générique comprenait l'ensemble des grandes tribus berbères
dont la nomenclature est donnée par Hérodote, Diodore, Ptolémée, etc. Les Tunisiens
nomment encore *Ras-Âddâr* l'extrême pointe du dernier contre-fort de l'Atlas, le cap
Bon. Pendant la période phénicienne, le promontoire principal du grand Atlas sur la
Méditerranée se nommait *Rus-Addyris,* ainsi que la ville berbère qui était proche (aujourd'hui Melilla, à l'entrée du canal de Gibraltar). Des recherches faites par M. Bras-

lement de race brune, il se trouvait et se trouve encore en Libye quelques groupes de race blonde. Ce fait a pu donner lieu, chez des écrivains modernes, d'attribuer leur origine à une invasion celtique, venue d'Europe par mer, et ayant élevé sur le sol africain quelques-uns de ces monuments appelés *druidiques,* si communs dans les forêts de la Celtique et de la Germanie. N'est-il pas admissible que ces groupes exceptionnels aient pu venir bien plutôt, dès les temps originaires, par l'Atlantique? Parmi les groupes atlantes, c'est-à-dire indo-américains, ne pouvait-il s'en trouver provenant du Nord de l'Amérique, où le type blond n'est pas rare? Observons à ce sujet que la descendance blonde de ces groupes berbères revendique encore aujourd'hui, par ses traditions, une antiquité aussi haute et la même que celle des autres Berbères de race brune.

Ces deux familles blonde et brune ou cuivrée, de même origine première, ont pu, à des âges identiques, élever des monuments symboliques conformes à des idées et à des coutumes communes.

Note G.

J'ai exposé, page 36, ma pensée relativement à l'hypothèse du passage des races celtiques européennes dans le Nord de l'Afrique.

Il est cependant à faire une observation qui semblerait contredire, *a priori,* ce refus ou ce doute de croire à des moyens de grande navigation postérieurs à l'époque du déluge. Il est bon d'en examiner ici la valeur.

Si, en effet, nous devons accepter comme très-probable une ou diverses migrations des races atlantes d'Amérique en Afrique et en Europe, ainsi que l'attestent Homère, Platon, etc. il faut admettre de toute nécessité que ces mouvements n'ont pu s'opérer, d'île en île, qu'au moyen d'éléments de navigation assez avancés,

seur de Bourbourg établissent, selon lui, que l'étymologie de ce nom *Atlas* se retrouve dans les antiques idiomes américains avec la même valeur : *Atlas,* haute montagne, d'où *Atlantes,* montagnards.

créés par les civilisations antédiluviennes. Mais alors ajoutons que cet art nautique, dont les Phéniciens, d'origine atlante, semblent, au dire d'Hérodote (*Clio*, I), avoir conservé la tradition sur les bords de la mer Rouge, et l'avoir transportée plus tard dans la Méditerranée, avait disparu avec le cataclysme qui emporta l'Atlantide; cataclysme qui aurait amené, parmi ses résultats, une interruption de cinquante-cinq siècles environ, selon la chronologie de la *Genèse,* entre les relations des deux mondes.

Christophe Colomb trouva en effet, en 1492, chez les Indo-Américains, l'usage des grandes pirogues à rames et à voiles.

Mais, en tout état de choses, il paraît aussi que ces moyens de navigation antédiluviens s'étaient perdus de ce côté-ci de l'Océan et sur la Méditerranée pendant bon nombre de siècles, jusqu'à ce que les Phéniciens les y créassent de nouveau.

Il est donc peu probable qu'une émigration celtique ait eu lieu d'Europe en Afrique pendant ces périodes antéhistoriques, c'est-à-dire entre le déluge et la fondation des Emporia phéniciens.

Note H.

Un membre de l'Institut, M. Dureau de la Malle, me semble avoir fait erreur dans l'interprétation du texte d'Appien, lorsqu'il dit (*Recherches sur la topographie de Carthage,* 1835, page 23) : « Βάθος δὲ ποδῶν τριάκοντα. — Βάθος ne peut signifier 30 pieds « de front : *latitudo pedum triginta* (trad. lat.); car on trouve sur « la mer, point moins vulnérable que la partie de l'isthme, deux « substructions de tours, certainement puniques, et qui ont plus « de 300 pieds de front. Je crois juste cette explication, *30 pieds* « *depuis le sol jusqu'au fond du fossé,* donnée pour la première « fois. »

La citation des tours de 300 pieds me paraît un singulier argument à l'appui de cette manière de traduire Appien, traduction que j'apprécie tout autrement.

Appien donne la hauteur des murs de Carthage : « Quorum

« cujusque altitudo triginta cubitorum erat….. » Τούτων δ' ἕκασ-
τον ἦν ὕψος μὲν πηχῶν τριάκοντα….. dont la hauteur était de
trente coudées….. Voilà pour la hauteur; ensuite : « latitudo
« autem pedum triginta….. » βάθος δὲ ποδῶν τριάκοντα….. et
la largeur de 3o pieds.

Je vois là, dans les deux textes latin et grec, la hauteur et la
largeur ou épaisseur des murs; mais je n'y vois pas : *3o pieds
depuis le sol jusqu'au fond du fossé.*

Latus, il me semble, signifie largeur, côté, et *latitudo,* épaisseur; βαθύς signifie épais, profond, et βάθος, profondeur horizontale.

Appien ne parle pas du fossé.

3o pieds (romains) équivalent à 8ᵐ,85o ; soit, en chiffre rond,
9 mètres.

Comme les murs s'élevaient en se rétrécissant vers le haut, la
base devait avoir 1o mètres.

Note I.

Nous craignons d'avoir présenté (p. 188) le problème des cales
du port de guerre de Carthage et sa solution selon l'hypothèse de
M. Beulé, sous une forme générale un peu trop vague. Qu'on nous
permette de les préciser ici avec des chiffres plus rigoureux. Voici
comment se présentent ce problème et sa solution.

Dans l'hypothèse de la forme circulaire, c'est-à-dire en admettant que la façade des 22o cales obéissait à la courbe des circonférences du port et de l'îlot, le calcul de l'aire des cales aurait
pour bases quatre circonférences, deux pour le fond et deux pour
le devant de chacune d'elles. On comprend que le fond des cales
du port eût présenté la courbe du devant sur l'euripe augmentée,
dans son diamètre, de deux fois la profondeur des cales; comme
également le fond des cales de l'îlot eût présenté la courbe du
devant sur l'euripe, mais alors diminuée, dans son diamètre, de
deux fois la profondeur des cales.

Les fouilles faites dans le Cothôn d'Utique et autres ports phéniciens ont démontré que l'usage accordait, pour la profondeur,
quatre fois la largeur moyennement. A Utique, la largeur était de
$4^m,6o$ et la profondeur de 18 mètres. Partant de cette base et du
chiffre de la largeur moyenne, $5^m,85$, trouvé par M. Beulé sur
les grands quais du port de Carthage (M. Beulé, page 108), leur
profondeur a dû être de $23^m,4o$.

On avait donc pour le diamètre des grands quais :

$$325^m + 46^m,8o = \text{diam. } 371^m,8o \times \pi\, 3,15 = \text{circonf. } 1171^m,17,$$

dont il faut extraire 10 mètres pour le passage allant vers l'Agora, plus 27 mètres pour la passe entre les deux ports ; reste
net $1134^m,17$ pour le développement de la circonférence du fond
des cales.

La façade sur l'euripe est :

$$\text{Diam. } 325^m \times \pi\, 3,15 - 37^m = 986^m,75 ,$$

lesquels, divisés par $5^m,85$, donnent pour le pourtour sur l'euripe
168 cales, plus un excédant qui ne constitue pas la largeur d'une
cale.

Les 168 cales auraient eu $5^m,85$ de largeur en façade et $6^m,75$
de largeur de fond.

Il résulte de ces chiffres qu'il restait 52 cales à placer sous
l'îlot ; voyons quelles dimensions elles auraient pu avoir.

Le diamètre extérieur de l'îlot est de 106 mètres, soit une circonférence de $333^m,9o$, dont il faut extraire 10 mètres pour le
passage vers l'Agora et 10 mètres pour le débarcadère du Sud ;
soit net $313^m,9o$, qui, divisés par 52, donnent $6^m,o3$ en façade
sur l'euripe.

Pour le fond de ces cales, la largeur eût été le diamètre
106 mètres, moins la profondeur $46^m,8o$, soit $59^m,2o$, dont la
circonférence est $186^m,48$, desquels il faut extraire 20 mètres. Soit
donc $\dfrac{166,48}{52} = 3^m,2o$ pour le fond de chaque cale.

Mais il faut sur toutes ces largeurs prendre l'épaisseur des 220 murs, non pas à 30 centimètres, mais au moins à 60 centimètres ; on aurait donc eu :

Largeur du fond des 168 cales....... $6^m,15$ (dans œuvre).
Largeur en façade.............. $5^m,25$ (*idem*).
Largeur en façade des 52 cales de l'îlot. $5^m,43$ (*idem*).
Largeur de fond................ $2^m,60$ (*idem*).

D'où il suit que les voûtes des 168 cales eussent été de près d'un demi-mètre plus hautes dans le fond et de près d'un mètre plus larges que sur le devant ;

Et que celles des 52 cales de l'îlot eussent été de $1^m,41$ plus hautes, et de $2^m,83$ plus larges, sur le devant que dans le fond.

Ces conditions sont-elles acceptables ?

Or, si les 52 cales n'ont pu exister dans de pareilles conditions, toute l'hypothèse de la forme circulaire tombe d'elle-même. Il est vrai que M. Beulé trouve un peu plus de place pour ses cales en ne donnant que 30 centimètres d'épaisseur à ses murs de refend ; mais, outre la fragilité d'un pareil appui, où prendre le diamètre d'une colonne engagée sur un champ aussi restreint ?

D'autre part, les substructions du palais, que l'auteur des Fouilles à Carthage a trouvées dans l'îlot, sont à 15 ou 16 mètres en retraite du bord du quai, si son échelle (planche IV) est exacte ; où prendre la profondeur des cales ?

Enfin il semble avoir trouvé le quai extérieur de l'îlot plein et non scindé à écartements égaux pour les cales, comme sur le grand quai.

INDEX DES PLANCHES.

OBSERVATION. — Afin de ne pas trop étendre la dimension des planches, les dessins représentant les blocs de maçonnerie tombés ou encore en place, ainsi que les plans des tours et des murailles du palais Amiral, n'ont pas été mis à l'échelle. On a remplacé l'échelle par des cotes de mesures exactes inscrites sur chaque bloc comme sur les plans partiels.

Nous rappellerons que c'est au moyen de l'étude de ces blocs tombés ou en place, des plans à fleur de sol ou mis à découvert par les fouilles, et de la comparaison des arrachements, que s'est faite la restitution de l'édifice entier.

PLANCHE PREMIÈRE.

Figure 1. Mur d'angle Sud-Est de la cour du centre.

2. *a*, plan partiel de la cour; *b*, fragment de mur debout; *c*, mur en retour.

3. Plan de l'angle Nord-Est : *a*, la cour; *b*, salle ronde; *c*, passage.

4. Plan d'un bloc tombé, avec escalier pris dans l'épaisseur des murs, entre une salle d'angle ronde et le fond arrondi d'une salle de centre.

4 *bis*. Élévation latérale dudit bloc, du côté X.

4 *ter*. Coupe du même bloc. 1′ et 1″, doucines renversées, en pierres de taille.

5. Élévation d'un bloc tombé; mur du fond de la galerie de la cour du centre.

6. Coupe du mur du palais donnant passage sur les bastions latéraux et sur la galerie qui portait leur courtine. *a*, passage; *b*, galerie; *c*, pilier. Bastion de l'Est.

7, 8, 9, 10, 11, 12. Blocs de maçonnerie tombés : 7 appartenait à la grande salle de l'Est; 9, à la grande porte d'entrée au Sud. Il y a sur le sol un grand nombre de ces blocs.

PLANCHE II.

Figure 1. Énorme massif tombé de la façade Nord donnant sur la mer. Élévation qui représente le haut de l'hémicycle au centre duquel était la grande porte donnant sur le port réservé. Au-dessus de l'hémicycle est le balcon de l'Amiral, et, y attenant, une portion de l'une des deux tours qui flanquaient la porte et le balcon.

Figure 1 *bis*. Élévation latérale du massif : *a*, hémicycle; *b*, balcon de l'Amiral; *c*, la tour; *d*, escalier conduisant sur les terrasses du palais.

1 *ter*. Plan du massif.

2. Plan de l'un des piliers de la galerie de la cour du centre.

2 *bis*. Élévation du même.

3. Plan de la tour d'angle Sud-Est du palais : *a*, la tour; *b*, les quais; *c*, citernes sous les quais; *d*, gros murs du palais; *m*, mur de la cour d'entrée du côté de la ville.

4. Bloc tombé du mur Sud.

5. Plan : *a*, tour d'angle Nord-Ouest et mur; *b*, passage.

6. Plan : massif considérable tombé de la façade Nord du palais; escalier pris dans l'épaisseur des murs et près des terrasses.

7. Élévation en arrachement de l'un des côtés de ce massif.

PLANCHE III.

Figure 1. Fragment de blocage phénicien. (P. 117 du texte.)

2. Epistomium, robinet phénicien en pierre de taille. Nous ne serions pas surpris si le hasard faisait découvrir quelque jour que les Berbères ou Atlantes en avaient l'usage avant la fondation des emporia phéniciens sur les côtes de la Libye.

3. Fragment de mur romain; parements en moellons taillés, et blocage au centre. (P. 119.)

4. Voûte et portion de mur du palais Amiral à Utique; remaniement romain.

5. Voûte d'un passage et parement en pierres de taille du mur d'angle courbe phénicien du port de guerre, à Utique (mur courbe restant encore), au-dessus du quai inférieur de l'euripe. (P. 166.)

6. Aqueduc romain à Utique : *A*, coupe du canal; *B*, vue en élévation de l'aqueduc près de l'amphithéâtre.

7. Pierre de taille dont la face sur champ antérieur *a* est profilée en doucine renversée. (P. 208-211.)

8. Bloc tombé; fragment de voûtes ou coupoles des salles rondes des quatre angles du palais.

9. Mur d'angle courbe du port : *a*, profil du boudin. (P. 120.)

10. Restitution d'après le bloc tombé (planche I, figures 4, 4 *bis*, 4 *ter*) de l'une des salles rondes du palais. (P. 205.)

PLANCHE IV.

Vue d'ensemble, en l'état actuel, des citernes phéniciennes annulaires, et de l'adjonction du filtre romain. Le temps a rempli les deux bassins, qui, à l'origine, étaient d'une grande profondeur.

PLANCHE IV *bis*.

Figure 1. Coupe en élévation, au-dessus du sol, du mur annulaire et des contre-forts intérieur et extérieur. Du côté *a*, intérieur, le mur descendait jusqu'à 7 mètres en contre-bas du sol, jusqu'au radier ou cuvette. (P. 71.)

1 *bis*. Vue d'un contre-fort et du boudin décoratif de face.

2. Plan du grand bassin.

PLANCHE V.

Figure 1. Plan du palais Amiral à Utique; rez-de-chaussée : *bbbb*, les tours; *x*, tænia, langue de terre qui permettait de passer du palais dans l'arsenal et dans la ville. (P. 201-202.)

2. Élévation latérale Sud-Ouest.

3. Élévation Nord-Ouest; façade du palais regardant la haute mer. (*bbbb*, p. 206.)

PLANCHE VI.

Figure 1. Plan du palais Amiral; étage supérieur. (P. 201-202.)

2. Coupe et élévation sur *A B*.

3. Môle de Thapsus; vue latérale du môle en l'état actuel. (P. 170.)

3 *bis*. Coupe horizontale (plan) des petits canaux ménagés dans l'épaisseur du massif et par séries d'étages.

PLANCHE VII.

Figure 1. Port de guerre d'Utique. Le dessin n'en représente que la moitié, le reste se voyant sur la vue d'ensemble, planche VIII. Les lignes ponctuées sont mises pour la démonstration de la discussion, p. 177 et suiv. *a*, hypothèse du port entier circulaire, selon M. Beulé; *b*, petit diamètre supposé d'après la courbe du mur d'angle du port restant; *ccc*, rayons dont la mesure sert à la démonstration; *d*, mur circulaire en pierres de taille restant encore.

2 et 3, figures mises pour démonstration de la discussion, p. 184-185.

4. Le port de Carthage selon l'hypothèse de M. Beulé.

5. Le même selon que l'indiquent le levé topographique des plans, l'affleurement des gros murs au ras du sol, et le levé des sub-

structions marines des grands quais de Carthage. *aa* est la disposition des deux cent vingt cales, en arrière des quais, telle
que l'accusent les affleurements des gros murs. On voit que les
deux ports n'étaient pas sur le même axe. (P. 189.) *X* est un quai
dont les substructions existent encore. Ce quai mesurait 135 mètres de large sur 420 mètres de long. En continuation était un
autre quai, extérieur également à la ville et aux ports, ayant
60 mètres de large près du premier, et 70 mètres à l'autre extrémité, sur 460 mètres de long. A l'endroit où il avait 70 mètres
de largeur est la coupure qu'y pratiquèrent les Carthaginois
pendant le siége. Sur le devant de ces deux vastes quais, au bord
de la mer, régnait, sur toute la longueur, la fortification crénelée
dont parle Appien (lib. VIII, cap. cxxiii et cxxiv), et qui joua
un si grand rôle pendant le siége. On voit sous l'eau, en *d,*
la digue élevée par Scipion pour bloquer l'entrée du port; *f* devait être un fort destiné à défendre la passe du port marchand,
à l'intérieur; *g* est le mur d'enceinte phénicien de la ville; il
existe en affleurement.

PLANCHE VIII.

Vue générale d'Utique, restituée d'après les fouilles, le plan géométral, et
l'étude des ruines, telle qu'elle était en l'an 46 avant Jésus-Christ. (P. 152.)
Plus tard, l'époque romaine y ajouta un vaste faubourg et une nécropole.

PLANCHE IX.

Fortifications de Thapsus. Elles sont les mêmes que celles que décrit Appien
pour Carthage, sauf une différence dans l'épaisseur des grandes murailles.
Figure 1. Grands murs de la ville avec fossé à l'extérieur et chemin de ronde
à l'intérieur. (P. 252 et suiv.) *a,* citernes continues sous les murs
et sous la deuxième fortification extérieure; *b,* massif devant résister aux chocs du bélier; *c,* écuries pour la cavalerie; on y
montait par des rampes intérieures sous lesquelles étaient les
casemates réservées pour les éléphants au rez-de-chaussée; *d.*
casernement des fantassins; *e,* courtine supérieure crénelée et
continue tout autour de la ville; *f,* aqueduc souterrain.
2. Les trois lignes de fortifications.

ADDITIONS ET CHANGEMENTS.

Page 11 du texte, ligne 8, après *de notre globe,* ajouter : Voir la note F, à la fin.

Page 16 du texte, ligne 18, au lieu de *fait,* lisez *tenté.*

Page 36 du texte, ligne 23, après *dans le Nord de l'Afrique,* ajouter : Voir la note G, à la fin.

Page 199, ligne 12, au lieu de *parce que les matériaux décoratifs abondaient sur le sol,* lisez *parce que les matériaux décoratifs avaient abondé par les conquêtes.*

Page 201, ligne 12, au lieu de *vaste parallélogramme irrégulier,* lisez *vaste polygone irrégulier.*

Page 219, ligne 18, au lieu de *était un parallélogramme,* lisez *un polygone.*

Page 221, ligne 11, au lieu de *élevées par assises,* lisez *élevées par tambours.*

Même page, ligne 15, au lieu de *sous la plinthe,* lisez *sous l'abaque.*